灾难共和国三部曲之二

新冠世代
城乡中国彩虹桥

Upon Khazad-dûm Bridge:
The COVID Generation Crossing Rainbow of
Urban-Rural China

刘俊 著

加拿大国际出版社

Canada International Press

书名：新冠世代城乡中国彩虹桥
作者：刘俊
出版：加拿大国际出版社
www.intlpressca.com
Email: service@intlpressca.com
国际书号 ISBN: 978-1-990872-30-3

电子书号 ISBN：978-1-990872-31-0
2023 年 5 月出版
2023 年第一次印刷，总字数 224 千字

Book Name: Upon Khazad-dûm Bridge: The COVID Generation Crossing Rainbow of Urban-Rural China
Written by: Jun Liu
Published by: Canada International Press
www.intlpressca.com
Email: service@intlpressca.com

Print ISBN: 978-1-990872-30-3
E-Book ISBN: 978-1-990872-31-0
Published in May 2023
First Printing in 2023, Count of 224,000 words

献给

橙子

王倾城

付钰

付亦瑄

作者简介

刘俊，1980 年生，橙爸，任教于上海华东政法大学国际金融法律学院。曾出版《牛津国际法史手册》、《灾难共和国——当代金融危机、恐怖袭击和环境巨灾应对的成本收益分析》、《国际金融法律与监管》等译著。主讲《中国银行法》、《国际金融》与《国际经济法》三门课。

前言

2020 年 2 月自武汉封城，上海新冠疫情愈演愈烈。女儿线上学习、我日常的节奏被打乱，在电脑上写点无意识的记忆文字。提振心神应对日常，事后看这七章成就灾难共和国三部曲之二：《新冠世代城乡中国彩虹桥》。

三年大疫，全球两千万人死亡（包括我的奶奶），紧急状态接踵而至，让人目不暇给。几乎每位邻居都有居家隔离的孤独、无聊、愤怒与恐慌。大乱来临，往事浮上心头：

第一章，从乡镇到城市。1980 年代家乡的厕所、菜市场、房子串联起 40 年前的亲人。人的记忆像鱼，不书写无以成篇。从恶臭的茅厕到冬日垫圈保温的抽水马桶，从用干稻草包扎的肉到牛油果波斯顿大龙虾，这记忆就像一条波澜壮阔的大河，堪称奇幻小说家托尔金的安都因河。四十年来，通过与不同的人连接，尝试各种液体搭建出彩虹桥，得以跨越大河。因彩虹桥，那大河是可以跨越的。

第二章，液体汇流成桥。喝咖啡、茶、酒等液体汇流，吸收宇宙能量，认识更多的朋友，在城市扎根，展开回忆。在上海，我住在原神学院的四尽斋，隔壁邻居是东北来的孙强。两人一道买了第一台意式咖啡机。靠着咖啡完成了翻译大作。家乡江西、浙江，父辈爱喝茶，喝酒。春节和亲戚、朋友聚餐喝葡萄酒。这些都是宇宙能量，由此人的连接与宇宙一般，不断膨胀延申。

第三章，在城市学习研究国际法史。在存续 72 年的圣约翰（上海）校园，领略正义的源泉，也磨练做事的逻辑。华东政法大学被誉为法学教育的东方明珠，坐落于古老的教会大学校园。这里屋舍俨然、古树参天、绿草如茵。在城市的象牙塔，我逐渐懂得政治与法律的纠缠。无论如何，即便政治要颠倒黑白，一切都要以法律的名义。新冠封城第一回，我详看美国小布什总统任内，美国议员、法官和学者对美国对伊拉克、阿富汗发动反恐战争的法律投票、涉伊斯兰恐怖分子人权官司的裁决和文章。漫长的拉锯，20 年后伊拉克成了更自由，但谈不上有多大希望的土地；该国每三位年轻人就有一位失业。关注最底层的不正义，提供富足生活，才是真正的正义。这是我在城市习得的本领：从历史看国际法演进。

第四章，城市涌现若干连接陌生人的平台。城乡切换模式开启。我成长的二十一世纪，仰赖好的世代，和平、全球化连接，几乎每个正常国家的人民都生活在盛世中。只要辛勤工作就能衣食富足。而覆盖日常生活的衣食住行，金融科技平台不断横空出世。

这些平台堪称连接城乡中国的彩虹桥。富裕的城市人因平台获得高效的生活服务，勤劳的农村人因快递、外卖“跑步前进”获得农村盖房的第一桶金。日益便捷的乡野持续吸引魔都、帝都的城市人去旅游、旅行，城乡切换因平台而提速。

第五章，便利日常生活的平台模式推至医疗改革，难以重现充分竞争的格局。先行先试的 ABC 之 Haven（避风港）平台关停。就像中国 2022 年 12 月突然逆转“动态清零”防疫政策，人民没有准备。不要说对出现白肺的高龄长者有临床实效的辉瑞 PaxLovid 药没有，就是普通的芬必得都抢购。医疗因新冠推上风口浪尖。医生、医院、药厂所在的医学主要是科学，但这个最复杂的系统同样有许多法律问题。三年来，有妈妈住院，爷爷奶奶病逝，我体悟到这个系统的痼疾：看病难、看病贵，病有所医当问谁，同样需要法学的关注。我更因指导一位医学院本科生写法律硕士论文，最后不顺利的写作，感性体会奥巴马前总统说《平价医疗改革法案》的推行堪称林肯总统的内战。实证梳理中国裁判文书网的医疗官司，体制性打破医药勾兑的潜规则，前述衣食住行的新平台，延申到医疗、教育等深水区，出现“无信号”。在在凸显这个领域不仅要研究作为科学的医学，也要研究作为政策的医疗照护体制。要双管齐下，要公私并济。同笔者熟悉的教育领域一样。

第六章，信义江湖的公司财务法薪传。从国际经济法到公司财务法，不变的是开拓学问边界的勇气。更新的知识才能吸引更新世代的年轻人。公司财务法的核心是信义责任，要忠实勤勉。从特拉华州衡平法院的大法官到蚂蚁集团，乃至张忠谋的台积电，薪火相传。

这是个良心活。这是医疗、教育体制内的人，用肉身触碰这个世界得出的结论。如此多的病人排队候诊，如何耐心听诊给予靠谱建议？如此多的学生涌入学堂，你老师怎么记得住她/他们的名字？关键是医生和教师并不单在杏林、象牙塔中，亦人在江湖，江湖的规矩是信义和情义，法律层面上升为信义责任。

前述以信义为基础义务的平台，呈现彩虹桥般的多彩。但“日有阴晴圆缺，家有悲欢离合。”桥有崩毁塌方时，需要修补。就像三年新冠，完全难料如此曲折，自由的生活不停开、关、封、停。待我因奶奶去世回家奔丧，春节回到老婆家乡，才知晓姐夫的父亲新冠离世。最难的还有餐馆等中小企业，烟火气因成本高昂，高度不确定的日常而散尽。满街尽是旺铺出租的广告。

第七章，人道和宪法记忆。新冠世道太多不确定，唯一确定的是行人道。就像大学疫情封校期间，给学生一个苹果；上海封城，给邻居临终鞠上一躬或者送去两片芬必得。又像社区的封控松松紧紧，成为压倒许多店铺的最后一根稻草。虽然原地又会迎来新的租客，但先前的店家永远退到人生的阴影之下。就像前总理李克强说，上亿家小店构成中国经济的韧性，要守护好。日本漫画家井上雄彦在《浪人剑客》写的人生感悟：一个人遭遇了困难，就打开了一扇门，有可能会交到真正的朋友。苦难的经历成就醇厚的美酒，断肠人在天涯。当你把爱与温暖传递给扉页题词所献的橙子、妹妹的女儿，妻姐的女儿，这些新冠世代会保有面对困难的韧性，延续记忆的萤火，开辟修补彩虹桥通向奇幻国度。

本书曾在朋友圈预告，好友好奇文体是否不是专业论文写作。我肯定的答复：散文体。能够自由率性写作是人到中年的福利。许多章节都发给学生先阅读，反馈尚佳。于是我鼓足勇气继续这种文风，偶尔有些注释是实在觉得与作者有缘。

看到王朔先生在《起初·纪年》开篇写道："想到了历史体裁麻烦，细节考证能累死谁，全知等于难为自己，故取惯常所用第一人称，所见限于一己之侧，能少交待少交待，是不得已……有些人物所行骇人，心机莫测，远超常人所想所能驾驭，亦为第一人称天然具有同情之理解所不容，故在很多篇幅陆续出现第一、第三人称混用章节，乃至最后写丢了第一人称，通篇以第三人称尬然终了。"真是击节赞叹，第一、第三人称混用的同理、尬然和无意识，不能同意再多。本书亦引用了这三年的微信朋友圈文字，都是当时新鲜的文字，更是第一人称。

本书本来写的是彩虹桥。三年大疫之后，再读到托尔金的《魔戒》恍悟，也是甘道夫丧生/死而复生的凯萨督姆大桥（Khazad-dûm Bridge）。这新冠就像炎魔的火鞭要了多少人的命，但也将四位哈比少年送达安全的彼岸，开启了希望征途。

2023 年 3 月

目　录

第一章 从乡村到城市：这河是可以被跨越的

新冠这三年，我从来没想过过个春节会如此艰难。就像 2017 年橙子骨折后，我俩轮椅过华政校园桥，走了足足十分钟。

茅厕

如果你去过 1980 年代的江西省安义县徐埠镇，我来导游，那是我的家乡。镇子很小，先去主干道一栋三层的别墅，拥有七个房间。房主在当乡干部前，是个木匠，爱拉二胡。娶妻生子，按老婆的要求开了个小卖铺，积攒的钱挖了个池塘养鱼，后院种菜。如果你想方便，请随我来。

厕所是露天的，在鱼塘的附近。底部是大土缸，打开门迎面撞上大头苍蝇，两块木板架在缸上，蠕动的是白色的蛆，屎臭尿骚。那是抽水马桶在中国普及之前的乡镇茅厕。

像我外公这个茅厕还是环保的，隔一段时间，缸塞满了不用请人掏便。左右有两个缺口机关，左边流向菜地，右边流向池塘。1949 年后的中国人对国家主席刘少奇握手的掏粪工时传祥，耳熟能详。年少的我连带就记住了这个职业。

亲外婆生了 5 个孩子，两男三女。第二个女儿，就送给外婆的临镇好友，她没生孩子。于是我见识了妈妈养父所在万埠镇的厕所。这位外公是市场卖猪肉的，隶属食品厂。养外婆烧得一手硬菜，是食品厂的大厨。食品厂的屠宰场与公共厕所隔得不远。一进厕所，脚绝对无立足之地。地上全是尿、屎。你得默念庄子的名句“久居不觉其臭”。

此情此景，随便谁也呆不牢吧。但，请留步，食品厂宿舍正前方 70 米就是潦河。夏天当夕阳西下，男人们一个扎猛子就下河了。女人在旁边洗衣服。在清澈的河里瞄一眼远处的青山，绝对心旷神怡。晚餐来个红烧猪尾巴，青椒炒肉，配点米酒。餐毕手拿一本野夫的《1980 年代的爱情》，静静等待邻居们出现在自家门前纳凉。这种社交会持续到很晚，因为谁家都没有空调和电风扇。只能期待外面的微风，睡觉也是搬出有四条腿的竹席。大家拿出刚从地里挖的花生，分享起盐水花生。远处蛙声一片。谁家都有一个捕蛙高手……我女儿也一样，一放假就喜欢去浙江农村的外婆家。

我爷爷老早就离开了滩上村，他虽然小学毕业，但写得一手好字，做事认真，逐渐成了县里的干部。我爸爸、妈妈也是如此，全家先后分配了三套住房。我是在第二套房子里考上的大学。这些房子都有独立的厕所。

人生第一套有自家厕所的房子，是爸爸单位计划委员会（计委）的宿舍，地皮在阳湖村最毗邻龙津镇的农田上。那时中国对基本耕种农田的保护远不及以后严格。三层、对称的房子1985年一造好，我家分到了一楼右边。钥匙到手，全家总动员用油漆粉刷地面，以后要脱鞋进家了。当时压根就没有油漆对儿童发育不好的概念，窒息的油漆受不了，不自觉地跑到70米开外，那里农田连成一大片，有的是清新空气。房子右侧和后面被围墙围起大片空地，同单位的伯伯阿姨认领一块种菜；一楼的人家还搭了鸡舍。

在这栋宽敞的房子里住了5年，我家添置了电视机。那时迷上了香港武侠连续剧《雪山飞狐》，大侠胡斐的爱情悲剧，我看懂哭了。下午放学后，与邻居伙伴在农田里玩耍是最愉快的。农民收割禾苗后的干稻秆，会扎堆成三角形立着。像霍元甲无影腿踢倒稻秆是邻居大哥教我的恶作剧。终于有一天，聪慧的农夫悄悄绕到我们身后，抓住了我，邻居大哥赶紧去找我奶奶报信。一记狠狠的耳光第二天脸上还留着红印。被打时像个瘫软的小猫，解围后我忘了如何诅咒这个恶农将失去土地。

1989年5月底，一个暴风雨晚上，电视里传来人群在北京、上海、南昌游行示威的画面。沉默注视电视的爸爸余光扫到我，没有对话。我完全不理解那么大的雨中在示威什么呢？自家的新鲜蔬菜和鸡蛋滋养了我的童年。我从小学升入初中，一跃成了全班第一名。小学成绩中上，从来没当过班长。班主任是数学张老师，要数学好才够大队长资格，班上每回放榜总有3、4个同学拿双百。张老师的儿子也在他班上，可惜没有专注力，一问三不知。张老师举起教具狠狠地砸下去，比恶农猛多了。他儿子更像瘫软的小猫，我总避开那全是红血丝的眼睛，但数学从未考过

100分，都是90多分。

语文付老师是小学的副校长。对我那笔字很赞许，祖传的。爷爷一笔好字，春节对联都是自己写。磨墨、裁红纸，提笔书写那些平安吉祥文字时的爷爷，一点都不像平时那个老实、阿弥陀佛的老好人，有一股一气呵成的锐气。同学们都说我的字像印出来的，力透纸背，工整。有回全国语文作文比赛，我拿到了三等奖。平时不太表扬我的爸爸，看到奖状连声称赞。

我刚出生时，爸爸在江西新余。他大专毕业后就留在那里的供电局。我出生后，妈妈带着襁褓中的我，坐绿皮车去新余探亲，如今四十岁的我至今都有印象。当时新余在江西算大城市，钢铁厂还造了游泳池。供电局是好单位，可惜离家远。于是爸爸在我三岁，妹妹即将出生时申请工作调动，来到了当时炙手可热的计划委员会。毕竟从市到县，委屈了爸爸，县里的工作随他挑。当时是1983年，中国的政治清明正派。

在抚育我成长的前三年爸爸在新余。爷爷、奶奶、妈妈在抚育孩子，于是我爸在逗小孩的人生路上就错过了一课。但好单位确实福利好，夏天单位的西瓜堆了半个厨房。要用辆车去乡下访亲，厂里的公车随叫随到。那时县城里还没有桑塔纳小轿车，一般是吉普车和柴油机货车。柴油车速度比拖拉机快，发动机是日本三菱公司的，驾驶室最多挤四个人，后面有大的敞篷空间，或者蹲着或者站着抓牢铁架，在风中往往屹立十几分钟就到目的地。

那些从小玩到大的亲戚，应该就是爸爸的狐朋狗友吧。

现在想来，我家最爱去新民，爸爸第一个堂妹（我们喊青珍姑）的老公家（小聪叔）。山里面，此处水流清澈、空气清新，有高大的杨梅树，各种走地鸡。可惜路不好，颠颠簸簸至少一小时。我要站柴油车后面一个小时，夏天太热、冬天怕手出冻疮。但每回去就必定对青珍姑家的厨艺赞不绝口。她大儿子读书好，二儿子继承了厨房掌勺的秘诀，后来去了重庆火锅。三儿子留在身上。

妈妈倒是有些朋友。都是美女，人以群分，初高中同学。现在、2020 年还来往的那种。凤兰阿姨在同个县，中秋、春节都走访。她和老公都是县里职业中学的老师。人美，女高音，裁缝手艺好。有年夏天来访阳湖农田边的房子，给我和妹妹带了件自作白衬衣，她女儿也是同款。她老公是摄影师，新衣合影留念的照片现在还保留着。那时我还幻想着旁边这位小家碧玉成为我的小女友呢。另一位小慧阿姨，也是老师。在邻县仁首。

当时的中国风起云涌。毛泽东去世后，亲历文革灾难的邓小平任用赵紫阳、胡耀邦启动了改革开放。老百姓的生活一天天好起来，就像我家升级换代的房子。计委宿舍之前，是爷爷单位科学技术委员会（科委）的宿舍。科委办公室与宿舍同在一个屋檐下，是栋三层的大房子。我们一家六口挤在两间房子，爷爷奶奶带我住一楼，爸爸妈妈妹妹住二楼。厕所是每层公用的那种，大便用水箱冲。厨房是宿舍外面搭的毛毡房，一下雨就漏。从科委到计委那是质的变化啊。

还有吃。我家的口头禅是“吃管饱”。1980 年代江西小康家庭的餐桌主要以猪肉和鸡蛋补充营养。我家酷爱甜食，要到结婚之后，我才有机会领教爱吃咸的妻家：浸在咸豆浆里的油条、包裹小排和芸豆的肉粽。

隔三岔五，家里来一顿肉饼汤；猪肉作为主要食材的炖汤成为家常便饭，比如墨鱼排骨汤。妹妹虽会抱怨奶奶肉饼大小的分配不均，但都能雨露均沾，成为素食主义者要到 2020 年以后。印象中肉末茄子、青椒肉丝绝对下饭。餐后的甜食饼干不断，特别是桃酥。外婆家偶尔拿来水晶芝麻包，更是大快朵颐。甜食的糖带来能量，人易外向，但多年以后牙齿虫洞扩大，牙崩后的补牙成为大患。

九十岁的奶奶，每次吃饭前从牙套小缸里颤颤巍巍地取出那套吃饭家伙，塞进牙床，卡好，餐毕再取出放回缸里。我猜目睹此景的父亲必定心生悲凉，没有好牙齿的后半生，选择就是包子、豆腐，连江西人酷爱的油榨花生米都嚼不动了。还有我的满口烂牙……

斗移星转，更为多元的荤菜食材，鱼虾特别是海鱼海虾，以及牛羊肉等到 2010 年小县城网络购物兴起了。与更广阔世界的连接，需要淘宝网、亚马逊、京东的横空出世，需要顺丰、各种“通”“达”命名结尾的快递公司给力。每年阿里巴巴公司“双十一”网购量超过美国圣诞节的“黑色星期五”也是在 30 年之后。

同样中国小县城里的七品芝麻官也走马灯换。印象最深的县委书记买凶杀县长。后来县长未死，兄弟在北京当官，于是书记坐牢。彪悍的安义人，似乎与这座小城的自我定位（“安义”）相悖。这位如今被年轻人尊称为“长者”

的国家主席执政 14 年（1989-2003），中国经济继续强劲增长，主要原因是鼓励地方 GDP 竞争。江西鼓吹向珠三角、长三角百强县的学习热潮。

1990 年县里换了个新领导，肥头大耳，矮仔。提出要上马安义商城综合建筑体：一楼菜市场，二楼百货。地皮恰好就在这片农田上。测量局几个人用个大圆规，左瞄又划，算出我家的房子挡住了未来商城主干道的人行道。这栋左右对称的房子得切掉右边。县委书记的权威啊，“昨晚做的梦，明早就有人实现她”！于是带厕所我家第一套房子，化为了空气。

于是 92 年搬到了妈妈单位集资的龙津供销社宿舍。地皮靠近沿河路安义老桥。房子在四楼楼梯最右手。独立厕所在外头。这套房子是我的福地，住了五年后我考上了上海的大学。但这五年，我家开始见识了红男绿女。我亲外婆在 1990 年代已经看穿中国的空气变了，“有钱才是大爷”，舅舅们被鼓励想方设法赚钱。供销社宿舍的建筑结构，一楼是买东西的大厅，立柱支撑。二楼于是留出了巨大的空间。舅舅们承包了二楼，办起了舞厅。晚上霓虹灯闪烁，爸爸是检票员，夜场 10 元，酒水饮料是利润增长点。

后来我亲眼看到大城市的厕所，是在自家附近的曹杨新村。房子内设厕所，只是极小。三平方米的空间，塞一个抽水马桶、洗衣机和浴缸。遵循苏联元首赫鲁晓夫钦点的设计理念：实用且经济。1949 年第一批给工人劳模设计的工人新村。说是工人，但还是挑选了工人的先进分子。2019 年 70 周年之际，再次把住户迁出重修。这趟每套屋内设了厨房；此前一层共用一个大厨房。70 年下来，鼠患不绝。

更大规模给普通工人的住宅是 1960 年代，上海苏州河北岸的沪西继续效仿苏联建起的曹杨工人新村，2 万套房子。整层楼共用两个抽水马桶，不分男女厕，马桶盖又重又臭。用上海人的话说“不知道哪个罗宋瘪三设计的”。

菜市场

我印象最深刻的菜市场在万埠菜市场，那是外公的战场。他的作息与常人不同：半夜起来屠宰生猪，得四个人抓住四条腿。这是力气活。于是我就认识了其他男人，都是喝酒直接用牙齿咬开瓶盖的那种。

读过《水浒传》“鲁提辖拳打镇关西”的，或许对屠夫印象不佳。我因亲人缘故，更喜欢《庖丁解牛》里那位解牛带音乐节奏的那种：游刃有余…如土委地…

万埠是安义县上溯南昌市的歇脚点，发源于靖安大山里的潦河水在此地汇入赣江。因此万埠的建筑标志是防洪土堤和大桥。土堤和大桥的入口就是万埠菜市场。自然形成的菜市场就得靠河，所谓水陆交通之地。

外公刘德环在此地无人不晓。因猪尾巴、猪耳朵、大肠等比较紧俏，得事先打好招呼。人又诚恳，脸上永远挂着笑容。幼年丧父，逼得从鼎湖曹门来到 17 公里外的万埠卖肉。结婚时穷得连条新棉被都没有。因为厚道，童叟无欺，逐渐在万埠站住脚。毛泽东时代，猪肉由食品厂统购统销。作为穷人的外公于是转入体制内。但性格从未改变。

而我则沿着土堤，下到市场，取回五花肉。那时塑料袋不像如今满天飞。在肉中间用干稻秆捆扎打个结，便稳稳地拎在手中，我所谓的两头下垂、“弯弯的肉”。我到上海以后才明白五花肉、蹄膀、大小排等名称及其价格差异，图省事就说外婆叫我来拿“弯弯的肉”，外公和癞头舅舅每闻必笑。

在我“喜的”舅舅长大前，“癞头”是我外公的徒弟，也是合伙人。小时头上生过大臁疖，父母早逝，索性喊他“癞头”。他和外公一样伟岸有力，每顿喝酒。负责下乡采购生猪，以及分工卖肉收摊。虽然旱涝保收，但卖肉是辛苦活，外公从12点忙到中午吃饭就收工睡觉。下午的余肉由“癞头”舅舅扫尾。

邻居沿Z字形排列，开头是万埠小学；中间是百货公司；尾部是食品厂宿舍、建筑工。离外婆家最近的邻居，就是造房子的。他家热闹，生了九个孩子。大儿子90年就赴沙特阿拉伯作建筑工人，赚的钱建起了最早的三层楼，地皮在土堤尽头。他大女儿小名“燕的”，聪明秀丽，我暗下决心讨作老婆；二儿子“常的”经常同我玩；三儿子“掌的”后来做了军人。女主人善良，养猪养鸡。幸福美满的一家，因爸爸交通事故丧生，后来经济每况愈下。燕的早早承担起家庭的重任，做了小学老师。常的下海卖铝材。他们家最小的“九叔”，小时最会抓青蛙钓鱼，现在还在万埠开饭店。

1990年代，万埠食品厂体制所属的安义食品厂集资建房，地皮在17公里外的沿河路。四楼阳台就可以看见安义宝塔。外公也得了一套房。于是舅舅开始了万埠、县城两头跑的岁月。外公慢慢就退出江湖，打起了门球。头带棒球帽看着特别斯文。外婆带两个孙子。舅妈“荣荣”不工作。她是美女。父亲是万埠百货公司的。舅舅也很帅，两人很般配。舅妈在万埠时就是玩，打个麻将一天就没了，四川人的“巴适”。搬到县城也是玩，打麻将最能结识朋友。有些人家，包括我妈就专营这种棋牌屋，每张麻将桌玩一局赢家出1元钱，提供开水；三缺一，棋牌东家顶上。

但市场经济竞争白热化，卖肉只是旱涝保收。舅妈的兄弟们纷纷到大城市寻利，也耳闻不少万埠人在外面卖铝合金赚了大钱。当时中国的城市化方兴未艾，北京新小区雨后春笋般浮出地面。舅舅也想着若能包下个小区一栋楼的门窗就发财了。2000年喜的舅舅来到北京，在人民大学校内租了店面。这个店铺两用，白天是铝合金切割、门窗丈量的工作间；晚上打个地铺。卖肉的活交给外婆的小养女钟英，她同邻居最踏实的“八叔”结婚。八叔的大哥意外死后，那家人就散了。房子盘给八叔后，诺大的房子正好养鸡。两人起早贪黑。女的卖猪血、男的卖猪肉。赚下的钱先买了辆五菱货车，效率更高了。外公家卖肉的DNA就这样传承下去。

我大学的毕业旅行选在北京，专门去了趟人民大学。舅舅带我喝了咸豆浆，陪我玩了故宫。他也是第一次进皇宫，之前光顾着干活。后来妈妈说，舅舅回家了，继续杀猪卖肉。赚到的钱没结到，完全没想到赖帐的人如此不要脸。舅妈一边数落灰头土脸的舅舅，一边继续玩麻将。县里的棋牌屋不时传出赌博者倾家荡产，家破人亡的新闻，公安局开始查禁这种聚众赌博。“顶风作案”时，棋牌东家和参与者一律进派出所禁闭。有回我爸火冒三丈地去派出所领人。有回听说荣荣舅妈骨折了，因为警察敲门抓人，她们赶紧从二楼跳下去。

万埠出了安义近代史上最大的官。在鸭嘴垄走出了熊式辉。他慧眼识英雄，日本陆军大学毕业，跟着孙中山北伐。在蒋介石时代官至国民党中常委。1945 年担任接收日本东北三省的最高文官。多次见罗斯福、丘吉尔。但他与最高武官杜聿明不合、内讧，被指责让共产党林彪军队钻了空子，接管东三省失败而备受批评。1949 年隐居泰国曼谷终老。他主政江西十年，创建了江西中正大学、今日江西师范大学的前身，我妹妹、妹夫都毕业于此。

喜的舅舅和舅妈生了两个儿子。都不喜欢吃猪肉。都没有上高中。外公去世八年，家里经济每况愈下。大儿子嘉嘉讨了漂亮老婆后，把家里房子抵押贷款，获得批发铝合金的流动资金后，先后在常州、杭州卖铝合金。二儿子刘欣（小名欣根）31 岁了，那头发真是茂密。先是跟“邱的叔”学木匠室内装修，后在无锡打工时认识了一安徽姑娘，相恋后还带回安义，后来没有结果。从此颓废打游戏。混迹于无锡、南昌的小区应聘保安，一人吃饱全家不饿。但他们继承了外公的硬气家风。“求人不如求己”，即使赚不到钱，即使没有体面的工作，但自己的生活自己扛。舅妈也去县里最火的超市“老戴”店里做收银员。

可惜，这些表弟们没有继续公公的职业。包括钟英姑姑的儿子堂堂，也是在南京卖铝合金。他们都觉得卖肉一眼望见底。相反的作息、总是套着油亮的围裙，可能还不忍对猪下手。有回听说欣根和家里怄气，春节都不回家，外婆很担心。我通过“堂堂”获得他的微信，在我女儿骨折后的那个春节，三个建了个群分享了意大利佛罗伦萨市中心菜市场的家庭传承：

“过去的 2018 年，我们仨都混得不怎么样。去年的此刻，我守着骨折的女儿欲哭无泪。2019 年更是迷茫。

这部纪录片是在意大利佛罗伦萨 Sen Lorenz 菜市场拍的。第 33 分钟以后，是家三代肉铺的生活。儿子拿到大学本科，还是回家卖肉。特别是合伙在菜市场二楼合伙卖油炸肉丸。生意还不错。

“肉是我家的 DNA”，这句印象深刻堂堂、刘欣，在外面见了世面，一晃十年过去，家乡都塌了。”

万埠老街被新修的国道 105 腰斩，菜市场也另起炉灶。荣荣舅妈家的房子，屋顶都掀掉了。一派破旧，如今只剩钟英姑姑的房子还在土堤这侧。现在地方大了，正好养猪、养鸡。30 年后，我同钟英姑姑在一次婚礼聚会上，拉家常谈起法国的蜂巢、印度的 WhatsApp 平台。

“平台直接连接起消费者与农户。每周指定的一天，在 beehive 自取 app 上选定、付款完的生鲜。从面包、蔬菜、生肉、水果到液体绕开菜市场的物理空间，得农户也上网、组群，好在有 WhatsApp。印度农民的最爱，2018 年洋葱丰收却贱卖，多亏了 Facebook 旗下的 WhatsApp。无甚作为的印度总理莫迪丢了大脸。”我侃侃而谈。

1997 年我离开江西,在华政长宁校区附近居住 23 年。此地曾环绕上海最大的菜市场。沿着曹杨路一字排开：蔬菜批发量占全上海七成的曹安市场、铜川路水产市场、新疆瓜果市场，以及顺义路的露天菜市场。如今都已随风飘逝，还都是以法律的名义：重新规划、违章建筑的“五违整治”作为中国最现代化的都市，越来越在公共与私人空间两分保护的发展道路上选择后者。真实的效果就是偏向富人。

法律逻辑是这样展开的：街角的公共用地越注重卫生，外地人，尤其是新疆人的烤串就越难立足。而有意思的菜市场若少了新疆物产，逊色不少。就像环球港漫驼铃的红柳羊肉串，远逊于佘山陈坊桥菜市场的同行。

因橙妈一次嘴馋，橙爸立马去环球港外卖羊肉串回家；因缘际会，促成隔天松江校区银行法课后请同学们吃羊肉串，风雪中康标从佘山陈坊桥菜市场棚户区，现宰现烤的新疆人，扛回 27 串红柳。那个纸箱都塞满了，肥羊的香味漫溢。孰料圣诞节再去，菜市场外面站满了街道办的工作人员，美化环境。就把新疆人的落脚棚给拆了。

但这种在线烤串的记忆实在美好，忍不住重温的橙爸拨通了新疆人的电话。他说没有烤串了。蹩脚的普通话接着说：“想吃自己烤啊。”

是啊，也不是非得求新疆人。2019 年春节前，橙爸一人来到衢州柯城区国旅山水的房子，一边着手人生第一笔、也许是最后一笔民宿生意的准备，一边在淘宝网购阿勒泰的大尾羊两斤、红柳树枝 40 根、以及炭烤架等全套装备，在六楼自家阳台烤串起来。

民宿订单是一位厦门的女画家，一家人准备在整栋房子里过春节。我提早七天从上海来打扫收拾，孰料欠费停水，把我家水表的阀门给拆了。支付水费后还是没水，恰好又是周六。上厕所后没水冲，那是真惨。于是一次乌溪江冬泳后，我走进俞得水五金店。请求老板老俞帮我把水表的阀门打开。他一听就派出儿子小俞电瓶车出动，自制阀门起子。一来二去，我们就联手烤串。有一年小俞初中失恋，老俞一家赴新疆自驾一月散心。他边用鸡蛋清给羊肉润滑，边愉快地给我展示在和田河床上捡的玉石。老俞太太则回忆起新疆西瓜的甜蜜。

民宿短租是在 94 高龄的爷爷骨折后的事。我铺床、打扫，每日早晨去菜市场转转，采购点新鲜玩意，在朝南的阳台种了颗卖家说的本地“不死草”。朝北的阳台给女儿养了只兔子，还得买好胡萝卜和青菜。衢州七天一晃就过了，除夕前夜我返回江西。大门钥匙藏在信箱，顺利完成交接。大年初三，房客突然打来电话，说煤气怎么回事。我大惊失色。衢州基础设施水电煤的续费，除了电可以在线缴纳。其余必须在营业厅缴纳。准备了一切，独独忘了煤气。怪我一天游泳两趟，晚上就不洗热水澡了，煤气压根就没怎么用过。本来想自己一人搞定民宿的事情，功亏一篑。厚着脸皮请妻姐大过年的，跑去营业厅煤气充值。一方面怕人家觉得新年晦气，另一方面煤气卡交接也要两头联系。

房客呆了一周后，想我赠送书房的那副字“努力书斋”。回说爷爷九十岁写给我的，无比珍贵。爷爷这边，姑姑和爸爸悉心照顾。我对姑姑说，等五一节请你们到我衢州房子转转，欣然同意。

去菜市场就是“去陌生的地方见陌生的人”。寻一处水陆交通最便利的地方，陌生人各有宝贝寻求交换。2019 年夏天，我带女儿逛沿河路码头菜市场，突然见到了新出生的小鸭子，驱车来到新民天然游泳池。小姑娘两只小鸭一道游泳，完美的自由之夏。

此地的出现与计划无关，繁荣后却要受到政府的管制，并以法律的名义拆迁、搬新址。2015 年上海“五违整治”开展以来，普陀区的曹安批发菜市场、铜川水产批发市场、兰溪路铁路菜市场、白玉路菜市场都蒸发了。原有的地皮盖起了新楼盘。

民以食为天。一方面上海城区的老菜市场越来越单一，越来越贵，越来越不食人间烟火。另一方面，中心城区雨后春笋般地涌现“永辉超市”、“盒马生鲜”的实体店。前者在大马路的一楼，后者竟租下高档商厦的半层，房租尽管吓人，但骑士送货上门。上班族下班就能在门口见到 app 下单的食材，不必再跑菜市场。2020 年，最大的美团点评平台，注册的外卖骑士已有四百万人，都是吃苦耐劳的农村人。这些外卖快递从来是“跑步前进”，电瓶车开得快，进校园都在跑。这种中国速度实在无趣。

但童年那随着妈妈慢慢逛菜市场的治愈温情全部蒸发。就像一个人吃饭真没劲。村上春树《没有颜色的多崎作及其巡礼之年》，失去友谊的多崎作在碰到沙罗之前那样的一日三餐，完全是对付，是离死不远的生活。

菜市场比超市的优势，可按季节更迭来饮食，而不是吃超市从冷冻库里挖出来的东西。在风光优美之地露天买菜的好处，英国人彼得·梅尔的《普罗旺斯·山居岁月》写得好：

“如果你对超市的透明包装膜起疹子。来逛逛每星期集结一次的市集。市集与超市最显著的区别在于，货品没有包装。摊上陈列的农产品是前一天才采收的——莴苣、桃子、樱桃、葡萄。偶尔有超大的南瓜，还有刚下不久的鸡蛋。穿梭在摊位间，会不期然看见人们三五成群，神情快活又欢喜。你就这么一路逛下去，经过香喷喷的奶酪货车、卖着各色鲜鱼的摊车和烘培师傅的摊位……”

2020年新冠肺炎病毒爆发以后，中国一线城市经济增长嘎然而止，财政收入锐减，无力支付房租的手工业者失业高企。此前，政府不仅拆除那些老菜市场，街道还雇佣了许多城管驱赶路边摆摊的商贩。如今市场萧条，政府迫得允许流动夜宵摊重启。贩夫走卒的反攻开始。

写反攻，最有想象力的是法国作家妙莉叶·芭贝里。她的处女作《最后的味道》让城里人发现土地物产之鲜美，《刺猬的优雅》里那位高级公寓的门房，“死前准备爱”重启了天才少女的爱。溯源而上，在《精灵少女》中，在11月大雪纷飞的意大利阿布鲁佐、法国勃艮第乡野，两位婴儿被“灰马野兔”化身的薄雾国主席，分别放在教堂台阶、善良未育儿的农夫家门口。村里的农夫们坦然接受了两位从天而降、放在家门口的陌生小孩，一晃十年过去。

这十年这片土地风调雨顺，贫瘠的荒地化为丰饶的乐土。玛莉亚、克拉拉分别拥有与自然和音乐沟通的精灵魔力。当薄雾国的艾略斯要毁灭勃艮第乡村时，克拉拉用音乐连通了玛莉亚的心灵，告诉她的身世：她爸爸乃是艾略斯的敌人。艾略斯将薄雾国的衰落，归咎于人类的草率轻忽，造成大自然的衰绝。玛莉亚爸爸则认为是薄雾国精灵的不团结。

“薄雾重生。通过两名十一月与雪的孩子，失根者最终结盟。”这则古老的预言成真。女孩的力量合一，一座“红桥”出现。自然界的生命与玛莉亚结盟，薄雾退去。

第一人

武汉宣布封城的当天，我独自高铁返乡。爷爷去世了。家里三世同堂，自小爷爷就陪伴我的成长。空荡荡的高铁车厢，我读着穆旦的《活下去》：

> 活下去，在这片危险的土地上，
> 活在成群死亡的降临中，
> 当所在的幻象已变狰狞，所有的力量已经
> 如同暴露的大海
> 凶残摧毁凶残，
> 如同你和我都渐渐强壮了却又死去。

那永恒的人。
弥留在生的烦忧里，
在淫荡的颓败的包围中，
看！那里已奔来了即将解救我们一切的
饥寒的主人；
而他已经鞭击，
而那无声的黑影已在苏醒和等待
午夜里的牺牲。
希望，幻灭，希望，再活下去
在无尽的波涛的淹没中，
谁知道时间的沉重的呻吟就要坠落在
于诅咒里成形的
日光闪耀的岸沿上；
孩子们呀，请看黑夜中的我们正怎样孕育
难产的圣洁的感情。

我太太是农村家庭，岳父母生了三个女儿，我娶的是老二。老大的女儿已经18岁，在澳洲读书，碰到澳洲森林大火发朋友圈要活命；这几天在上海，也发朋友圈要活命。老三尚未出嫁，但见过世面、在联合国北京总部工作，有外国相好。但岳父母总希望老三能有个正常家庭。

我和老二是华东政法的校友。她身体很棒。我是双鱼、她是巨蟹，据说星座配。在我30岁时，我俩的女儿橙子降生了。孩子六岁前，都是外公外婆、爷爷奶奶轮换来带。

双方父母都是用尽全部力气，橙子成为中国人抚育的最好孩子。漂亮、聪慧、善良。钢琴在德国汉堡、新加坡几百人的比赛中两次获得第一名。

2017 年，女儿考上上海排名第二的私立小学。学杂费每年 5 万多，同学的素质非常高，无论是语数外，还是艺术都有尖子生。在江西人眼中，这就是贵族学校。入读小学后，老人也相继淡出来上海对孩子的抚养。岳父母开始在乡下养鸡、种桔子树；爷爷奶奶帮妹妹带第二个孩子。我俩开始了自力接送、辅导功课的生活。

2017 年的世界，国际秩序开始混乱。美国新当选总统特朗普是民粹份子，没有专注力。我们家庭的节奏因为 2015 年春节我与岳母的吵架、女儿的骨折、我个人不再求教授升等，亦开始混乱。哎，“人生不如意十之八九”！完全未料到让我崩溃的时刻，是 2020 年的返乡回家。当各种新冠病毒的传言越来越凶猛，本来就敏感的太太对女儿说，今年春节不回家了。江西、浙江都不去。女儿的第一反应是爸爸会非常伤心的。果然昨晚都没怎么睡，脑中有许多幻象。

我长得还行。171cm 身高、头发很柔软，眼睫毛很长。身体非常强壮，女儿骨折，我飞出去落地竟然毫发无损。牙齿整齐、皮肤白皙。橙子遗传了我俩相貌的长处，目前除了体重指数超标，其余都上佳。身高体重比是 140 厘米

/40 公斤。

我 1980 年生于江西安义，自小被家中寄予厚望。爷爷、爸爸均为公务员，妈妈在供销社这样的集体单位上班。自小学习成绩优异，一路顺利；升至大学，博士受教于母校校长、曾任最高检检察长曹建明，想起来一位 27 岁就能博士毕业的年轻人肯定志得意满、胸怀壮志。

但自己清楚自己精神变化的时刻。那是 2006 年暑假，40 号楼办公室的地板上，我倚在散发恶臭的新添置沙发上，手捧上海图书馆借阅林语堂写的《The Gay Genius：苏东坡传》；58 年前的书泛黄、破烂；但绝不影响阅读。当我看到这些耳熟能详的北宋诗歌、轶事和幽默，竟有中国人能用英文写出来。因博士生寝室没有空调，我就睡在办公室的地板上，看完已经凌晨两点。再之后，阅读胡适用英文写的中国哲学史，老子、庄子、孔子和孟子，我也知道零星的名言，但白纸般的大脑中绝无清晰的思想史线索。而这位哥伦比亚大学博士、北大教授竟能“截断众流”，每段第一句就清清楚楚、明明白白道出他的观点。然后神奇的是，看过之后我竟能复述，还能用于国际经济法的教学。

从此我就迷上了这两个人，三年内看过林语堂近六十本著作；看过 40 多卷的胡适全集和日记。但从未想过有朝一日自己也能超越，虽说在朋友聊天时也吹过牛。明白两人都去过美国，我就拿出他们的英文著作，早上朗读。2008 年 1 月果真到了美国南卡，住在一栋两层别墅中，屋后大片的草坪上很多小松鼠。还有个大厨房，可惜没用上，只是吃坚果。

2008 年汶川地震后，我的思想亦被地震。那些被豆腐渣校舍夺去生命的学生，那些被证伪的老师舍己救学生的假报道，让我良知撼动。

博士毕业了，没有老师教了？我自知超越的道路应是让自己真正的努力，比如翻译一本哈佛大学法学院教授倾注 40 年心血不断增编的教科书。但自己没有那个获得版权许可的财力，更怕没有版权许可，白白翻译了。但自己像那个被责罚搬石头上山坡的西西弗斯，仍在 2007 年的暑假翻了 10 万字的书；但这本书 2012 年的版本长达 136 万字。我自知自己没有超越的力量。

自己往下沉沦的时刻，我反复阅读林语堂和胡适市面上找不到的英文著作。如普林斯顿大学周质平编的、台湾联经出版社的《胡适未刊英文书稿》就让我如获至宝；其中《共产主义在中国》、《雅尔达密约七年以后的中国》、《铁幕里苦难的中国知识分子》、《共产中国思想改造的三个阶段》等从未看过。胡适在日记中反复提及美国作寓公，这些文章花去他最多力气。此外也随人慨叹胡适 1949 年后怎么就作水经注了。用李敖的话说“荒废学问”，什么都是“一半”。

我一直以为“一代胜一代”，但怎么 1980 年新时代的人竟不如前人：自己的古文不好、英文也不好。至此，我走上了独立思考的艰难历程。特别是许多国家大事都在外媒先被报道，再在大陆被证实。你能想象作为一个中国人的感受吗？中国土地上的大事情，竟先由外国人知晓、再告诉中国民众。这不可以！

汶川的灾难，启迪我折回百年中国的灾难，自己寻找历史的真相。

我先从建国开始，且让我长话短说，今阅布鲁斯阿克曼《我们人民：奠基》提到启蒙革命起于美国，在随后的两个世纪席卷中国、印度和南非。

1911年中国辛亥革命以来，有丰富海外阅历孙中山和精通儒家文化的黄兴两位政治人物，左右分别完成启蒙和革命的事业。

孙中山鼓吹天下为公，不将权威建基于人格崇拜，而试图为中国创造一个更为自由和公正的体制的理性力量。但遗憾的是，孙中山本人强调个人权威，而遭到黄兴的强大抵制。于是黄兴的历史贡献逐渐在国民党主宰的中华民国被淡化。两人的冲突在宋教仁遇杀的应对，最为明显。孙中山强调二次革命反对袁世凯，但黄兴主张司法厘清真相。后者颇相信宋的遇刺为偶然事件，且宋本人若在世也会主张司法审理，即三权分立下的司法独立呈现事实。

原来孙中山也要祛魅！

紫丁香花开了

2020年1月23日，我怀着无比沮丧的心情回到家乡。路上想着穆旦的诗《活下去》。表弟笑聪把我从南昌西站接回徐埠外婆家，到站了却看不到人。他在车里蹲着。整个南昌西站，空荡荡的。我们都戴着口罩，我是装个样子。全程未脱 N95 口罩的他，不时地瞄我。路上我恭喜他终于拿到律师执照，他 1 月 19 日的婚礼真是佛祖保佑。他第一次讲起妈妈癌细胞转移。

县城大雨瓢泼，徐埠外婆家在等我们吃饭。我请笑聪让我先回趟家收拾行李。然后我自个穿着长白滑雪靴，自行车迅速到达目的地。外婆家杀了只土鸡，许多亲戚半年未见，大家视频连线了武汉的虎哥，他在武汉大学本硕博读医学，刚从哈佛回到中南医院。电视里播放中国疾病防控中心主任高福正接受采访，专家“可防可控可治”的字幕不停滚动播放。视频上海的小姨父，我的表弟彭昕第一个孩子是女儿，今年生了个儿子。请的月嫂太贵。不如自己带。他也擅长带小孩，就从重庆到上海。再视频广州的大姨妈，她退了票。

妹妹一家在高安，原本打算橙子回安义，就把傅钰留下来陪玩。家里有七口人。我、爸爸、妈妈、奶奶、傅钰和姑姑、姑爷。1 月 24 日早上大雨滂沱，我骑着电瓶车直驱潦河。孰料仅仅四个月（国庆节我还回家了），潦河的那颗大树被连根拔除，原本洗澡的地方围起了铁皮栅栏。我在安义老桥附近完成了冬泳。在家乡好，不用往返搭乘三小时的地铁。游泳完，就跑去看万埠外婆。年届九十，关节滑下来。一年难得下楼几回。她告诉我如何上下楼。

除夕的晚上，我看着春节联欢晚会，看到儿媳和婆婆相互掐架，突然笑起来。起身给岳父打电话，恭祝新春快乐。彼时完全未料自己将亲历一场始料未及的大瘟疫。正月初一，妈妈说家里有老人去世就不要给亲戚拜年。我游泳完，在大雨中，完成妈妈交代我给徐埠外婆送肉的任务。当时已经不能进这个小区了。

之后的天气都是晴天。我和妈妈睡在刘妮房间。一天，我告诉妈妈，因为2018年底资助学生去衢州房子旅游。老婆把工资卡还我了。结果2019年夏天我们去新加坡、马来西亚旅行时，我的现金流很紧张。您给我1万元，赶紧就拿去还信用卡债了。这一年，钱的事情逼得我心情压抑。用保罗·奥斯特《失意录》里的话，那时钱的问题不是时断时续，而是全天候的。幸亏学校年终奖发了7万，我奇迹般地在2020年3月21日还清欠同学的钱。

妈妈震惊地看到以前那个生机勃勃、前程远大的儿子，如今潦倒如斯：老婆不回我家。已经当了十年的副教授。吃紧的生活。好在震惊没两天，传来消息：爷爷的大年仪式不允许搞。说聚餐出现了群体性感染。爸妈忙活了半年啊，先是考虑在县城阳光加州店定酒席，再请青珍姑姑的二仔炒菜。给所有亲友买了回礼的购物卡。楼下的杂货间堆满了油、一次性筷子等自办酒席的东西。

爸爸姑姑先是考虑小范围就请细公公家的亲人吃几桌。后来形势急转直下连村庄都不允许进了。爷爷真好，总是这样不麻烦人，不求人。我点起三炷香，游泳后，给爷爷发了个朋友圈：

今天初三，江西人祭拜先祖的习俗日

因为病毒肆虐，一切失控。我家只好在屋里给爷爷上香。

加缪在《鼠疫》中的文字普适当下：鼠疫封了奥兰城，像钟南山的里厄医师，耗尽全部精力才顿悟：自己在大疫环境里根本救不了人，眼睁睁看着好友塔鲁死去。那个与里厄争辩的帕纳鲁神父死了。所有人的生活都乱了。等到解封那天，妻子在城外死亡的消息也传来。里厄明白：好医师不过是个信息员。但在谣言满天飞的城里，他就是灯塔。

于是世人永远记住了里厄医师的名字。就像中国人的段子：初一按兵不动…钟南山说动才动。百无聊赖的中国人宅家挖掘历史，还记住了伍连德医师，110 年前东三省抗击鼠疫成功的那位医官。

【活下去，在这片危险的土地上…

当时间沉重的呻吟坠落在

于诅咒里成形、日光闪耀的河岸上，

孩子们呀，请看黑暗中的我们如何孕育那难产的圣洁感情。”

这是穆旦的诗。他妻子周与良的哥哥周一良写道：我们家出了许多科学家、政客、史家，但三四十年后就被遗忘。只有穆旦会永远被铭记。

晚近三百年的庚子年都是灾年，没有谁会活得更好。活下去保存能量，让我们铭记那些真正值得记忆的名字。

我是家里接受高等教育的第一个人，我能看懂《唐·乔望尼》中“刺杀骑士团长”名画或者卡拉瓦乔“朱迪斯砍下霍洛芬斯的头颅”。

大灾之下，我不想女儿只记住了这段百无聊赖的日子；这是阅读加缪和穆旦千载难逢的时机啊(套用微信读书 app 的一本网红书名《你当像鸟飞往你的山》)

都说目睹天池真容的人有好运气，爸爸希望你以后拥有精准描述当下这种复杂世道的能力，无论音乐、文字还是绘画[玫瑰]

祝福疫情过后的中国，像杜甫的诗：
“迟日江山丽，春风花草香
泥融飞燕子，沙暖睡鸳鸯。”

女儿读的学校是鸡血民办小学。小学三年级数学本是熟练掌握乘除的阶段。学校却要求掌握上学期就全部掌握，下学期学习分数。日常“天天练”作业总要包含几道奥林匹克数学题。比如“1400 页的书，包含多少个数字页码？”

爱好诗歌和阅读的橙子，觉得这完全是扯淡。但同学们似乎都能掌握，在橙妈的吼叫声中，也就亦步亦趋地跟着老师的节奏。她自诩考试型选手，虽然平时的天天练不怎么样，但数学考试总能考个 90 多分，无论难度高的监控考还是期中考试。只有 2019 年冬天的这回期末考，86.5 分。话说这回考前我就有不详预感，橙爸精心制作的数学错题卷，她只碰了一半，考前那天一以贯之的幸运发挥游泳也半途而废，头发都没弄湿。

橙妈打听到这个成绩在中下游，马上启动了寒假学而思数学班。橙爸忧心忡忡地回忆起在乐克力数学课堂上，橙子边咬手指边坐飞机的场景。彼时才一年级升二年级的暑假，乘除都完全不会，那个老师却讲了整整 2 个半小时。有位张姓同学满场报对答案。橙子的积极性完全消失殆尽。如今又是学而思……我不寒而栗。

不过彼时有丧心态的我，有点心灰意冷。破天荒地，已经三天没视频联系女儿了。冬泳后，天蓝的不像话，坐在家乡老桥边，穿着全套滑雪的行头。我拿起了郑乐隽的《数学派》中译本。她写道："不少孩子 26+2 是能算出来的。但换个顺序 2+26 就手指不够用了。"我豁然贯通。盛大拔苗助长的教学策略，是可以被家长破解的。彼时橙子对等号左右两边的数学移动，为何要变换符号很迷惑。如果相等的东西，从左边移到右边，或者反过来，为什么加号变减号？或者减号变加号。老师只是不断地重复，要变换符号。

这本数学书，我五年前就买了英文版，当时是纽约时报中文版介绍的。但有些东西看不懂，未料微信读书搜索，刚出了中文版。上午游泳完，我都会花一个小时重新学习数学。下午看看海明威的小说集，看到滑雪的段落真是感同身受啊。晚上听新东方孙亮的《哈利波特与魔法石》，从语法和词汇角度讲，听了足足一年。

瘟疫继续蔓延，每天新冠肺炎病毒都是头条新闻。世界卫生组织宣布构成第五次全球公共卫生突发事件；美欧日政府宣布中国旅行禁令；武汉新增确诊人数从几百到 1 万。安义县确诊 7 人。开始几天出去游泳我都不戴口罩，后来大街上不戴口罩的人屈指可数。同事们在微信群热议口罩价格管制利弊。我兴趣了了，觉得口罩对病毒的蔓延于事无补，完全是书呆子。虽然鼻子大、戴着口罩，很快会觉得皮肤这里痒，鼻子里似乎粘了根纤维，呼吸不畅。但我并不抗拒口罩。于我，口罩就是装装样子。如今想来真是荒谬，全中国人都戴起了口罩。所以美国欧洲的城市，在瘟疫蔓延早期，特别反感中国人戴着口罩。觉得有病才戴，若有病根本就不应出门。

就在安义宣布封城的 2 月 2 日，我改签了下午的票，大清早就去了南昌西站。橙妈催我返沪，她要上班了。我提前一天到上海。高铁不到两成的上座率，真惨。按居委会要求，从外地返沪一律登记。橙妈恨我一个人不听劝回南昌。说：“现在高铁上谁知多少病毒啊，我说不定是那个无症状感染者。要求我自我隔离 14 天。”我以李兰娟医生说的 5 天无咳嗽、发烧即可来反驳。一回家当晚，我就按安义的想法搭建“米菲积木机器人履带机甲”，这是橙子十周岁生日同学们送礼的大头。费时间，现在有的是时间。从 2018 年春节我第一次 DIY 海边别墅，我就发现了自己具有的耐心禀赋。

2 月 3 日星期一，橙妈打车去浦东世博园上班。微信在群里说“非常空旷的马路，往返 170 元。”晚上回家后喜滋滋地说：和同事们错峰上班，明天在家休息。2 月 4 日一早我就驱车从普陀曹杨路桥，3 公里来到长宁校区的步道。彼时，华东政法已经封校，万航渡路正门、顺义路后门已经封闭。但绿道未封。我翻墙从这个全长 970 米的步道进入东风楼办公室。做出了此后 70 天都庆幸的决策：取回装载 VPN 的笔记本电脑；几本除非坐牢大概不会翻完的书，比如 RichardAbel 的《法律的战争》、《法律的审判》，还有孙强推荐的摩卡咖啡壶。那天立春，搭乐高弄得昏天黑地，一口喝就拿起妈妈送的“婕斯”，紫色两包、黄色三包。但立春这天，橙子和爸爸玩得很开心。

2 月 5 日，橙妈继续打车上班。回家后突然居委会上门，告知我登记的江西南昌被上海列入重点地区。必须居家隔离 14 天，全家数据上报随申码 app。哈哈，原本要上班的橙妈，不用再打车上班 14 天了。2 月 7 日凌晨，我发了条朋友圈。

“武汉李文亮医师去世。

早于钟南山预警 21 天，作为一线医师的他，就在朋友圈预警病毒“人传人”，却被警方训诫为造谣者。义愤[流泪]

1083 年湖北大疫，贬官黄州的苏轼，不惜破誓用老乡巢谷秘传“圣散子方”救人无数。但“从此巢君之名，与此方同不朽”。

谢谢李医师等仁者恻隐“吹哨”，功德岂有限量。

当下宛如地狱的武汉，该下着冷雨吧？祈愿再出苏轼这样的好官庇护鄂省生灵；狗日的湖北 F4 明天倒台。”

这位35岁医生的去世，在网络世界引发国葬。所有人都触动了，原来这病毒如此凶恶。不只是老人易感。

海啸来了，裸泳者包括：

1. 说这次新冠肺炎病毒“可防可控可治”的专家；
2. 李文亮所在的武汉市中心医院等公立医院，口罩、防护服奇缺，统筹物资捐赠的湖北红十字会却把民间，包括海外捐的物资划拨给“莆田系”医院。
3. 武汉病毒所力荐双黄连口服液被骂脑残。其出发点是凸显中医药的优势。中国人慢慢熟悉瑞德西韦，美国吉利德公司。
4. 湖北省长王晓东，新闻发布会上本省口罩的产量从18亿、1.8亿，到180万只。
5. 武汉封城却不解决医护人员的交通出勤。次生灾难迭出，脑瘫死亡的孩子；
6. 李文亮医院的党委书记蔡莉曾放言，要开除李文亮。说他们这些医生“你视武汉市自军运会以来的城建结果于不顾！你是影响武汉市安定团结的罪人！！你是破坏武汉市向前发展的元凶！！！”甚至江学庆等乳腺科室医生都不允许戴口罩，以免引发病人恐慌。
7. 政府1.23日的封城决定异常仓促。病人潮水般涌入医院。武汉市中心医院急诊室正常接待的容量是每日1百人，如今是2千人。医疗资源严重被挤兑，防护服不足，病床不足，呼吸机不足……。核酸检测试剂盒供应不上，数以千计的新冠肺炎病毒患者无法确诊回到家中，引发家庭感染。武汉政府的资源严重透支。全国开启一省支援湖北一市的新政。印象最深的是，江苏医疗团满载物资刚抵达武汉天河机场，就发生了江苏的口罩丢失一半的新闻。物资奇缺到匪夷所闻。唉，武汉一个城市就确诊患者 5 万多人。政府改造大型空间为方舱医院，启动“应收尽收”政策：把核酸检测与临床诊断确诊的所有患者分重症与轻症分别送进 ICU 和方舱医院。当武汉市委书记马国强在媒体宣布尽收 99.7%，微博、微信网络世界不断传来患者被遗漏的信息……

当然这次疫情本来就是始料未及的复杂。台湾 SARS 期间抗疫的英雄在纽约时报撰文指出三个原因：1. 我们对这个病毒如何演化并不清楚，对老年人、儿童和成年人的影响未知。2. 春节期间恰逢中国往返二十亿次的人口流动，病毒的传播难以管控。3. 新冠肺炎病毒引起的发烧很容易同细菌发烧混淆。

处在武汉这样的末日之城，唯一的武器是爱。数以万计的志愿者行动起来，谱写了英雄的武汉日记。本地和逆行武汉的外地志愿者，以及国内海外源源不断捐款捐物的善心人。

1. 李文亮、艾芬医生这样的，发哨子、吹哨子，提醒自己的亲朋注意 SARS 卷土重来。

2. 蜘蛛猴面包这样的，用相机拍摄武汉日常。

3. 龚佳琦这样的记者，逆行武汉，采访到艾芬。

……

2 月 13 日，我大清早第二次跑出去，驱车 7 公里去灵石花鸟市场买情人节鲜花，骇然发现市场关闭。这一天发生了许多事情，比如上海市长出任湖北省委书记。

这个十天，脑海里不断重复前面在安义十天游泳的时光。

【今天情人节，用尽全力买到了玫瑰，搭配香水百合、满天星，献给女神。

2019 年 4 月武汉樱花盛开季，带上两学生，随晓雷、海东兄住户部巷，离黄鹤楼冬泳基地步程 7 分钟。游泳一天不落的我，在长江老桥下，认识了陈大姐。

“武汉人真幸福！上海游泳池总有股氯气”。陈大姐水里刚上来，落落大方边裹着大毛巾换干衣。边讲述每早七点前多少武汉人长江冬泳；羡慕啊，最后我们加了微信。

风云变色七个月后，武汉竟成了泰坦尼克号！看了蜘蛛猴面包的“封城日记”10 集短视频，22 天他的摄像头，记录了这座城市的温暖志愿者。居家隔离的我目睹了那艘船上，曾有乐队坚守，有不惧医院外卖的快递，对动物的关爱，有地老天荒的爱与永别。

这些天，女儿认真地听我俩讲李文亮医师的勇敢、钟南山的家风，32 年前上海市长朱镕基的竞选演说。

献上橙子弹唱的《时光之歌》(all is found)，there is a river（长江）full of memory.

微信问起：大姐今早游了吗？游了[玫瑰]】

情人节后，学而思数学课网课开始。橙妈终于如愿，说过多次要陪女儿上课。前面五次课那个认真啊。中午两个半小时，课后的计算小超市、数学加油站那个一丝不苟啊。第六次课就一如既往地，橙爸接手。她没有耐心，感谢我亲爱的爷爷。

橙爸拿出 52 元，分成两份 26 元。一份要橙子先去西康菜市场买了 26 元的致优牛奶；另一份去得力文具店买了 26 元的各色文具，全部花光，包括一个毽子、2 包水宝宝、两支笛子笔。一瓶致优牛奶=一个毽子+2 包水宝宝+两支笛子笔。后面这份购物清单汉字多，蹲在地上她用粉笔写得慢，引来路人注目，她很不好意思。于是终于懂得用“1 五角星=1 正方形+2 三角形+2 菱形”那类的题目的简洁之美。我说不喜欢 26 元，现在要回归爸爸喜欢的 17 元：买文具的钱中拿出 9 元，橙子再去买两小盒特仑苏牛奶。就像等号右边移动 9 元到左边。移动过程中，等号的牛奶这边多了 9 元，加 9；等号的文具那边少了 9 元，减 9。符号改变终于开窍了。我再把这些实物换成未知数 x，呵呵。前后费时半小时。谢谢郑乐隽。当晚橙妈亲眼目睹方程式等号两边简化，橙子未忘符号的改变，大大地表扬了一番。躺在床上的橙爸，睡前拿起两根魔杖，一根康标送的老魔杖、另一根橙子的赫敏魔杖，对着天空喊出“自由”的咒语。

2 月 19 日雨水节气，我家解除医学观察。盛大花园原定2月17日返校的安排泡汤了。橙子呆在家里越来越胖了。橙妈2月17日就上班了。因隔离起算时间是2月3日–2月17日。只不过上海2月5日临时调整江西南昌为重点地区。所以2月17日橙妈戴护目镜、帽子继续打车上班。这一天听说交通无比拥堵，坐出租车都要吐了。上班全程戴口罩。

2月18日，我带橙子去华东政法大草坪采马兰头。电瓶车到步道万航渡路路口。再攀爬步道的门，翻栏杆到思孟堂，进入久违的校园。在没有人迹的大草坪，我心中的绿意复苏了。当时快递不允许进入小区，一开始堆在地上，包裹丢了两次。找的过程中满肚的怒火。以前都是快递送货上门的，如今各种不方便。

2月22日，爷爷周年祭日，我燃起三炷香。在群里展示保存了20年的信。“吾孙要努力学习，这个暑假拿个一等奖回家。父亲和叔叔等三人去了河南新城烤鸭，担心接不到款，就回家了。我们家新分到的计委宿舍，自己出了4万元。”一笔好字，一位好人。

上海小区开始发放通行证，进出都要出示。湖北换了两位政法系统的行政官员，到岗第二天就颁布史上最严出行令。管控的极端是，个人有钱都不能进超市，必须居委会同意。整个城市冰封了。次生灾难爆发。政府解决了医护人员上班的交通问题，之前是几万民间志愿者出车。但慢性病，如癌症患者的后续治疗全部暂停。因“外围”诊室的医护或被抽调增援呼吸科室或被感染。有的是急性脑梗却叫不到车子，有的是湖北三线城市预约在武汉的后续手术因封城而取消，在家熬日子苦苦等死。“武汉·人间”网站，爬虫收集了微博删除的那些数千个求救帖子。因当时人民日报等微博通道是收集新冠病毒患者；非新冠求救帖删除。帖子里虽一堆的错字，但地址清楚，字字泣血，惨绝人寰。

我负责橙子的午餐。两个月来，我俩在午餐桌上越来越健谈。担心她胖，我放手让她出去玩，在小区的儿童乐园交朋友。并说服她口罩不舒服就脱。她在儿童乐园认识了“纳鲁”，正对儿童乐园 11 号楼 801 的孩子。两人打羽毛球、跳绳、池塘捞鱼。因纳鲁又认识了王子菲、CoCo，然后是现在玩得最好的小艾、叮当双胞胎姐妹。这些女孩都有滑轮鞋。后来是毛毛那个骑自行车的男孩。

11 点，临窗做作业的橙子就等着那声“橙子，下来玩吗？”。她们玩捉迷藏、狼人杀。直到 12 点 17 分大家各自散去，正在烧饭的橙爸最爱听橙子在楼下那声“我回来了！”午餐谈话开启：“今天有什么好玩的吗？”，之后转移到钟南山的爸爸、发哨子的艾芬医生、苏联时代乌克兰切尔诺贝利核泄露、比尔盖茨在忙啥。

3 月 9 日，我四十岁。女儿给我弹了克莱门蒂的小奏鸣曲。像保罗·奥斯特的《孤独及其创造的》，我打开记忆之书。

【生日蒙橙子赠全家福橡皮泥乐】

今天我生日，和女儿闲聊：

小时候，我爸爸被逃票（我家开过舞厅）的小流氓群殴，听闻邻居报信，我在自家阳台挥刀霍霍，懦弱如斯。

多年后，一跃而入武汉长江；学生说：老师你真敢跳。

三十那年，还和好友孙强抱怨：错过了民国，古文读不懂苏轼，英文难窥莎翁。育橙子这十年，一道读书，竟恢复些许自信。原来心远地自偏[玫瑰]

四十不惑，明白了“我少即多难，邅回一生中”，谢谢父母大人对我的培养与迁就。特别是善良妈妈予人温暖的家风，我会传承下去。

春雨霏霏，读苏轼全集，古诗偶得：

四十岁生日，小女伴左右。
疫困小房中，寂寂读苏轼。
中年忝闻道，梦幻讲已详，
百年不易满，寸寸弯强弓。

问予一室间，宁有千里廓？
有绝俗而高，有择地而泰。

香港中文大学周保松教授推荐的《民主独裁阶层》三绘本到了。

3 月 13 日，我开始上《中国银行法》的第一节网课。家里已经呆了 40 天。我思念熟悉的校园。在申请保卫处报备，前天专门去门卫打听能否带女儿一道。不允许，连之前翻墙的后门绿道也站上了保安。

2020 级国际金融法律学院的法学硕士。28 个人，我只认识其中的七位。今年是我创建国金院建院十周年啊。如此惨淡。我得勇敢。熟悉的对策是分组视频。

第一次课前，我又爬树了。讲了中国银行法的框架。特别介绍了那本经典教科书《美国金融机构法》的框架及其扉页推荐的电影《生活真美好》。11 点回到家，橙子送上一个甜甜的微笑。中饭是电饭煲里的排骨汤。此后从周一至周四，选择下列议题的七位同学分组与我 Zoom 或腾讯视频讨论。1. 2020 年中国所面临的经济大萧条；2. 美团点评等高科技共享经济平台在联通中国城乡的彩虹桥作用；3. 医疗新平台；4. 海航集团失败的金融法处置。

第一次课结束，那天嗓子干得发烧。不停地喝水。我吃了妻姐给丽芬寄的两包婕斯。生怕身体出问题。左边的牙龈发炎，只好用右边嚼。看看右边补的牙齿能扛多久。

第二次课，我提前半小时到春意盎然的华政园。没有人打扰的大草坪宛如世外桃源。这次课以美团点评为例讲述了公司财务法，这门国金“法律与金融”专业的最基础课程。已经三个月未讲课了，一旦脑子存储的话被激活，对着空气、挥舞着华为 Pad 说话，分两次休息，一晃二个半小时就过去了。

新平台的法律点：相同监管：包括劳动法 &价格管制

连通城乡中国的新平台，在衣食住行全面涌现。分别是淘宝网买衣服、美团点评、小猪短租、滴滴出行。但这些新平台的劳动雇佣关系，都区别于传统劳动合同法上的雇主-雇员的劳动关系。甚至不同于劳动派遣这类雇主与雇员劳动关系分离（fissuring）。

作为第三方的平台，对美团的外卖骑士无需支付五险一金；只需要投保商业的意外工伤险。其它甚至连意外险都不需要。比如小猪短租，至多给房东送一个煤气泄露探测器。

这些商业模式下，这些新平台势必对传统行业的竞争者形成比较价格优势。滴滴司机的起步价收费一般要比传统出租车低 3 元；特别是拼车模式的价格优势更为明显。于是过去十年，陆续看到美国法院受理传统行业起诉新平台的诉讼。比如芝加哥出租车 vs Uber(2016 年 10 月裁判)，主审法官 RichardPosner 的判决书，就提出 Uber 系法外创新，不应受到与传统行业相同的竞争。中国国务院 2019 年的 38 号文，也是破除平台经济“成长烦恼”的重要法规。http://www.gov.cn/zhengce/content/2019-08/08/content_5419761.htm

Muriel Barbery
La vie des elfes

但新平台的问题层出不穷，包括滴滴司机奸杀乘客、美团外卖杀人、小猪短租的客人歧视、淘宝的假货，唯一的解决思路是鼓励自由竞争；就像 ofo 迅速被哈罗单车替代。与之同时，传统由雇主承担的雇佣成本，相当部分由国家（中央政府与地方政府）承担；比如医疗保险。历史上，美国罗斯福的新政、奥巴马的医改法案，中国的新农村医保都是国家承担更大责任的先例。

但不应回避的是，被动了奶酪的传统竞争行业，正当性利益应该被维护，特别是最脆弱的那部分群体，比如开车更长时间的司机、全天候营业的实体店、需要版税收入的音乐家。（见纽约时报报道：天价执照泡沫破灭之后：一名纽约出租车司机的死亡 https://cn.nytimes.com/usa/20191226/nyc-taxi-suicides/)。恰如传统音乐行业，支付给复杂网络的版费，一度被网络下载给摧毁了。但苹果的 itune,Google 的 Youtube,特别是最近崛起的 Spotify 都很好地兼顾了传统版税支付与用户免费享用之间的平衡。这就是多边平台“注意力经济”演化的轨迹：先容忍法外创新、再因源自传统行业的诉讼而回调。最后呈现钟摆式回旋。我们当下看到 Uber 的受挫，厌倦了电子书、实体书店雨后春笋般的复苏。

在这种革命式商业模式的变迁中，总有最宝贵的东西沉淀下来。比如城乡中国的“彩虹桥”平台，虽然从美团点评、饿了么、叮咚买菜换来换去，但快递这个行业真正地生根下来，有效地连接着城乡中国。2019 年底中国快递 600 亿件。吸纳了千万计的快递。

就像圣约翰大学——华东政法，苏州河上的校园桥，不断被拆、不断重建。

http://blog.sina.com.cn/s/blog_7382eb4801013j8p.html

但人们总记得，这河是可以被跨越的。

大量的张家界莓茶，嗓子依然干，右边的牙齿有天突然裂了一小截。完蛋。只能用中间的门牙嚼馒头。

第三次课，骑着橙子挑的白色雅迪电瓶车，三公里驱车到学校。快到万航渡路正门，瞄了一眼，华航饭店旁的修车师傅奚叔还未露面。我以“银行业体制性成本”、“颠覆性创新”和“合法非法界限”展开了中国银行法的讲解。主题从中国银行家的党内中央委员的政治锦标赛，到中国银联效仿VISA,到民营银行支付宝和微信支付的横空出世。但重点是方法论。银行法受政治影响极大。我以中国存款保险法从1993-2015难产22年的经历，采用实证分析和比较法做了讲解。

嗓子干，牙齿最严重的时候，咽馒头都痛。周五当晚丽芬买了盒马的西梅。第二天奇迹般地左边牙齿不痛了。Wonderful，中国的牙防所目前仅接待急诊患者，就是除非拔牙。

第四次课，主讲颠覆性创新。我从中国银行官僚式长达两天的外汇汇款，讲到支付宝主动对接上海银行的汇款。单笔小额仅收50元手续费，足不出户。回顾1百年来陈光甫先生创建上海商业储蓄银行的爱国情怀。“上银汇款”相对中国银行的比较优势，是历史形成的。当时中华民国政府为抗日，派遣胡适、陈光甫赴美洽谈物资抵押商借美元购买飞机，国家之间的美元汇款借道上海商业储蓄银行。于是该行对接瑞士SWIFT协会就有了先发优势，进而形成路径依赖。改革开放后，退守海外的上海商业储蓄银行迅速联营新建的上海银行，建立了美元小额汇款的比较优势。

后来，不仅是外汇汇款体制性成本大降，零售人民币汇款的成本一度因支付宝和微信零钱的出现及其竞争，更是大降。

周五是最忙碌也最甜蜜的一天。中国政府全力推动复工。如今快递恢复原先的速度，岳父母觉得我们坐困孤城，一周给我们寄一桶食物。主打是自家走地鸡、鸡蛋和蔬菜，也包括橙子、桔子、山粉饺和清明果。压抑五天、上班口罩不离的太太，不再是巧妇难为无米之炊。红烧鸡。

第五次课，主讲合法非法界限。银行业的颠覆性创新，从美元汇款、社交平台的零售支付，直到晚近的大数据。在 facebook 的 libra 计划中，如果每位不同洲的用户，能够调剂外汇将相当方便。不用去中国银行第一天预约，第二天柜台取现。也许还可以绕开外汇管制。

如今社交平台的个人贷款厉害，微信的“微粒贷”，五年来预授信用户过亿、发放贷款 1 万亿；支付宝的“蚂蚁借呗”。 见报道（https://m.chinanews.com/wap/detail/zw/business/2020/03-16/9126774.shtml）

当前大萧条之后，未来的颠覆性创新，就是这种海量数据的“微粒贷”化。当下最厉害的这些“注意力商人”平台，无论微信、支付宝、脸书，所面临的最大问题是：自己无法理解自己拥有的海量数据。一方面 Eric Posner 主张应承认这些制造数据的人对其数据拥有财产权；另一方面，即便脸书、WhatsAPP 无法将免费提供的服务转化为 Amazon、沃尔玛那样的真实利润。后者这种转化于是越来越依赖天眼查，这种数据挖掘来自中国企业信用信息公示系统、中国裁判文书网、中国执行信息公开网、国家知识产权局、商标局等 2000 多个网站的公开信息。

于是当下的经济走势，通过阅读天眼查的注销企业数量，管中窥豹。我们判断，欧美日市场取消订单，长三角、珠三角复工企业的影响。可以查制造业，特别是汽车。

再判断蔓延至服务业，特别是餐饮、网约车、民宿、航空。

最后看房地产的债务高峰期。

2 月 1 日-3 月 30 日，住宿企业新增同比下降 58.38%.。天眼查所属的金堤征信好厉害，柳超，那年的河南省理科状元。但这种数据的挖掘合法吗？中国数据爬虫在抓人。比如天翼征信案，美国 2017 年加州法院在 hiQlabs v. 领英，认为爬虫公开信息不构成《计算机盗用滥权法》下的未经授权或越权行为。因为公开信息不同于密码啥的。

属于宪法上的言论自由？隐私保护的边界在哪里？比如在 2011 年 Sorrell v. IMS 医疗数据案中，要保障数据公平。佛蒙特州立法禁止药房向数据挖掘商出售买药人的处方药信息。理由是保护医疗隐私。但美国最高法院裁定，数据挖掘商可以继续挖掘，州法修改。

法学界指出平台，特别是社交平台并非数据的合法所有权人，而是类似于律师、医生这样的信息中介（information intermediary）。这类专业人士对其用户承担着信义责任（fiduciary duty）。它是尊重商业判断法则大背景下的忠实勤勉。用耶鲁法学教授杰克巴尔金的文章，就是信息信义与宪法第一修正案的平衡。

这些字是电脑放在立式钢琴上，人靠着琴敲击出来的。我学起哈佛大学的 Howell Jackson，吴志攀老师说他就是站着写作的。这天是 4 月 3 日，清明节前一天。天朗气清。左边的牙齿，很给力。西梅原来是促进身体解毒，尤其是肝脏的良药。

第六次课的大纲从证券化→信用违约掉期→交易所交易基金→货币市场基金的 ETF

我家的房贷。2010 年贷了 150 万，30 年还 300 万。每月八千。银行为防止提前还款，前面十年的还款往往是大部分利息，小部分本金。于是第一个十年，还了第一个 100 万，本金才还了 30 万。2020 年，当我家有了一笔 120 万的现金流。我太太选择另购新屋。

对银行来说，等待 360 个月非常漫长。一如疫情下，不少人家里蹲 3 个月，度日如年。资产证券化出售成为优选。1997 年开始的证券化，就是做破产隔离。SPV（特殊目的实体）-信用增强-CDO（次级抵押债务证券），在证券交易所平台，出售给保险公司和基金公司。

致命的问题在于单笔借款违约出现的不确定性。于是摩根大通银行开始出售信用违约掉期（CDS），与避险基金公司之间就保护盘展开交易。

2012 年摩根大通伦敦鲸事件爆发，巨亏 130 亿美元。前面十年伦敦的 CIO 努力完全清零。缘起该行每年有 3000 亿美元的存款闲置。而避险基金公司需要这些现金流。

有点类似中国的几千家中小银行需要现金，但老百姓不太敢存款其中，只好高息揽储。而蚂蚁金服旗下的天弘余额宝基金不缺钱，旗下九只货币市场基金。第一只现在稳定在 1.1 万亿人民币。于是蚂蚁金服就把钱借给中小银行，这些银行贷款本地项目（基建房产等）获利支付基金红利。2013 年春节启动，迄今 7 年。年化收益率从 2014 年的最高 4.83%跌到今年的 0.66%。当下萧条环境，最新新闻是甘肃银行濒临破产。

跑得越来越快。交易所推出 ETF，交易所交易基金。巴菲特认为炒单只股票，即便是避险基金的人操盘，10 年周年也不如标普 500（S&P 500）的回报。美国的余额宝——领航先锋基金 Vanguard 于是推出 S&P 500 ETF（VOO）。2020 年美国股市六次特朗普熔断，NYSE 的价格走势 https://www.nyse.com/quote/ARCX:VOO。最惨 3 月 23 日熔断，VOO 史无前例地跌到 200.55 美元/基金份额。而 2020 年 1 月 1 日，最高达 305.92 美元/基金份额。

这个周五，我写了短篇小说《今天是诚实的一天》

【篮球巨星科比的直升机从天上掉下来了。同行的还有他的女儿。干扰飞机的是伏地魔的食死徒。

今天，武汉新冠肺炎死者数量修订，新增 1203 例。中国 GDP 第一季度同比下跌 6.8%，零增长。二月不见，美国病毒确诊患者总人数赫然是中国的七倍。2200 万申领首周失业救济金，每人到帐 1200 美元。

上一回是 2001 年 9 月 11 日早八点，美国世贸大楼被飞机撞毁，《布鲁克林的纳善先生》的 Nathan Glass 正出院，去找乔伊斯的路上。

刘俊老师早上爬树，腰扭了一下。网课课间休息，翻栏杆到大学的步道，看望了90天不见的树爷爷，哈哈解封了。

莫斯科大饭店的罗斯托夫伯爵，在巴黎见到了女儿苏菲亚。】

从树上跳下来扭伤腰的我，用艾叶汤泡脚。第三天谷雨，我清晨跑到小区7号楼绿道，看过我的紫丁香花，在南阳台继续站着写书。如今的我，告别了百花港河的小时代。

2022年春节喜迁滩上农宅

2022年1月20日，我带着女儿回到江西。高铁G1387，中午12:30。当天仓促撤退，11点还在线上参加研究生第二组的预答辩。一如既往、一塌糊涂，研究生里超过导师的，从来没有期待。原因复杂，指导李节堪称适例。

高铁橙子陪伴，出乎意料地顺利。此前的国庆长假，她选择和妈妈回衢州外婆家。同时承诺过年陪我回家。为不出幺蛾子，小学校历是1.19日放假，我提前15天在1.6日中午一点半，抢到了终点站南昌西站的票。

孰料1.13日上海确诊一例新冠本土病例。一留学生“14+7”的7天居家留观，跑出来逛街，包括不限于喝奶茶。于是上海划出了史上最小的中风险区域：静安某奶茶店。上海行程码加星号，意味着我返回江西，可能隔离。

上海的空气骤然收紧，小学提前三天放假。恰好我改本科生两门课的卷子：129+35。工作量不可小觑。

这三天，我都带孩子来松江。洞泾地铁站骑自行车，女儿的车技越来越稳。华政松江校区的天鹅下蛋孵出来小天鹅、一起在小森挖包饺子的野菜，一道看夕阳。改卷进行中，江西不断传来负面新闻：深圳回安义来集中隔离七天。橙妈发来消息：一位乘客核酸检测后踩点上火车，途中阳性导致整列火车乘客隔离。大概率又重蹈往年覆辙，就地过完年再利用清明节返乡。

我尽量保持忙碌的节奏，批阅的卷子让人欣喜：本科生每年总有几位会超越老师。6 天过去，全国人民都清楚上海的疫情可控，那句老话“你永远可以相信上海”。与之同时，我 1.1 至 5 日失控的西安疫情恶化也趋缓，虽然清华大学劳东燕在“直面真实的世界”记录了西安流产的孕妇、心脏病死父亲得不到救治的悲剧。

回家的旅行箱里躺着我初涉咖啡买的德龙机器。丈母娘来上海帮我带人期间，觉得这机器“渣人”，老婆于是带到单位说等评了正教授再拿回家。2022 年老婆升了副处长，工作楼层搬了。寻思着把咖啡机带回家，但不准在家里用。于是请德龙售后修好后，我带回了老家。

那咖啡就这样陪伴了 2022 年春节的 12 个夜晚。喝完咖啡，我上下午各去潦河冬泳一次，总希望状态好一点，帮爸妈多做点事。妈妈胆囊刚摘除半个月，爸爸老家造三层新房忙了一整年。

橙子、付钰、付亦瑄玩得不亦乐乎。其实那些天几乎天天下雨，我承诺的庐山滑雪没有兑现。但孩子们玩仓鼠、小兔子，打乒乓球；去我两位外婆家；在诺大的房子里捉迷藏。去我爷爷奶奶的坟墓，去看爷爷新造的漂亮房子。

大舅舅有天开车带我们四个人（三个孩子）去看去年夏天买的小鸭子。如今在另一位亲戚的家庭农场已经长大生蛋。再驱车去隔壁县极其高大的樟树，树冠远比华政长宁校区任何古树更茂密。看来这就是野蛮生长，吸收天地精华。比温室里花朵更能经历岁月蹉跎。正是在这棵树下，我们偶遇了一只困在网里的小鸟，成功放飞。橙子用石块在泥土写下“保护小鸟，人人有责”，以警示那个捕鸟人。

兔子是灵光乍现的行动。本来说好是买只仓鼠，起因是妹妹刘妮的这俩孩各有一只。橙子再买一只，既有属于橙子的仓鼠以示公平，再来只公的说不定还可配对繁衍。妈妈坚决反对，异常坚决。即便在她状态最好的时候也不退让。于是我提出买只兔子。

对养兔子有心理阴影。我华政长宁校区办公室外的兔子坡已经埋葬了五只兔子的肉身！上海没有自己的地下室总养不活。一个可爱的灵魂走了，总觉得造孽。这次鼓足勇气，下定决心养。冬泳后顶着冻雨，驱车 15 分钟来到县城新中心鹏泰广场，买了只红眼睛的白兔。

此前在南门沿河路的竹篾社买了个放兔子的精美竹篮。篮子放着小兔子，参加表弟刘嘉儿子十周岁的宴会，非常拉风。有个亲戚的小女孩，看得直想据为己有。看在眼里的我提议反正兔子带不到上海，通不过火车安检，索性就送给这个小女孩。仨小孩表示先打死我再送。

刘嘉在杭州萧山做铝合金门窗生意。西安疫情刚缓解，杭州疫情接踵而至。表弟生意红火，今年买了辆50万的奔驰车。开回老家呆了三天，社区居委会上门要求集中隔离四天。否则110带去新车站附近的顺来酒店。

他弟弟刘欣是我外埠外婆最操心的人。33岁还没有谈女朋友。外婆留了套房子给他。这孩子这几年都在无锡、南京或南昌房地产企业，或做保安或做销售。今年民营房地产因政策红线及其惨淡，工资只发三成。他终于回到家里。有钱没钱，回家过年。

仨小孩在一起玩疯了，我游泳完就见缝插针让孩子做作业，胡萝卜和大棒让橙子洗头洗澡。

【寒假最重要的任务是带孩子返乡，但作业也“顺丰”而至。

三个孩子太吵，得找个清净地方给女儿做“小托福”。妹妹正好有套房子空关数月，前房客欠租耍赖。我以“诉讼列入黑名单”让这老赖悻悻付款。

告诉我门锁密码前，妹妹欲言又止；随即匆匆去监考了，县城中学高三班主任、英语老师，起早贪黑地忙碌着。

凭记忆来到21栋1单元201，不敢按门。里面有狗叫。我听错了，不是空关半年吗？流浪狗闯入。确认房号无误，鼓足勇气进入房间。显然有人携狗在此生活：灯开着，卫生间吊着干净的衣服，书房有三把大吉他，地板上七八坨狗屎。

前无赖房客心怀怨恨，记得他有个亲戚擅长解锁。我喵见了躲在沙发底下的那只小狗，非常萌。不用报警，看在萌萌狗的份上，说清楚怎么进来就算了。

发现几个快递，收件人叫任烨星，有电话。我发去交涉短信，闻讯赶来的父母继续“福尔摩斯”。踩到两坨狗屎的我，带橙子回家。到家后，妹妹打来电话说“任烨星是我学生。”

父母离异任同学与母亲生活。某半夜被妈妈喝令滚出家，太不讲卫生。我妹、班主任刘妮与其母长谈两小时。此后母子冲突不断，星烨独自租房。但新环境无法入眠，总听到邻居半夜敲地板。反映给班主任…

于是妹妹让他住进空关的这套房；还是幻听到地板声。建议前往一附院“身心健康发展科”，确诊抑郁症。

虚惊一场！春节来临，我和孩子要去听任烨星弹吉他，撸他的狗[玫瑰]】

果然我和我妹妹有着共同的灵魂。

今年发改委的房子刚粉刷好，每家每户门口的对联都没了。从爷爷房间找出各色毛笔，买好红纸，折好。孩子们都写起了春联。除夕前一天，把我写的“忠厚传家远、诗书继世长”贴上去了。

除夕这天，我们驱车去了老家的新房子。爷爷和弟弟（老家叫“细公公”）共有的老屋，在我奶奶去世前一个月拆除了。现在乡村造新房审批极其严格。

宅基地造房是以爷爷弟弟名字申请，但他造一半，我家出另一半的钱。

在南昌妈妈住院期间，爸爸曾向我描述他童年沿河的老屋。特别提到有天井，采光良好。“那算大户人家啊”，我回应说。爷爷去世留下 30 万元，姑姑觉得狭窄的空间造栋房子是浪费，奶奶觉得老家有房子才好。

另一半“细公公”的长子建平叔的老婆，提过宅基地全给他。遭我妈断然反对。她曾把此事挂钩我没有儿子，所以不需要房子；情商颇低。如今两家共同造的房，都在除夕各放过鞭炮，庆祝喜迁农宅。

造房不比公寓，设计颇费思量。参考了不少外观设计，敲定室内两家左右楼梯三层。除一楼共有一个小厅，两家各有厨卫和一个小房间。二楼是两个大房间，整面墙都玻璃，采光良好。三楼与二楼基本相同。外墙“拉毛”喷漆，不再贴瓷砖。整栋房子起了两米高的琉璃顶。真是漂亮，我说：“原先一层的老房子，现在空间乘三倍。”

这一半总共花了 35 万元。地基花了二万。水泥、河沙、砖头、门窗玻璃、瓷砖，最贵的是人工。为了省钱，周末爸爸都会搭建平叔的车回乡干活。外墙最大玻璃安装，光人工就要六千，我爸请众亲戚出力一起搬上二楼、三楼，这正是乡土社会的力量。

地基打好，5 月开始第一层。砖是横着堆叠，牢固抗震。等水泥一个月干透才能弄第二层。如今造房子有点像对积木。提供支撑四梁八柱的水泥模子是宁火姑爷的生意。江西的人工一天四百。如此七个月，光人工就可观。建平叔在身体坏掉后在物业工作，以前是电工。于是房子内部的水电布线又省了一笔，电线还是特粗的那种。

紧赶慢赶，建平叔终于在除夕夜让他爸爸、我的细公公住进了新房。他生育了三个女儿、第四个孩子终于是男孩。这男孩大学毕业后，给三姐夫做铝合金。但没有存款。这一半房钱是大女儿和三女儿出的。二女儿也没有钱。除夕夜，年届90的细公公给他的17个孩子的孩子发了红包，并在新房的水泥坪前拍了全家福抖音。抖音画面上，新房墙面的背景是暖色的白；二楼房屋正面是两扇 3 米长的大玻璃窗，现代建筑美感闪耀登场。

连下了三天的雨，终于下雪了。大片的雪，仨小孩的毛线手套完全湿透了，再换皮手套。地上、车上和楼顶都白雪皑皑，瑞雪兆丰年啊。我和橙子在同一张床上，各套一个被窝桶。有天，付钰和橙子一个被窝。那真是没有睡相，搅得我夜里不停给她们盖被子。

安义这十三天的荤菜，一半是九十高龄的外埠外婆给的。第一回是做好的猪尾巴、猪舌头以及耐吃的腌菜肉，第二回是新鲜的猪肉。其余都是亲朋在城郊结合部的农家乐宴请，过年县城的酒店要么太贵，要么订不到。埋单者要么是轮流坐庄，要么是混得好的第几代核心。今年坐庄埋单者是最年长的大姨妈。过三天大姨妈的女儿，我表姐胡婵婵又宴请了一次。她刚喜迁新居，与我同是冬泳爱好者。只不过身材比我好，我脸上肉不多，显得消瘦。

我的发小刘斌、龚安，受我邀请先后来喝我的意式浓缩咖啡。由于我们共通的媒人身份，刘斌驱车带我去二十公里外的石鼻镇聚餐。做东者是我初中数学老师，他儿子2009年从安义中学考上北京大学。孰料学场得意，情场失意；如今年近30岁，还没有结婚。于是2021年10月老师突然电话，托我介绍，说“大学老师交往的人多。”并开出中意儿媳一堆的条件……我屡战屡败后，转而请刘斌帮忙，他微信朋友圈“好友”5707人；我1705人。

这次聚餐原定下午五点。刘斌工作耽误了半小时。他在县城政法委工作，因工作负责社区网格化管理。大数据显示春节期间安义县涌入了9万人，政府高效设了四个免费核酸检测站点。但接受检测的数据与实到人数对不上，有点慌神的政府要求公务员全部扑上去。逐楼逐层逐户统计核酸次数。

浙江衢州六春湖初二赏雪

大年初一，我和橙子从安义去了衢州。橙妈回到自己家乡已经两天。公务员从来都是除夕夜才放假。因安义县到高铁的南昌西站，私家车还有40分钟车程。我妹夫特意等到初一，先开车送我们到西站，再驱车一家四口回自己高安老家。

衢州高铁站非常方便，免费咽拭子核酸检测。姨妈妈、橙妈的姐姐开车接我们回横路村。她问橙子：“安义有什么好玩的呢？”回答：“孩子多；和付钰、付亦瑄各种玩。大姐大已经大学了，有点不好玩。”

第二天她们仨就去了六春湖赏雪，弥补了我和橙子在江西未去庐山滑雪的遗憾。毕竟今年主流关注点是北京冬季奥运会啊。这是橙子写的文章：

【玲珑剔透的枝；满山被雪压弯的毛竹；已积几尺高的粉雪；我们就在"满山遍雪"的情况下看到六春湖的新面貌。

坐着缆车到达山顶，发现山顶雪冻成冰 ，栈道上也全是冰。一路上听到的都是扑通扑通的声音，回头一看就是人们重重摔倒在木头上，好不 狼狈 。我们就是伴着扑通声爬上了山。

一开始看到了美景就急着拍照，没想到等到在山上才发现真正的美景。如果要欲穷千里目，还是更上一层楼才好……

我一路上几乎是吃着雪过来的。看到粉雪就吃，入口即化。也是另一种吃冰激凌的享受呀，嘻嘻。真正到了山顶以后，看到了一个一个冰柱悬挂在枯树上，一片一片的粉雪积在树枝上，真美。

下山了。我一边溜冰一边下山，结果不小心……哗啦啦——我还愣着呢，一看，哇！竟然从三节楼梯上摔了下

来。唉，真是的，光顾着嘲笑别人，居然自己也摔了，真可笑~(＞＜)

买了烤肠和棉花糖之后，就告别了六春湖。下次还会来的，收获亦多！】

第二章　在城市扎根：液体汇聚而成的桥梁

一天两杯咖啡再加户外游泳，已经成为我激情燃烧生活的热身；咖啡和游泳水，都是我吸收宇宙能量的液体。新冠这三年，茶和酒成为朋友聚餐的必备。星巴克咖啡店和奶茶店越来越多。因为露天游泳，肉身触碰到的水质也越来越好，比如上海的百花港、曹娄浜。更别说江西的鄱阳湖、浙江的乌溪江。

引桥冲垮的彩虹桥

"爷爷走了，儿子快回家"。

虽然有心理准备，94 岁的爷爷在骨折卧床三个月后突然离世。早上开机，收到妈妈短信，匆匆赶上回家的高铁。

那个时候，江西一直在下雨。中午到家，房子里空空地，奶奶在哭。气氛惨淡至极。翌年的七月，他带女儿又回到江西。雨更大，半个中国泡在水中。江西重现洪水，长江水倒灌鄱阳湖。鄱阳湖水域面积到达 4000 多平方公里的最高峰。

女儿没见过那么大的水，在安义那五天，天天玩水、看大水，乐趣丛生。最高潮处，是亲眼目睹潦河上游，快速奔涌的黄水裹挟着大树木桩，撞击古老石桥。幸亏无恙。

但新闻报道，江西婺源的彩虹桥这次却遭遇重击。

【“好多天的洪水，彩虹桥的引桥被冲垮了。为什么呢？上游的大水使一些大树被冲断，一起撞在桥上!! 引桥“卡咂”一下被冲垮了。希望它能尽快修好！”这座历史悠久的廊桥始建于南宋。这座桥的引桥由 4 根大柱子支撑着。这桥美吗？】

引桥冲垮，就像他家爷爷离世。

‘以前，
爷爷在的时候。
所有的风雨，
都绕开我家’

人有悲欢离合，月有阴晴圆缺，此事古难全。但愿人长久，千里共婵娟。爷爷刘祥谅走的那天，是 2020 年 2 月 22 日。刚过元宵节，家里也庆祝了小姑娘的生日。

他一生刚强，从不求人。缘起于他父亲的教导。

刘添粮是商人。村庄靠着潦河，从上游的靖安林区买木头，顺流而下，卖到繁华的南昌府。这个生意颇类似现在同乡卖铝合金，先赊再年关收账。爷爷总说起，他爸爸年关去收账，若遇到人家困难，就算了，是个善良的人。1940 年，日军侵略安义县。同村有乡民向日军报告，刘添粮仍与国民党抗日，被砍头。

丧父的爷爷，初中毕业，迎来了解放军。靠着一手好字，进入科委当了公务员。

近百年来安义出的最大名人就是熊式辉。从万埠到南昌参加陆军，赴日本留学，追随孙中山，跟牢蒋介石。曾任江西省主席，创建中正大学(今天的江西师范大学)。1945年接收东北，未料苏联40天内天翻地覆，埋下国共内战国民党失败的伏笔。1949年国共两党两面不讨好，从广州到香港再到泰国，老死台湾，晚景凄凉。

近五百年来，安义县一直不安分。明朝王阳明时代，安义人不少追随宁王造反被平叛。改革开放以来，特别是1989年后，不安分的安义人纷纷进城寻找商机。先是瓦罐汤、再是铝合金，富裕者举不胜举。

城市拥有巨大的人口，上海常住人口已达3千万。每天地铁吞吐的人流量就高达1200万。即便在新冠肺炎疫情肆虐的当下，2020年8月9日，上海地铁人流已经恢复最高峰。

如此大的人流，一日三餐，房子需要装修翻新，安义人对接这个服务利基，找到了这个谋利的小角落。靠辛勤工作富裕起来的同乡，深知钱花在人身上是正道。不吝钱财培养第二代，读名校出国留学，举不胜举。他们的孩子，获得了大学老师、律师医生、大城市公务员等更好的职业选择。

真咖啡因缘：一路向南的孙强

在妙莉叶《奇幻国度》小说中，那座连接薄雾国与人类的虹桥是灰茶。他恍然大悟。

不像现在每日晨起先在厨房煮咖啡，小时候他从没有喝过咖啡。压根没有这种东西。但茶却喜闻乐见得普通。

迷上咖啡，是15年前突然发现大脑因这款饮料的催化，疲惫会一扫而空。那时还是雀巢速溶咖啡。

再后来碰到孙强，两人都在喝速溶咖啡。于是琢磨着去买个咖啡机。放办公室喝真正的咖啡。这才发现有够麻烦：要添凉开水、磨豆，倒渣，清洗。

但两人乐此不疲。打了兴奋剂后各自忙赚钱生活，再看看村上春树的《1984》。

孙强喜欢在华东政法学院河东操场跳绳，而他则住在那里。彼时，孙强还在校外那栋老旧的别墅租房。别墅的主人是圣约翰大学校长卜舫济儿子的。1949年后返美。这栋大房子就被十几家人家瓜分。

孙强租的小房间离二楼大露台最近。孙强是北华大学毕业生，上高中后突然专注力出了问题，考试没发挥好。他家族有位在华东政法做老师的表哥，慢慢地就围拢到上海的华政校园边。

他一直不明白为啥吉林省人孙强皮肤藜黑，但两人谈得来，不管孙强的作息与常人大异。下午下班回家，喝杯咖啡在床上睡躺；7点烧晚饭，喝酒。晚上2点钟自动醒来，沿着光复西路跑步至筋疲力尽。4点睡至六点半。个子1.71米，摩羯星座。今年也刚过40岁。头发黑硬。

白天是咖啡，晚上是酒，液体注入人体，工作、睡觉，周而复始。他对孙强分享钱德勒小说《漫长的告别》中品评咖啡的那句：“大量咖啡，甘醇、浓郁、苦涩、滚烫、无情、堕落。疲惫男人的生命之血”。酒要等到他口含丁香花叶，身体才能完全接纳。孙强酒喝得凶，2015 年两人一道去浙江金华郑义门旅游，同宿乡村民宿，晚上孙强一人干掉了那瓶葡萄酒，早起照样遛狗。

彼时他已经搬到按揭贷款的小区房子，孙强则住到他隔壁的 306 房间，那是那位亲戚华政老师当年的宿舍。这位老师原本风华正茂，年届不惑却体检出癌症，于是放下功利追求自己的生活。

孙强的工作是餐饮财务统计，琐碎单调，月薪三千。无法耗尽全部精力，或者说无法完成每日的激情燃烧。于是借酒浇愁。高中没有考上理想的大学，只是进入吉林省 1999 年新合并的北华大学。新大学没有根，没有历史传统。赚的钱用来买好葡萄酒，或者二锅头、红星等高度酒。

2011 年 4 月 31 日，他动念辞去大学系主任助理；谁知太太出了车祸。中午她骑电瓶车回家给孩子喂奶，然后返回单位的一座桥上，从车上摔下来，脑颅出血。车是台湾 Giant 轻便电动自行车。2017 年 12 月 16 日，在同一座桥上，他和女儿骑 Giant 自行车去游泳，女儿脚插入自行车前轮，腿部三处骨折。那座名为“凯旋路”的桥，有次在女儿的作文中被称为“倒霉桥”。

太太出事，他在医院陪伴了 15 天，那些天孙强常来看望。女儿出事，回衢州养伤的那个月，孙强从吉林寄来了毛茸茸的大狮子、斑马公仔。2015 年他回老家了，来信说腰时不时疼痛。每年的传统节日，问候短消息不断。2019 年他家去长白山旅行前后，检索地图才真正明白他家离长白山有五百多公里。2020年春节前夕，亦是新冠病毒肆虐之际，在火车上的孙强发来短信说自己状态不错，去大连打工无虞，全身而退。咖啡早不喝了，既没有喝酒，连带去的茶叶喝光后也未再买，仅靠自己的意志力完成了这轮打工。

孙强看完《漫长的告别》《刺杀骑士团长》后，突然回老家吉林松原县照顾父母去了。

孙强，

昨夜梦见我们三十岁的时光：那时都穷，但总算在上海落下脚。

这十年我在上海买了两套房子，一套你去过；另一套你还没有去过，就又卖了。

2016*年我们去了趟浙江金华郑义门，你晚上喝了半瓶葡萄酒，第二天醒来你和民宿主人的狗玩的开心，我游泳开心。*

玩了两天，返程的火车上，你说第二天就打包行李，回吉林老家。老家在松原市长岭县，靠内蒙古一个夏天听说刮过龙卷风的地方。临走前留下几大盒好吃的饼干。还有暂存我处的书，有《海德格尔》、《心香泪酒祭吴宓》。海德格尔研究无聊的时间；吴宓文革境遇悲惨，但余英时怀疑作者身份的真实性。

一晃五年过去。你先在家陪老娘，一度腰疼的厉害。你先后去了长春大学城、大连瓦房店工作。不喝酒了，也不像我这样死喝咖啡，改喝茶。竟也安之若素。大连回吉

林的火车上，你慨叹上天让你活着，必有安排。赚的钱去报了个驾校，应该是一把过，比我强。无愧孙强。

2017 年底橙子骨折，你立马寄来几个大玩具：大斑马、大狮子。亏得你们的爱，我们家还在折腾向前爬。

你曾住过的上海华政河东校区，即将迎来巨变。先是你租过的那栋老别墅房子，成为曹家村拆迁后“海泊玉珲”小区的会所；但外墙弄了黑石子，保温又贴近自然，至今却未见使用。（我分享过视频）

再是四尽斋周边的河东校区，即将迎来大拆大建，规划是一栋超级巨大的多功能房子，类似香港城市大学那样。一栋建筑就是一个校区。河西逐渐退出使用，成为展览和网红打卡区。

每年夏季，我们吃西瓜的那个篮球场，翻新后去掉了中间那几级可以坐着看球的台阶。这个暑假，橙子倒是去篮球场多次。分享一首诗，《柳梢青·岳阳楼》（南宋戴复古）

【袖剑飞吟。
洞庭青草，秋水深深。
万顷波光，岳阳楼上，一快披襟。
不须携酒登临。
问有酒、何人共斟？
变尽人间，君山一点，自古如今。】

真的是，人世间风云变幻，唯独洞庭湖中的君山，从来未变。2021 年最后一天，怀着悲欣交集的心情，我回想着这一年终于完成了新疆之旅。还有不变的是，旅行把今年的储蓄都用完了，还略有透支，咋又变穷啦。于是又想起十几年前的穷岁月，连电瓶车都是二手的，还是别人偷得。如今这世道，共享单车遍地，没人偷车。不变的是我们还穷着。

2020 年初王伟伟从意大利回国省亲，我带他和他的朋友去松江吃了顿羊头火锅。还是那样有语言才华，还是不会和人做真正的连接。他邮件中总提到的一位长者刘老，当王伟伟在上海的时候却不去看望。你应该放下北华大学毕业的心结了吧。也放下英语不灵光的遗憾了吧。毕竟咋也结交了这么有语言天赋的朋友。英语、意大利语……还帮他存放过那么久的箱子。若非我坚持，他都不知道从意大利回来要给你买个摩卡壶，表达谢意。你那陋室，给他腾出空间，是多大的面子啊。

印象中你的生日就在这些天，摩羯座。和村上春树一样。这老头还像往常一样，活得舒服。今年出版了一本小说《第一人称单数》。这老头还像往常一样，不喜欢这个高墙社会，要做那个撞墙的鸡蛋。

就像杨万里的诗：（见图）

万山不许一溪奔，拦得溪声日夜喧。

到得前头山脚尽，堂堂溪水出前村。

字是胡适写的。这个人朋友多，通情达理。每个字一

丝不苟。张大春回忆书法大家欧阳中石的话：“活得越老、练得越勤，小时候犯就的毛病就越会来找你。”胡适《四十自述》回忆童年，父亲对他童子功抓得严格，每个字都亲自教。因为父亲的缘故去过台湾，后来老死台北真是缘分。

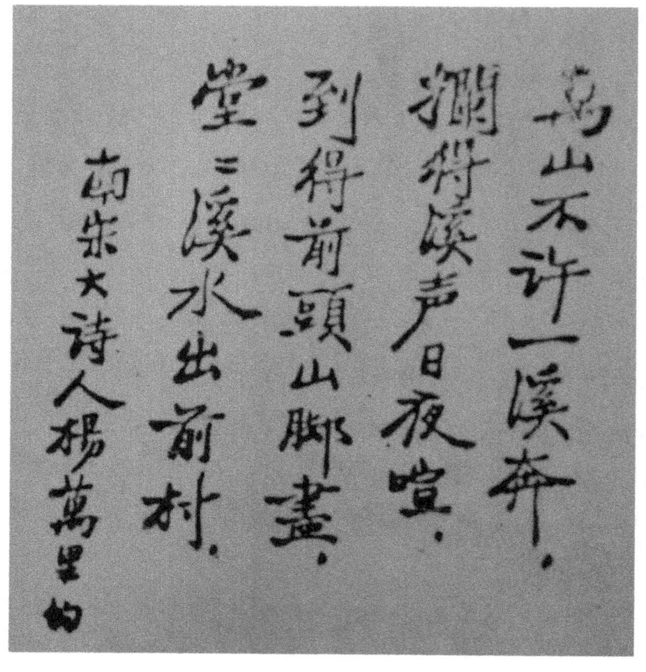

如今你我已届不惑，大抵明晓未来怎么样？7 岁时的状态大抵有数。你一路向南的硬汉探寻，一定与你父亲母亲有关。再折返北方，也一定与你父母有关。

整体看这幅字，觉得有点歪，或许是故意的，溪水流动不是直线。或许睿智如胡适，也在探寻人生的路。特别

是1949年，呆在纽约还是台北，人生的路啊？向南还是向北？

我七岁时住着现在仍算最好的房子。此前连冬天洗澡都在外面，大太阳掉起个塑料罩，下面一个木盆。这房子三室两厅，独立卫浴。前面有水泥广场，再往前是农田。后面有鸡舍，有两块地种植蔬菜。在农田接触大自然。家里经济稳定。水泥广场，临近夏天大家挤在一起看电视。

一直住到八九年。1990年搞市场经济，把我家房子给拆了。可是那种温暖、坚韧的性格从此就奠定了。因为我在三岁看小，七岁看老的年华，度过了平静幸福的岁月。认识到人相互帮助的好处，邻居关系是融洽的；认识到读书是有意思的，让我能酣畅淋漓地给自己的朋友写信。说大了，就是忠厚传家远、诗书继世长。

就像我永远难忘橙子出生前一晚，丽芬羊水破了，是你深夜帮我把分娩包放入出租车。后来你去我江南名庐的房子，我岳父母觉得你脸黑貌丑，我却知道那身体里面是个温暖善良、勇敢倔强的灵魂。

哎，发你现在的住址我，寄点橙子给你。

终于和孙强说再见了。这次他一去不回头。夏天的晚上再也吃不到他熬的红豆汤了。听不到抱怨。像极了村上春树小说《没有颜色的多崎作及其巡礼之年》中的灰田。孙强该41岁了吧，他在短信中写过也渴望拥有家庭。

这是位有趣的灵魂，拥有家庭生下孩子，孩子又变得有趣。子又生子，子子孙孙无穷尽也。愚公移山式地，让这个地球上充满有趣的人。

41 岁该对人生不惑了吧，估计还是那个与自己死磕的孙强。回过头来看看自己曾经的期待：遇到欣赏自己的老板咸鱼翻身；那么漂亮的女同学小玉却染上毒瘾（呵呵，连马斯克都是大麻瘾君子）；一个人去打八个人；每天用香烟嘴在腿上烫自己一个包。能在 2009 年花四、五百元买把香港菜刀的孙强，能花两个小时切土豆丝的男人。

这种再见是雷蒙·钱德勒在《漫长的告别》中，特里·诺伦克斯与罗杰太太的那种命运。两人在二战前曾是金童玉女，登记结婚。战争改变了一切，两人各自结婚。特里现在的太太是有五次婚姻的美国富家女，有天离奇死亡。主人公私家侦探马洛出于善良，数次帮助大醉的特里。甚至在他太太死亡的那天，帮助特里去了墨西哥。白头发特里在墨西哥自杀。

罗杰的太太，嫁的这位作家罗杰，尽管衣冠楚楚住在加州富人区，对自己的写作价值有发自内心的怀疑，终于无法按时交稿。于是出版商找到马洛要求住家续稿。

罗杰太太这位大美人，才是凶手。马洛发现了两人在战前的婚姻，也发现了深埋内心的绝望和仇恨。

完全理解大美女为何要杀人。

顿悟了村上春树写的《刺杀骑士团长》结尾。

肖像画家的太太柚子突然提出离婚，说爱上别人。他住在山上朋友爸爸的房子里，无意中看到了朋友爸爸的作品《刺杀骑士团长》。在为邻居白头免色画肖像的过程中，发现免色的真实目标却是接近他授课班上的那位小女孩。

秋川真理惠或许是免色的孩子。但孩子的妈妈在与免色有过最激烈性交后嫁了别人。

真理惠有天突然失踪，画家按冥冥之中的神秘指引，克服自己的幽闭恐惧症。钻入那个挖掘发现摇铃的墓穴及其地道，最终解脱了自己对早死妹妹的愧疚与思念。而困在免色衣柜里的秋川也安全了。

柚子生下不是自己的孩子，但画艺精进的画家却清晰留存有天晚上与柚子激烈性交的记忆。阔别七个月，当柚子不想离婚，那男子也消失不见后，画家视这孩子为己出。

在 2011 年 3 月 11 日三灾齐发的日本，画家带女儿去到海啸劫难后的现场。两颗受伤的心因爱连在一起。

奇幻国度的灰茶

他对茶的理解自小养成。家父是茶痴。他成年后放弃茶叶、选择咖啡，大抵与排解游泳累积的湿气有关，热热的咖啡比茶大概更排湿。百花港河上有座百花港桥，连通龙源路与林荫大道。在没有蚊子的季节一边在桥下避雨，一边用手机处理杂事。完事后雨停骑单车晃去陈坊桥菜市场不亦乐乎。

他心目中薄雾国灰茶的理想是四川青城山产的竹叶青。2018 年暑假，跟随他太太的本科同学，自驾游了青城山。

在“青城上山上”订的民宿，四家人住下来。他寻着水声找到一处游泳地。虽然同行者带了福建的乌茶，最有名的品种：肉桂等。但两年后，印象最深的还是从山上跑去成都等待掏耳朵之际，在那诺大的公园免费喝的竹叶青。一杯绿茶喝下去绝对有咖啡提神的功效。陆羽《茶经》“茶性寒，精行俭德之人，若热渴、凝闷、脑疼、目涩、四肢烦、百节不舒，聊四五啜，与醍醐甘露抗衡也。”然后再上山。

有天的安排出现分歧，一对天生爱爬山的山东母子邀请“博士叔叔”陪同爬青城山。大部队，包括自家孩子和太太去都江堰。酷爱大水的博士，却选择了爬山邀请。于是博士三年来第一次开始了重体力活。两个小时后，他有点恼怒，不该跟来干这种事。四个小时后，他明显感到耐力回来了。永远记住了那句“上山就是下山；下山就是上山”青城山名言。最近几年，他基本上都是游泳这项运动。而且是快进快出。砰的一下，入水。游个二三十米结束。身体迅速地补充氧气，脑子高速运转，专注力回来了，但逐渐地耐力掉下去了。这趟爬山果然需要大人陪同，孩子脚一软，竟然差点滚下山崖。山上的昆虫特别多，让那位未来的昆虫博士兴奋不已。

那天两队人马应该都特别疲惫。但同行的一位警察卞Sir却突然呕吐。晚上两男人陪同卞警官去了山下的医院。恰逢那天是中元节，道路两旁蔓延的蜡烛此起彼伏，寄托对过身者的哀思。对这个节日如此重视，在他成长的小县城还是大上海从未有过。山上似乎什么东西都好吃便宜。他很爱的红心猕猴桃，10块钱能买几十个。

他家住的民宿房间，是一个山谷地。七间房子完全依山势搭建。这个谷地种有各种花草，也引来了各种昆虫，因此打开窗帘就是花园。一天他早早回房，女儿数学老师拜托的事情推进了一步。她侄女大学转专业进入了复试，竞争异常激烈。

橙子刚出生那年，他第一次尝试到冬泳+咖啡的好处。在给同事王苹微信中，他曾发去一位台湾法律人热爱冬泳的文字，那就是“一次都不后悔”。

【“那眼神就不一样”。台湾万国创始律师、司法院秘书长，范仲淹后裔光群教授，80 岁畅谈“冬泳像吸鸦片”。

范光群更爱享受冬天的晨泳。“屡试不爽，一次都不会后悔！事后都会觉得幸好来游了，一整天精神好得不得了，光是眼神就不一样。”

“冬泳一开始就像钻冰宫，当然很冷。”但他说，游了十米以后，身体自然有发动机关开始燃烧，可以和外面温度对抗，渐渐不会感觉冷，游了一、两百公尺，身体就觉得温暖，“差不多游到五十米左右，就收支平衡了，开始抵抗不了冷温的入侵。”

冬泳要见好就收，即使如此，他还是可以游到 400 米。游玩之后，一整天都很舒畅，不用睡午觉，“我没有吸鸦片的经验，但我猜吸鸦片的感觉，大概就像冬泳这样迷人吧！”

“海外随身带泳裤”

范光群非常喜欢夏威夷，曾说夏威夷是自己的第二故乡。当律师时，为了要加强英文，他特别到夏威夷语文中心进修三个月，天天早上一起床就去 Waikiki 沙滩，下课之后也去，有时间就买一杯热带调酒，在沙滩上看看书，非常舒服。

大海无边，范光群兴致一来，一游就是四、五百公尺，一直游到看不见其他人了，就躺在海面上欣赏钻石山美景。他骄傲地说，“我的泳技可以在海面平躺睡觉，游累了就躺在海上，你知道那有多享受吗？”有一次难忘经验，是他躺在海面上漂浮时，忽然觉得旁边有东西在动。转头一看，竟然是只大海龟在旁边，“人、龟一起徜徉在海上，实在是很难得的机会。”

他最喜欢游的地方是自然的溪流或大海，因为住乡下，对溪流的认识也比海深。

“第一溪流、第二海、第三湖泊，最后才不得不进入游泳池；游泳池最好是室外，不得已才到室内，因为室外还有户外的空气、阳光，室内很闷，而且氯气味挥之不去。

三十年来，范光群都在台北市文山区溪口国小游泳池晨泳。刚开始，只有三、四个人在游，后来范光群登高一呼，号召社区里三十多个晨泳同好，组成“景美晨泳会”。“一旦爱上游泳，就是一辈子的事。”范光群每次出国，一定都带着游泳裤，即使到了高山古国尼泊尔也不忘游泳。

忆起那次去印度开会，雇了一个导游，勇闯尼泊尔，躺在喜马拉雅山下面的草地，上面就是皑皑白雪，突然看见草地的前面是一个湖，衣服一脱，竟然噗通就跳下去了，吓得导游大呼“赶快回来！”

“你不知道躺在那里有多美，真是气象万千，才几秒钟，景色就变了。”】

冬泳正是开启他魔法世界的那个“9 又 3/4 站台”。在英国小说家 J. K. Rowling 的《哈利波特与魔法石》中，哈利波特去霍格沃茨魔法学校，得穿越国王车站 9 站台与 10 站台之间的 9 又 3/4 站台。看上去是一堵墙，可是你鼓起勇气、行李车越推越快直接撞去，就看到了驶往霍格沃茨的深红色列车。冬天的水寒冷悠深，笼罩着一层薄雾，可是热身、喝完咖啡的你径直一跃而入，立刻游起来，上岸后的皮肤全身发红，散发热气。迅速擦干头发，肉身对接天地灵气。

王莘老师是在长宁国际体操中心游泳馆认识的。那个池子曾给他无尽的活力。标准的长 50 米、宽 25 米泳池。里面的工作人员和蔼可亲，特别是闫女士等。能干又善解人意。正是在这个池子里，他摆脱了 20 多岁时抄袭别人著作的噩梦。当王莘不解他为何每次游泳来去匆匆，他提着自己的三大本翻译和著作为自己辩解。在那个池子里，王老师每次都说自己下学期要退休了，其实相当不舍那个课堂。王老师教哲学，活得通透。每天早起电瓶车五分钟游泳，然后用心地生活。码字应该与他 1997 年评上副教授后的生活无关。

走七分钟才过的华政桥

2017年橙子骨折，是他逐渐离开泳池最关键的一天。那天，他清楚记得自己先去游泳池游了一次，然后自信满满地骑着自行车接孩子赶九点五十分的游泳小班训练。晓得游泳有多好后，他和橙妈让孩子每周至少一趟泳池玩耍。偏偏那天他游泳完后，载女儿去游泳池的路上出事。骨折康复期，岳父先来照顾了40天，然后趁着寒假回衢州巨化小区生活了一个多月。一天两趟在乌溪江的冬泳，一边整理着收尾的翻译，一边在602给女儿DIY海边别墅；夜深人静的时候，翻看着轮椅上的罗斯福总统书，令人顿悟人不能生活得太容易。

因为医生说：这次骨折伤到了生长板，有可能不再长高。他用罗斯福总统的故事，告诉女儿要乐观。每天冬泳完都推着轮椅带女儿在小区散步，女儿写下等到春暖花开的时候，医生说我的腿就要好了。有天天气果真好热，他抱着孩子来到自命的游泳跳台：河边湿地的一处与世无争的高地，距离浣衣女的洗衣台阶有200米。江堤下放着块大石头，再穿越五米长的泥地，就是河边。小虾围着巨大的跳水岩石打转。手捧小虾，闻着河水的气味，父女俩心怀喜悦。拖着笨重石膏腿的女儿，竟然自己爬上了70厘米高的江堤。那些日子，他再与女儿分享罗斯福残疾后，买下佐治亚州温泉池，开放给全美国小儿麻痹症患者。即便当总统后，经常返回佐治亚温泉游泳，决策大事。一晃三年过去，女儿已经141厘米了，继续生长。孩子展现出善良、勇敢、乐观的性格。谢谢乌溪江水赐予的力量。

【橙子卧床在家，作业不误，谢谢张老师、杨老师专门批改。

岳父大人，来沪照料孩子起居，顿悟“泰山”由来。

英诗“别人倒霉，献出你的安慰；自己受罪，表现渡过苦厄的坚强。”

2018 年新春的寒冬，和橙子一道背下苏轼的诗“红梅”：“珍重多情关令尹、直和根拔送春来”。

雪后的母校，上海最美；哈尔滨就不去了。

父女俩在大草坪费九牛二虎之力，搭了个丑雪人。

谢谢学生们的评教，橙爸在最美大学有了一席之地。

等这段视频我用尽了全身力气，慈善表演的养老院在金山，橙子腿还不是 perfect。

莫扎特 24 岁创编的这首小步舞曲，与巴赫同名曲目一样傲然于世。就像金庸和古龙的武侠都好看；又或者李白与苏轼。

莫扎特像小王子，孩子容易喜欢。但其实经历过伤痛者也喜欢；就像碗掉地上，大人还要说“不摔不发”。您听那遭遇苦痛后挣扎呼吸阳光的旋律：还是发自内心的乐观。

《东坡易传》写道：“晋而有伤，伤则人穷，人穷返本，疾痛则呼父母”。橙子伤筋动骨 92 天，育儿路上我们夫妇毫无经验，仰赖父母。

今天二月二龙抬头，将这段陪伴我家渡过蹇困时光的音乐献给亲朋，祝大家飞龙在天。】

2018 年国庆，橙子能在德国汉堡拿一等奖；全家能第一次德国旅游，远超预期。

比赛曲目是门德尔松《无词歌·失去的幻想》，时长 2 分 11 秒。昨天流畅弹完，对视橙妈，已是心潮澎湃。盯着练琴全赖妈妈，她育儿“满满爱与控制”的风格，这趟用尽全力。配合钢琴老师许妍，两个月来那根弦都绷着。

享受音乐重要，有成绩也重要，因师友的期待不容辜负。中秋节三天都在许老师家过的，谢谢许师父母的美食与经验分享；盛大班主任张老师、杨老师都寄予厚望，大奖礼物不算，当成班级大事，让她弹学校的大琴。

因女儿，全家有了第一回德国旅游的机会。近观汉堡这座城市森林，地铁旁的橡树、针叶松辣么高大，全无二战摧毁的踪影。地铁没有检票闸机，全凭自觉。入住农场民宿，每天五点晨跑，感受德国农村的清新空气与满天星月。

专业感受到的差距是，德国孩子弹琴时身体是那么放松，呼吸与琴键振动合二为一。勃拉姆斯、孟德尔颂故乡的孩子，俨然中国孩子熟读唐诗宋词，德国孩子比中国孩子就是多了音乐灵性的熏陶。如何突破这“一点点瓶颈”，我家和同行的“钢琴家庭”在困惑中探索中，也结下友谊。

按超级能干组委会的安排，女儿第一次和任云梓睡星空房，小小年纪就在汉堡 Laeiszhalle 音乐厅演奏。

苏轼的诗真应景:“一年好景君须记，最是橙黄桔绿时”。

神奇动物在哪里

2019 年清明节三天假，我又去了衢州自己房子。一位住在鄱阳湖畔的学生熊振东中转衢州，给我送来新鲜的鳜鱼。烤串于是多了个得力助手。有缘的是，这孩子是本科大四联系上我的，请求我这个同乡，担任他未来的研究生导师。当时他退伍返校，在保送研究生的资格会上，他说起自己去美国打工、当兵，拥有美好的未来。却被一位评委以连环炮提问，讥讽专业太差，最终丧失法学硕士保研，调剂到了法本法硕。失落之余，觉得我活得潇洒，请求我指导他毕业论文。熟悉之后，果然当过兵的学生反应敏捷，办事得力。教书这么多年，难得碰到如此称心如意的学生。

爱屋及乌，他的室友康标也同样选了我的毕业论文题目。也是当过兵的，大学预科那年还在南昌呆的。湖北土家族。1 米 7 出头的个子，瘦瘦的，不太在乎衣着。每次从妈妈身边过完春节，倒焕然一新。头梳好，光鲜的衣服，像是广东过来的阿飞。熊振东与他个子差不多，胖点，那双漂亮眼睛很容易在黯然无光与炯炯有神之间摆荡。不时折腾出胃疼、膝盖、眼睫毛的毛病，爱上医院。

写论文那段时光，同我一道冬泳。刺骨的水，想也不想，纵身一跃。后来又选修了我的课“中国银行法”，这就有了前面在线烤串，请同学们上课完毕吃新疆羊头串的故事。

康标是大事清楚，小事糊涂的那种人。说好 4. 30 日论文截止。他一个字都未动笔。题目是“中巴克什米尔高原水电站项目融资的法律问题”。他觉得论文不是关键，只是想了解我这个人。熊振东帮他搞定一切。论文顺利通过答辩。我俩交换过眼神，相视大笑。自从女儿骨折以来，好久没有那么开心地笑啊。

他七岁时父亲去世，母亲早早离开恩施来到广东佛山的鱼米之乡高明。康标当兵发了 20 万津贴。退伍返校正是 2015 年股灾之前的巅峰，他一度拿出 7 万让武汉的老友炒股。夏天全亏了，完全不抱怨那位朋友。2019 年春节那哥们在武汉结婚，康标向我借了 2 千元去武汉吃喜酒。松江这几年，特别是熊振东在一个宿舍，康标活得挺好。就是每到期中、期末考试要催复习。康标无所谓。结果学分不满。索性本科学位也不要了。如今大学没毕业的他回到妈妈定居的佛山高明区，在西江游泳、写作、遛猫。还像村上春树《1Q84》里的天吾，在中学辅导班教数学。

“只要把上课的课程调整恰当，一星期就有四天可以在自己家做自己喜欢的事。七年来一直在同一家辅导班当讲师。，在学生中的评价相当好。教法得要领，不罗嗦，任何问题都能当场适当回答。天吾自己都很惊讶的是，他居然具有说话口才。既擅长说明，声音也清晰宏亮，还能说笑话引起满堂哄笑。在当老师之前，还一直以为自己不擅长说话。到现在跟人面对面说话，还会紧张得说不出话来。进入人数少的团体时，经常只有听人说的份。不过一旦站上讲台，面对不特定的多数人时，头脑会突然晴朗起来，不管多长时间都可以轻松地讲下去。人真是不可思议的东西。”

康标像我，对大是大非问题有良好的判断力。游泳完就拿出《苏菲的世界》。我组织学生组团去我衢州房子住宿旅游，他写的微信朋友圈，提到同行者臧怡乳房漂亮。后来观察到臧怡在团体中让人很舒服，是勉强自己，并非出自本心。我后来同他谈起南非诺贝尔文学奖得主柯慈（John Coetzee）的《夏日》，怂恿表姐一道开车去沙漠看房子，中途车坏搁浅。晚上自己靠在表姐肩膀上先睡着。但第二天，表姐目睹朝阳从沙漠升起的壮美，让她情不自禁地下跪。感激表弟引领他见识庸碌人生绝无可能的超越。我说康标，我们都有这个能力。

回到佛山高明，康标写着长篇小说，部分段落发给我看过。开头那句“从洞泾地铁站出来时，橙爸感到久违的轻松”，真是惊鸿一瞥。这是我第一个发展出男人间友谊的学生。英国作家兰姆说的那种友谊：“一个人可以拥有朋友又不想见他们。”康标与我一道冬泳的那个学期，除了我的两门选修课优秀。刑法总论、英语等 17 门课程还是挂科，原因是未参加期中考试，直接给不及格；毕业学分无法修满。等待下年选课季的空档，康标离开校园宿舍，在泗泾地铁站的阿聪家（战友）住了一个月，阿聪单位迁到苏州，他也随着在苏州的中餐馆管过几张桌子。小说《莫斯科绅士》罗斯托夫伯爵干的那种。三个月后回到上海，在房产中介链家推销豪宅。有天康标微信请教我如何在“学信网”做学历认证。我完全不知，答曰莫非是“学习强国网”。

链家的节奏是早上九点做到晚上九点，每月一万。康标喜欢接触各式各样的人。就像金宇澄的《繁花》，喜欢繁花散尽，那种“天地不仁，以万物为刍狗”的空无。七月百花港河畔，刚游泳完的我撞见康标带了个同事来游泳。三人吃了顿猪脚饭，前后康标反复说起哈利波特前传《神奇动物在哪里》。我俩都爱 J.K. Rowling。2018 年圣诞节康标送我“老魔杖”，我回赠云南抚仙湖的蓝莓酒。

康标父亲 27 岁突发心脏病去世了，母亲很快也去了佛山。他和妹妹被恩施的爷爷奶奶拉扯大。婴儿时期父母被伏地魔“阿瓦达索命”的哈利波特，命运相近。他很早就看完了全套八本。大学期间必看的几部黑暗电影清单，包括诺兰导演的《黑暗骑士》系列；《V 字仇杀队》等。我带他看了韩国电影《出租车司机》等，看着司机一边吃着韩国“热干面”，一边嚼着饭团，热泪盈眶。车要掉头，把那个德国记者送出光州。我笑着说，你以前看的电影，主人公都不吃饭的。每次我俩逛陈坊桥菜市场时，总要说说哪位女摊主漂亮养眼。呵呵

但哈利波特毕竟是少年时的甘霖啊。总不甘故事就结束了。未料邓不列多年轻时的敌人格林德沃，他不爱做官的学生纽特，往前往后，故事、人生和宇宙一样，一直在生长、突破边界。

于是半年不见的师生，开口闭口谈电影《神奇动物》，那位同事一定逸性索然。橙爸转而谈起自己卖掉衢州的房款赚了 27 万，在离松江最近的浙江嘉善姚庄买了套小房子。

此后不见直到 10 月，他已经不游泳了。而我要到 2020 年新冠肺炎病毒肆虐，才能体会 70 天不游泳如何度日的状态。10 月国庆节第一天，我早早坐地铁来到洞泾，游泳完

驱车回松江校区综合实验楼的 221 室，在电脑上翻墙看了英国导演的《罗马角斗士》。中午发短信康标，是否在学校，是否有空？有时半天不回手机的康标，这次秒回："在，有空。"

这次聊天，我完全没想到他从未读过法国作家圣埃佩里的《小王子》。因为他微信回复 OK 的表情符号经常是"手捧玫瑰花的小王子"。空旷校园的主干道，我叙述了小王子的玫瑰及其争吵、各种星球见闻，地球沙漠里碰到的狐狸。回不去的小王子，除非被毒蛇咬，灵魂才有可能回到 B516 星球的玫瑰花旁边。

11 月，康标决定不要毕业证了。于是熊振东请客，我们仨去了陈坊桥下的苏州羊肉馆，开了瓶葡萄酒，点了出租车司机力荐的羊眼睛，羊肉火锅送别朋友。2019 年底我在长白山滑雪的一个晚上，突然大学公示两位同事升等了教授；康标几乎同时发来了一篇小说，用桥上看风景人的视角，叙述了我那一年多来，辗转普陀区至松江区，每日游泳的时光。

我的诗是这样的：

"这个世界瞬息万变虽自古皆然，

我却不能乱掉自己的节奏。难处在于：荒凉之地没有工作，虽然心安；繁华之处，有钱却不纯净。"

一次灾祸后，我选择了一条列车，每天穿梭繁华与荒凉。也应付生活与工作。

繁华处有各色人等，迎来送往；荒凉处有山有水，花开花落、日落日出。

一个学生死了，师者的爱心熠熠生辉，众人觉得该让橙爸说说这几年的感思：“更上层楼很好，退一步海阔天空也不差”。就像惠特曼的小草，希望的绿色与坟头的乌黑，两色都有。橙爸说，你再尝试骑辆单车或干脆跑步，沿着百花大道，看着农田夏日青青、冬季黄黄，爬爬佘山、再来个冬泳，给家人打个视频，然后说圣诞快乐。”

康标的短篇小说结尾的诗是这样的：

“如冬季悬挂于地平线之上火红的夕阳，
无关乎你的匆匆路过，亦或你的赞美敬仰；
如那缓缓流淌的河流，
任你跃入其中，
或者乘船远航。
在那里，一直都在那里。
遗忘了的，
只是选择遗忘了的。”

熊振东如今人在深圳华为工作，离佛山高明一个半小时的车程。第一年评到明星员工后，外派常驻莫斯科法务。

请兄弟们去鄱阳湖

2021 年端午三天假，新冠疫情仍在肆虐，我们一家三口回到了我的故乡。三年来，爷爷、奶奶相继去世，太太各种原因都未回去。6 月 13 日下午两点左右到安义。付里云开车在南昌西站接的。此前微信与他沟通：想在 6 月 14 日去趟鄱阳湖吴城镇最美水上公路。离我家 70 公里。再联系胡笑聪一辆车，他慷然取消原定婺源之行。两辆车载我爸妈等一行八人出游。

鄱阳湖我一直想邀请好友游玩。此行算是铺路。江西是山水之乡，但最有名的是水，中国最大的淡水湖就是鄱阳湖。吴城是鄱阳湖秋季观鸟最佳地点，秋季水退成为草场；夏季却是泽国。

6.14 日，丰水期的鄱阳湖面积达 3000 多平方公里。吴城镇是江西历史上的四大名镇，距吴城望湖亭十分钟车程，有条最美水上公路。夏季水大时略漫过公路，车开过宛如在水上行车。

此事规划了三年之久。主要因为我囊中羞涩久久不能成行。

缘起是 2016 年 8 月，大学同学入学二十周年，本科寝室 201 八个同学想聚一下。选在广州，家庭聚会。去广州是因为班级聚会广东的两位同学都未来，浙江的黄尚渊也没来。王志强提出索性去广州，黄尚渊同去。除了机票自付，三天酒店、美食、游玩都由广东的陈汉奇包了。那是我家第一次去南方的广州，印象好极了。

【广州三天两晚，别的兄弟不知怎样，我是使出了洪荒之力。11 日下午起，我向党哥微信转账，但其毫无音讯。你不知道我腾挪个银行卡容易吗？第二天回复了个“扯”。

12 日中午 11 点出门，晚 6:30 落地广州。刚开始喝酒，奶奶摔了一跤，骨裂。喝了六俩茅台的我，12 点左右开始按肚子，被子弹击中了；然后狂呕两次。第二天一早，喝下去的蒸馏水又呕光。

完成八人合影前，看见弟们吃了顿七星级酒店的丰盛早餐。妈的，我才喝了碗黄米粥。可今天游长隆动物园外加国际马戏，连娃都得开启外挂模式啊，老婆骂我活该！妈的，关键时刻，我在一小时内连游两次，硬生生满血复活；想起法国电影“Indo-China”，女主角对一直追求她的高官说：“知道我这么多年为啥没跟你上床没，因为你废啊。”

我到一地，有两大爱好。落地直奔泳池，第二喜欢动物园。长隆动物园简直是我理想的那种。竟有我一直憧憬的兔子；当然还有橙子最近狂爱的龙猫。还有党哥，语重心长地对橙子说，不许要求爸爸抱；他女儿萱萱给我们树了好榜样，她妈豁达、笑声一路，从小学钢琴、由在三亚的外婆抚养长大，大气！当然，党哥（潮州话叫陈汉奇，听起来就是 Dang han ki，加上他高中就是党员）还是一如既往地粗俗，硬生生将橙子从我脖子拉下来，可怜孩子从此落下心理阴影，毕竟徒步十公里连抱下都不行啊，我又不是后爹。

为什么选广州？因为老五在此地工作八年。他是宅男，十五周年聚会缺席，小强提议我们去广州。党哥，又提议换到深圳。地铁还是包车，我都晕了。又有位神秘的“庄状城”安排后勤，但从未谋面。

总之，在党哥，老五全家的陪同下，从未来过广州的我，终于见识了这座中国一线城市为何幸福指数最高。宽敞的渔民新城、高人气的维福海鲜粥、味道精致的炳盛，

high 起来的我们，突然发现兄弟八人都很专一；无论工作（吴俊杰，虽从海关到普华永道，还是海关咨询），还是爱情。工作，有三名律师、一位公务员、一位银行家、一位电力公司高管、一位“四大”、一位老师。当然太太们更牛，比如有上音管弦系老师，乃我等巴结对象。

最忙的是银行家和四大的，喝酒完第二天早上就要返杭、返沪。无所谓！关键是合影得有你们这张老脸。银行家不是盖的，喝酒最多，聊至凌晨三点，第二天合影还是那么有亲和力（集合山东和杭州人的优点）。

爸爸们还真是干了件神奇的事情。同窗好友聚会这件事，表面上“看似寻常”，其实“最奇崛”。比如全班的十五周年聚会，有两位女同学就是联系不上。我们留华政的，去过档案馆、教务处和学生处，却连身份证号都找不出来。我有次顺路去她入学登记的家庭地址，结果已拆迁、门牌号都是历史。

游长隆，顾巍巍给孩子买了自助降温风扇水枪，神器啊。然后是老五老婆买的白老虎尾巴，一射一拉，友谊的小船就开啦！因为韩剑宇也大声说话起来。国际马戏太好看，把我家橙子精力耗尽，睡在妈妈腿上。晚上，六个孩子又一道游泳。我最担心的橙子湿疹（一出汗就抓皮肤，那个难看啊），竟然没事！说是和小朋友一道玩，忘记这件事啦。

拖家带口的，聚会这种事，本来可以礼貌而抱歉地说不，正如以前很多次那样，但这次我们寝室 9709 班 201 寝室，八个人齐了。】

考虑到本科室友被王志强招待过杭州、黄尚渊招待过绍兴、顾巍巍启东，现在该轮到我江西了。于是我随后发出邀请去衢州。特别是当年 10 月我还在乌溪江旁边买了套房子。

【谢谢老婆引我到乌溪江畔。

这里有萤火虫，目睹 firefly 微暗真实的绿光，女儿竟创编弹出《萤火虫夜曲》;

我一天三游，纵身跃入烂柯山冷山泉汇聚的大河乌溪江，不晓得几舒服;

上海房子到妻姐家、门到门才四个小时。难忘上海从长宁到松江校区，堵车两个半小时、简直在自杀 。

这里是丽芬三姐妹摄影灵感的源泉，除了逆天的逆光照，还会明白“一入单反深似海”。

八年来有七回、十一长假我们都窝在妻姐联排，亲历王亲&王鸡成为学霸与飞鱼; 缺席的那次，大肚的丽芬给刘亦橙在上海买了房。

这里有紧搂雏菊的蓝灰蝶，祝我的孩子们像 butterfly 有羽化飞升的造化，得享 Nabokov 那种艺术精确与纯科学激情的“并行”人生。

嗯，我们要在这里买套房】

阴差阳错，2017 年室友们都没空。倒是女儿在 2017 年 12 月 16 日骨折了，妈妈来过一次，后来还请张智强、我指导的学生群们来过两次。妈妈来的那趟，直接开启了 2018 年 5 月徐埠外婆大家庭来了一次。

【哈哈，17 位亲友来衢州，太高兴

29 日中午，希望大部队能碰头，在又一村吃中餐。下午、晚上在衢州水亭门拍照、用晚餐。

住宿因七家人（五兄妹+外埠外婆家两人+丹姐；先确定老外婆、燕子阿姨合睡一张床；），在衢化宾馆订了四个标准间。

30 日直接去钱江源（浙江水两大源头之一）的开化游玩，泉眼处莲花池有观音保佑江山、龙游旅游线路，不如庐山，建议放弃。

家人有三辆车过来，免去接站、短途出行之小繁；唯独直接去钱江源，车程两个半小时。还是坐 18 座中巴车前往。开化清水螺丝是第一期舌尖上中国力荐。

因天气预报这三天下雨, 5.1 日安排烂柯山花海拍照。五兄妹缘聚衢州（燕子阿姨从西南到华东；姨妈从华北到衢州）上天的安排，期待美图。

我衢州房子有五个铺木板的房间、三个卫生间、腾挪空间较大。我和丽芬住同个小区她姐家。请大家看在出门就是蓝蓝的乌溪江份上，海涵将就。

我安排细节很不擅长，幸亏丹姐提醒多预定宾馆；丽芬落实；大家继续追问我啊】

这次五一衢州行，小舅妈张海燕兴致勃勃，开宝马自驾。“谁知九月登高处，遍插茱萸少一人。”3 年后，她竟驾鹤西去，不胜嘘嘘。

再一年，衢州房子卖了 110 万，赚了 27 万。2019 年他提出请本科同学们来江西鄱阳湖。

大河夕阳

江西是中国刷存在感最低的省份之一。

诚如徐霞客的判断：五岳归来不看山，黄山归来不看岳。江西庐山自然比不上附近边上的黄山。

但不应该。中国最大淡水湖–鄱阳湖就在江西啊。

长河落日圆 秋水长天一色

这些年来，我陆续欠了许多人情债，兴起了邀请朋友来江西旅游的念头。

今年陆续付诸行动。端午节，带女儿去了鄱阳湖靠近家乡的永修、都昌。家乡安义山清水秀，但大水没有。一进永修，咸湿的风迎面扑来，开阔的水域里一团团银色的鱼。听说这是鱼在抱团疗伤。但最期待的“最美水上公路”，极其难把握节奏。原来水漫过永修那段公路，当且仅当 30 公分才好玩。

十月金秋二探鄱阳湖。这次是大湖丰水期的另一侧：我学生熊振东家乡鄱阳县所在的双港镇。终于下定决心，不管多远。爸爸说双港镇名不见经传；庐山才中外驰名。好在有妈妈陪伴。

双港镇码头快艇半小时，鄱阳湖中的长山岛。是女儿爱读的《江西寻宝记》重点推荐，岛边有宝藏，强人护卫。船老大带我至下山岛一处无血吸虫的水域游泳。

四点多，阳光温暖。西海无边，波光粼粼。快艇过处目睹岛上牛羊，恰似照片里的贝加尔湖。

中饭、晚饭都是无比鲜美，毫无土泥味或柴油味的黄丫头鱼。此行首先结缘于网络认识的鄱阳数学杨老师。他颇想商业开发鄱阳长山旅游。一大家子人都是热心肠。下山岛游泳的两个伙伴，都是他的侄子。鄱阳人眼睛里，身子骨都透露出一种精干、桀骜、自由的性情。就像我的学生熊振东。

晚上本打算民宿长山岛，感受中国“小夏威夷”的早晨。孰料鄱阳大搞“十年渔禁”。年轻一辈纷纷到沪杭打工。岛上留守老人根本无力民宿。我动念晚上杀到景德镇。

于是联系，也必须联系熊爸。来一趟不告诉我喜欢的学生，说不过去。40分钟后，东东爸开着大众车来接我和妈妈。

国庆节，恰是最赚钱的时候。我麻烦熊爸的时机正好，“简朴寨”黄金季节的两万到手，我游泳到了，他又实实在在帮到了我和妈妈。我妈亲眼目睹，儿子桃李芬芳啊。

一路两人，围绕着他儿子的成长，如今在华为俄罗斯法务总管，年终奖14万，付了妹妹浸会大学研究生的学费。我感受到这个家庭的团结，处在上升态势的家庭会多么有感高等教育的美好。留钱给孩子，不如让孩子更有本事。这孩子大三跑到美国打工，英语口语真的不像江西人。

来鄱阳是计划；去景德镇是意外。

鄱阳联系的导游杨小姐，从岸上去长山岛的游艇收费是1500元，包含了往返接送。返程本是第二天的事情。岛上住一晚；但杨导游说搞不定，两小时返航回鄱阳县城住

宿。我觉得这个价格贵了。索性从鄱阳去景德镇，请东东爸爸送我和妈妈去[玫瑰]

晚八点钟，一个嗓音沙哑的老司机，就这样陪伴我聊了一个多小时。他有点不爽，觉得应该请我们吃饭。但这趟往返近四小时的车程，不是易事，且在“简朴寨”临近打烊，他已精疲力尽。

一个月后，我意识到这趟车程才是景德镇之旅的亮点。晚上的鄱阳夜空，群星璀璨。媲美沙漠、长白山林场的夜空，大湖区名不虚传。

一路聊他体弱的儿子，教他受欺负打回去；木头的乒乓球桌；这些年的生意；东东去莫斯科别成了替罪羊。一位极有水平、辞职去了深圳的的英语女老师。考上华政刑司躲在房间不出来。还有康标。

他说事出仓促带了些烟、土特产随后再寄，我打开熊振东去年迁户口来华绿道拍的合照，给妈妈看。转移了话题，接着东东爸爸特地问我对代写论文的看法……

10 点半到景德镇大桥附近，我妹妹前两天带爸爸住宿地。这个国庆兄妹俩分别、轮流同父母旅行。我爸爱买瓷器，妹夫开车，满载而归。景德镇陶瓷学院，是我发小赵宗林的大学。曾几何时，我们五人包括她妹妹，是铁杆五人组。这友谊因为张斌 10 年前猝逝、我来上海读大学而断了联系。

景德镇，完全不是我印象中的江西。是山城。今年国庆完全是盛夏，我在河边游了四趟，写了“大湖的晚霞”。妈妈在陶瓷学院买了一对小彩绘瓷器，我拿去送了徐海东。

东东爸爸说，等孩子结婚，请我、海东、老耿一定来鄱阳。正好这孩子从莫斯科发来五线谱信，最后那页发给了东东爸爸[憨笑]见识俄罗斯的风景，是国际法人世界观养成的四大支柱，我学生超过我了。

将进酒

我岳父曾说“我是喝咖啡的，他是喝茶的”。确实，同时喝咖啡与茶伤胃。我二选一，毫不犹豫是前者。游泳完身体的湿气，借助阳性的咖啡排出体内。茶和吸烟更搭配。抽烟在燃烧，喝绿茶中和火气。

像我每天喝咖啡，岳父每顿必喝酒。

【将进酒，杯莫停。与君歌一曲请君为我侧耳听。

今天泰山大人七十生日，姐夫拿出窖藏美酒。

岳父年轻富阳当兵，班长爱酒，大家游泳后总喝上一杯；退伍回乡娶掉如花似玉的建英，养育三个女儿的岁月中，每顿也喝点。微醺从不喝醉。

岳父“老细头”、聪敏，老师给大名“天才”。坚忍努力一生，未必料到如今美女如云的好命。

我爱您喝酒后的幽默和逗小孩[玫瑰]】

姐夫是医生，每顿也喝酒。我记得有 2015 年国庆节，连着七八天都住在他乌溪江旁边的别墅。天天喝酒，睡了觉再去乌溪江游泳。再接着喝，我立马胖了三斤。后来动念在同个小区买套房子也是在微醺的酒桌旁。

丁学良在《液体的回忆》提到他喝酒的两个阶段。特别指出中国白酒乃天成。“三分靠酒曲、七分靠水土”。所谓土，是因为新酒酿成还需入酒窖窖藏。这个酒窖就是土营造的空间。一方水土养一方人，于是每个地方就有不同口味的白酒品牌。比如四川的五粮液、安徽的口子窖、江西的四特酒。当然知名度最高的还是贵州茅台酒。

与嗜喝咖啡不同，我没有酒瘾。但人到中年，无数次的餐桌经验揭示：有酒更容易交心。酒后吐真言，特别是那些实在的酒。

2021 年 9 月 17 日，我学生、华为的熊振东要外派俄罗斯莫斯科。从上海转机，我们一行四人为他饯行。做东者是我的同事徐海东，他定的饭店并拿出一瓶五粮液。学生们爱叫他“东哥”。华政本科、研究生，2008 年留校做辅导员。先在商学院八年，再调来我所在的国金。

同事 5 年，我俩逐渐接近。特别是那几位退伍兵的缘分，当然那瓶五粮液的催化功不可没。

【今朝来场郊野烧烤[玫瑰]老早说好的，八个人的时间不容易凑，终于等到这个天朗气清的午后。

两老师，外带六位当兵的。

海东当辅导员 12 年，越来越青睐退伍兵大学生。说与这些同学处得舒服。我因为岳父、小舅是军人，逐渐生出亲切的好感。

果然，当兵的弄烧烤，基本不用老师插手。逸凡生起了炭火；浩文挑了个好地方；泽洲、文浩串罗布羊肉；

华明掌握火候；四川妹子胡雪梅边翻动红柳枝，边回答我驻军在博乐赛里木湖是啥体验。

我服务的国际金融法律学院，近五年来成为退伍兵的首选。幸运如我和海东，开始接触、深度连接这个群体。有英语超溜的熊振东、爱哲学的康标、学霸跑者胡兆洋、热心班级凝聚力的祁华明，还有驻港部队退役的陈果；近年来，英姿飒爽的女兵越来越多。

史家雷海宗在《中国的兵》写道：上古春秋当兵的，多是能文能武的贵族。兵士光明磊落。帅气如《孔子》电影里的周润发；或参加二战的美国总统肯尼迪。

与能文能武的学生朝夕相处，我们自觉也光明磊落起来。这是师者的最大幸运[呲牙]】

因为海东的引荐，我认识了他在商学院最好的同事耿言春。他最年长，我们喊他“老耿”。他组织的聚餐都是安徽白酒。一回是“口子窖”、一回是“古井贡酒”。大学多能人，就像我们做兼职律师，老耿兼职卖酒。比如去年五一去岳父家，他给我的五粮液价格是 1020 元，去孝敬泰山。他还推荐“黔酒”，说性价比最高。

老耿是华政的硕士，宪法行政法专业。女儿 170 多的个头，高二学业优异。他先在后勤任办公室主任，因性格耿直“误解”了主管副校长的意思而自愿到商学院做辅导员。每年带五个班，实事求是地给学生评奖。无论是贫困学生助学金还是优等生的奖学金。从而获得学生的好感。这样的好处在于：当女儿有不会的数学难题向他请教，他会发给在学而思兼职数学的学生，并分配不同的同学。然后再自豪地说自己解出来的。毕竟华政读硕士前，当过多年的数学老师。

高脚玻璃杯喝茶

区别于海东、老耿，我组织的聚餐从来是果酒，蓝莓酒、葡萄酒二选一。我爱吃水果，尤其是葡萄和蓝莓。爱屋及乌。我特别喜欢加拿大的冰葡萄酒。缘起我担任华政国金的院长助理，曾招待过一位加拿大的律师。我在上海招呼他好玩好喝，临别时他回赠我一小瓶冰葡萄酒。之后我在接待美国南卡罗来纳州法学院的 Linnan 教授时拿出来，他很享受。与丁学良老师一样，果然我的品味也上了一个台阶，不再是那个只懂江西四特酒土鳖啦。

此后我一发不可收拾，专挑中国边疆出产的果酒。比如云南抚仙湖的蓝莓酒、新疆吐鲁番的红葡萄酒。前者是旅行时发现抚仙湖的蓝莓口感好吃，就买了本地的酒。后者是基于对新疆葡萄的信任，买的是“驼牌”。性价比颇高，因为她不仅是我喜爱的偏甜型，还每次免费赠我四个高脚玻璃杯。每次去岳父家，看到那么好的土酒装在一个塑料桶里，我总不免嫌弃塑化剂超标。

当新疆人送我的高脚杯越积越多，我就带去松江上课喝茶用。我上课不用话筒，很费嗓子。一个上午下来，嗓子完好，秘诀是泡张家界的莓茶。尤其是湘西永顺产的嫩芽莓茶。上课讲到转折处，端起高脚玻璃杯里冷却的莓茶，一边灌、一边休息嗓子。学生们则无一例外地紧盯着我的高脚杯。

再后来晓得果酒靠天吃饭，每年品质不稳定。雨季、寒潮来袭的时间并不相同。新冠带口罩的这三年就相当寒冷。比如 2021 年有上海历史上最长的一个夏天，一共 162 天。桂花、樱花、海棠花几乎同时在秋天绽放，属于极不寻常的气候。如果品质下降，品牌意识极强的西方世界葡萄酒庄园就会推出次级品牌，降价销售。慢慢地我也记住了那些地理标志连带的产区和标识。

2019 年好士多上海店开张，我搭乘同事的车买了几千块 Kirkland 旗下的红葡萄酒。因为我信赖这个品牌，缘起 2008 年初访美国，每顿的早餐就是牛奶泡这个牌子的坚果。但好士多会员制，路远，必须开车。等 2021 年家门口的盒马生鲜开张，我每次去必逛她的葡萄酒柜台。特别喜爱一款匈牙利产的白葡萄酒托卡伊。价格 150 元，保质期竟然是 50 年。

从香港大学图书馆的咖啡到张湖月的献辞

突然想起我迷上咖啡，如果有个特定的时刻，那是有年圣诞节前访问香港大学法学院的某个午后。彼时我怀着进入万神殿的心态，在这座亚洲排名第一的法学院校园图书馆流连，翻阅时任院长陈文敏的《大学正道——写在风雨之后》，追忆何美欢老师从港大回清华的文字令我不胜嘘嘘。看到何老师中风去世、Wilkinson 逝者如斯，我猛灌了图书馆一口免费的咖啡，堪称醍醐灌顶。这就是命运的安排。就像 Alexander Pope 的诗《论人》：

整个自然都是艺术，不过你不领悟；
一切偶然都是规定，只是你没有看清；
一切不协，是你不理解的和谐；
一切局部的祸，乃是全体的福。
高傲可鄙，只因它不近情理。
真理一条明晰，存在即为合理。

不争的事实是港大仍在发展。比如 2017 年港大法学院招聘了张湖月；2000 年中国广东文科状元，芝加哥大学法学博士。理查德·波斯纳的学生。2021 年牛津大学出版社专著《中国对蚂蚁集团的反垄断战争》。

2022 年 11 月，我旁听了她主持的 Chris Miller 所著《芯片战：争夺全球最关键技术》线上交流会。该书第 37 章专章谈台积电的创设人张忠谋先生。

Louis Loss 教授的奥林匹亚高度

光咖啡不够，这是他 30-40 岁那十年来最大的体会。先得专注攻克一件事情，比如翻译大部头著作，一天一页纸英译中。2017 年 10 月，我在翻译《牛津国际法史手册》的译后记陈述了这种心路历程：

这是每天的修炼。女儿骨折后，他发现在野外获得的能量更大，比如松江校区的百花港河。先坐校车到松江办公室喝完一杯咖啡，再共享单车15分钟骑过去，纵身一跃，开始应付今天生活分派给他的挑战。比如开口求一位恩怨交织的老师，利用权力帮助自己的朋友，从静安区中心小学转到静安教育学院附属学校。虽然最后一定办不成，但喝杯咖啡游泳完，也能推到让人问心无愧的地步。再喝杯咖啡游泳完，眼中净是天地美景，前面的斡旋、折衷忘得干干净净。

但专注力还不够，得有才华，这奠基于禀赋和语数外的基础，特别是你想原创而非翻译之际。1998年，83岁的哈佛大学证券法教授Louis Loss逝世。一如传统会在《哈佛法律评论》表达悼念。他的同事、领导Robert Clark盛赞Louis Loss为美国证券法之父。《牛津英语词典》认可“股票内幕交易消息受领人”（Tippee）一词，是Louis Loss首创。Louis Loss曾对他的孩子说哈佛法学院就是Loss’s school；恰好谐音，相当自信。还提到有次收到中国大陆的来信，抱怨没有中文的证券法，Loss举荐自己的台湾学生、哈佛博士赖英照正好写出了中文证券法。

《证券监管》合作者、Loss的学生Joel Seligman撰文回忆：当老师发现自己错用“which”，更恰当的是“that”时，Loss寄来Fowler所著《英语用法》相关页码影印。Seligman觉得老师有点小题大做，再寄给Loss一篇小文“邪恶的which”；交往中第一次没有回信。不久Seligman获得老师所寄“强大的逗号”，文章空白处热情洋溢地写着“了不起的文章”。《证券监管》是大部头的大作。Seligman曾问老师写作本书的哲学或大方法？回答

“判断力”。

另一位追悼者DetlevVagts，作为Loss的同龄人，追忆了目睹他如何从普通的青椒（青年教师）成长为巨人，升至奥林匹亚高度。[1]

2021年底，我再次重温了这份悼念文字。很幸运地，我已经在中国大学法学院教了三年的公司财务法，也算Loss教授的学生。因为佩服赖英照的学问，包括专业的证券法和人文修养。我不自觉地自修了赖教授的全部文章。比如更新到2020年的《最新证券交易法解析》。比如书籍扉页、演讲、报刊短文不断提到的王安石《题张司业诗》“看似寻常最奇崛，成如容易却艰辛。”比如辞去司法院院长回母校台湾大学演讲结束，李白的“明朝散发弄扁舟”。74岁时还发表论文《遵守文义或司法造法：会计师事务所财报签证的赔偿责任》等。

赖英照师承Louis Loss。在学思历程中他写道“除了知识方面的训练，哈佛给我的印象是敬业。记得有一年麻州大雪，一夜之间积雪数呎，交通电讯全部中断，州长宣布停止上班上课，全州进入紧急状态。我住在学校宿舍，好奇的穿过校园，到教授研究室看看，却发现老师多半都在。我的指导教授Louis Loss告诉我，他在积雪中奋斗了将近一个小时，终于走到研究室。当然，他不是特例。30年来，那一幅老教授雪中跋涉的画面，一直留在心头。”

我在中国大学呆了24年，即便有了世界级的校园硬件，

---

1 https://www.jstor.org/stable/1342455.

我也晓得与世界名校的巨大差距。那就是学问真正成为一种生活方式。北大、港大、新国大，还差得远，不能产生诺贝尔奖得主，师生都内卷。得浸淫在世界的文明中，粹然儒者才能产生世界级的大学者。老话“宁静致远”。许多大陆的教授退休后就再没有文章发表。同为华人的赖英照却做到和他的美国老师一样，笔耕不辍！

作为徒孙，我明白要成为真正的学者得有好基础：包括写作母语的严谨；对问题取舍的判断力；每一天都未中断的专注。这样才能成就真正的大作（Case book 或者 Horn book）。

年过四十，我在成为学者的路上，游泳前后的咖啡，河流中的水，饮料这些液体成就我的纯粹。光咖啡不够，这是他 30-40 岁那十年来最大的体会。先得专注攻克一件事情，比如翻译大部头著作，一天一页纸英译中。2017 年 10 月，他在翻译《牛津国际法史手册》的译后记陈述了这种心路历程。

第三章 在城市领略浩然正气：漫长的法律战

中国很大，“城乡中国”四字足矣。这个城市可以是海岛香港，乡村可以是整个边陲新疆。香港是中国人均 GDP 当之无愧最高的大都市。新疆则是天大地大但落后的乡村，我童年时的茅厕现在还偶发新疆。新疆和香港问题，中国大陆两极撕裂。发展是硬道理的经济正义是普世真理：评判的标准是香港与新加坡的双城战；新疆人民的生活水平超过俄罗斯。这是场漫长的法律战，就像美国社会对反恐 911 的反思。

在城市学习法律，理解正义不会缺席，领略浩然正气。这收获简单直接，就像一到新疆就会说真是个好地方！就像读懂莎士比亚的诗歌具有永恒的价值。

“莎士比亚十四行诗”跑团

2019 年 11 月，以“莎士比亚十四行诗”的团名，报了华东政法复校四十周年校庆跑。一团五人，每人 8 公里。已经过截止期限，找秘书长胡兆洋开后门增补的。之前有学生热情邀请我，但我嫌弃在松江田径场绕圈圈没意思。

我的跑团成员包括新录的三位一年级新生：汪涵、蒋志成、李萌、我以及朱天驰。孰料，没病猫说自己去奉贤参加婚礼，于是找不羁的风卢柏宜替补。提前一周，蒋志成跑了5公里，直接报销了。于是找了张智强替补。

赛前一周，我从百花大道骑哈罗单车体会八公里的概念。从冬泳基地到洞泾地铁站不过4公里。于是我不停走路，增加耐力。心里非常忐忑，总担心在长宁校区田径场那一幕重演：没跑多久，心脏就不行，膝盖就痛。

赛前那天下午，遵赛委会要求，没有喝咖啡。博士毕业来第一次。周六早五点就起床，大巴从长宁开到松江。穿上比赛行头，包罩温暖的外套，吃点巧克力。7点钟我们出现在松江田径场。

汪涵最后三圈是邱钦洋顶的，抽筋了。他之前时走时跑，我一直没断，速度快慢而已。微信名Teddy的熊振东正好住松江，说写论文搬到松江比长宁环境好，也来助阵。于是我的相框定格了七个人。10点钟，三位新录的研究生坐校车回长宁。我们四个人去办公室喝咖啡。

当时香港年轻人的街头抗议如火如荼。Teddy的意思是，这些人飞蛾扑火，解放军一出动直接给灭了。卢柏宜的意思是，这些香港人这样闹，必然导致她的经济衰落。香港的繁荣是因为香港与内地的鼎力支持。现在政策转而支持深圳和上海。……

咖啡一杯一杯下肚，我因为个人十年来第一次完成8公里兴奋不已。中饭一道吃。我去百花港河舒展一下筋骨。他们仨先去点菜。阳光正好，此前张智强已经游好去送肯德基的外卖了。他说跑完腿肚子痛的不行，游泳完就好了。我两次跃入水中，越来越紧的肌肉逐渐舒服起来。我愉快地在朋友圈展示奖牌和大毛巾。

【人生第一个马拉松奖牌到手[玫瑰]

母校复校 40 年，我 40 岁，重新跑起来。成绩当然比不上学生们：8 公里 52 分钟

但自由奔跑的灵魂，一旦点燃，思绪不止：

遥想四十年前，中国力挽狂澜，经济改革、施行法治。从此一直在路上，终成世界第二大经济体。但矛盾累积也逼近临界点。香港新疆，中美贸易战，要求国家治理现代化更上层楼。

我个人的贡献是，组建这支“莎士比亚十四行诗”跑团，让自由奔跑代代传承。果然学生们的成绩都比我好

橙爸还有个小小的愿望，希望奖牌交棒橙子。水中飞鱼、地上羚羊，做个更自由的中国人】

天然游泳池与潦河两岸

橙子逐渐长大，他每年暑假都带女儿去安义，每天都去天然游泳池。2020 年新冠病毒疫情这年春节，他独自一人，就天天跑潦河。算起来，这条河已经陪伴了他七年的春节。潦河的源头是上游的靖安，那里山高水清。唐朝诗人刘慎虚写靖安的风景：“道由白云尽，春与青溪长。时有落花至，远随流水香。”

前面三年，他先是在鼎湖那面的青石台跳河。潦河左

右两边分别是繁华的龙津镇，自行车过安义老桥，来到更不繁华的鼎湖镇。下斜坡入板溪小学的大树，过老街破落的榨油铺子，一路下行就到了洗衣的青石板。

虽然有洗衣机，但大河里洗被单这类的物件快捷、干净。何况此地的青石板伸到了河水低潮吃水处。天然河流的水差涨落有一米。春节期间往往是枯水期。

他穿着运动裤，里面是换好的泳裤。到了就脱，一跃而下；湿裤子上来，擦干头发、上身套上衣服，清洗脚底泥沙的那几十秒，大部分女人会好奇是不是疯子，主动聊天：

“你是哪的？不怕冷啊！”

“安义人。在上海也天天游，不过是去泳池。春节回安义。”

“哦哦”

“再见啊。”

立刻闪人，径直回家换衣。

2017 年暑假回安义，鼎湖老街拆迁做景观大道，连带的青石板被新式浮桥替代。这浮桥类似三国赤壁之战的曹操水军，用铁链把小船串起来，过河稳稳当当，如履平地。

他只好回到龙津这边，顺着沿河路直上自来水厂的途中，寻找合适的跳河点。呵呵，野外游泳关键是找洗衣服的青石板，要保证落潮时也有水。要能斜着跳水，少惊动浅水处沉淀的污泥。一颗大树底下的青石板，将是完美的选择。坚固的青石板好找，经过中国民国和中华人民共和国 70 年，清朝的坟堆平坟后墓碑会被拿来做洗衣垫脚的石板。

2018 年春节，女儿骨折，他一人回了安义四天。当时女儿伤到了脚的生长板，不确定能否长高。他许愿若能爬上这颗老树就勇敢面对。不像公园草坪中央笔直的参天大树，沿河而生的大树尽管枝繁叶茂，主干是斜的、甚至能斜到 45 度，好上树难下来。毁了一根分叉的树干，安全下来了。后来他又带了小舅舅的儿子来此地冬泳。彼时他连续三年司法考试未通过，相当迷茫。

连着两年的暑假，他都会带橙子和妹妹的大女儿，来此地用毛巾捞小鲫鱼。真是过江之鲫，小孩都能捞上百条，偏偏两人的小鸭子天生就会吃鱼。毛巾上来，鸭子嘴巴就啄过去，抢得不亦乐乎。

2020 年春节，县政府启动龙津沿河景观大道工程。上游直至自来水厂的沿河青石板都被铁皮路障挡住，那颗大树永留我心中。他只好在老桥与浮桥中间的无人区游泳，更自在。浮桥两边水草丛生，水位长期低落。2019 年夏天，江西大干旱的后遗症。

忘了听谁说，天然游泳池的水也干了，有个失心疯的人把挡水板抽掉了。

鄱阳湖的枯水

他和丽芬是 2002 年 11 月认识的，政法大学的校友。她是浙江农村人。人长得芬香秀丽。遇到陌生人不太讲话。相识一年后，在一个昏暗的晚上他吻了她。2004 年他考上国际法博士前夜，两人开始谈婚论嫁。

2007 年他博士毕业留校，她硕士毕业做了公务员。每月收入一万。两人已经同居了，在大学的教工宿舍，每月房租 5 百元。双方大人都满意。2007 年先是男方家长去了女方家，新落成的农家别墅。顺道游了衢州的天脊龙门、九龙湖。

2008 年女方再回访男方家，一行人去了与鄱阳湖相连的柘林湖，江西的“千岛湖”。后来他多次说：“江西人其实不了解江西。”那水真漂亮，美国的真人秀《Survivors: China》节目，把一帮红男绿女运到此地野外生存 PK，老外眼光不赖！

鄱阳湖是中国最大的淡水湖。吴城丹顶鹤观鸟、中国最美水下公路、鲜美的鳜鱼银鱼、庐山西海泉。样样都拿得出手。一切与水有关。

可惜 2019 年鄱阳湖水枯了，报纸上说，湖底四百年前明朝修的千眼石桥露出真容。这是吸睛噱头。其实从 1990 年三峡大坝建好，鄱阳湖就不对劲了。枯水期星子县那一片水域退化成沙漠一般。这千眼石桥就架在沙漠上。

水经注云:“赣、修、抚、信、饶江五大水系入鄱阳湖”。丰水枯水“枯水一线”。枯水端赖长江的支援。

更要命的是，1949 年后，在鄱阳湖上，越是风景秀丽的地方越弄起了发电站、水坝、人工湖。与美国胡佛大坝如出一辙。

柘林湖是人工湖。与衢州九龙湖黄坛口水坝一样，岳父边参观边对岳母讲述。他年轻时就是小湖南筑坝大军的一员，陈丽霞就在小湖南出生的。

小湖南的水是新安江的上游，钱江水。台湾作家龙应台在《大江大海 1949》里写道，她妈妈的家乡新安江老县城淳安就是如此被淹的。那时的水就像现在的“农夫山泉”瓶装水（他小时候，从没想到水还可以卖钱。装在一个塑料瓶里，2.5 元。逐渐也能接受了。）

1949 年龙应台妈妈随丈夫来到台湾。两岸解冻后的 1988 年，她陪妈妈回淳安给外公迁坟。五十年沧海桑田，1949 年前的千山如今成了千岛湖。1950 年浙江建设新安江水电站。大水淹没了淳安古城，移民 30 万。原先的千座山峰在水面露出尖顶，成为座座小岛。她俩在亲戚的帮助下，找到了父亲坟墓的那座山，涨水期都泡在水里。龙应台妈妈哭道：

“怪不得，您托梦我总说冷。”

再以后，应台面对老年痴呆的妈妈，想撬开她记忆的电波。手握老地图，她潜入被淹没的湖底，找到了镇守古城门的那对石狮子，老家店铺的门。五十年就沧海桑田，现在的年轻人只知道千岛湖，谁知道淳安！怪不得晚年的胡适在美国纽约“不务正业”地研究水经注。南北朝时期对中国水系源流注解的文字，就像在长江三峡截断众流之后，还要经历鲧禹父子的堵疏循环。淤泥堵塞、生态灭绝、出现裂缝，胡佛水坝不是炸了。董桥的《读胡适》，写出了那个为中国文明延续血脉的老派读书人。

忽逢山河改，“本不植高原，今日复何悔”。胡适与傅斯年抱头痛哭之后，一个转身写起了水经注，一个投身台湾大学的再造。河水承载着文明传统的记忆。2018 年，他资助 9 位学生游了衢州，住在他衢州的大房子里。爬了烂柯山、逛了水亭门，最后还是觉得在九龙湖泛舟最有趣。

罗浮桥的雾

在香港《读胡适》

今天的香港年轻人大概对胡适没有兴趣吧？

【《水经注》是古代地理名著，北魏郦道元著，四十卷，宋代已佚五卷，今本仍作四十卷，是古人割裂改编。此书是《水经》的注释，以《水经》为纲，用原书作了二十倍的补充和伸展，自成巨著。记载大小水道一千多条，穷源竟委，详述所经地区的山陵、原隰、城邑、关津的地理情况、建置原革和历史事件，人物动态，神话传说，一一旁征博引，是六世纪前中国最有系统的地理著录，引用的书籍四百三十七种，并记录了汉魏年间的碑刻，文笔高美，自成文学价值。后世研究此书者有明代朱谋玮，清代全祖望、赵一清、戴震的校释，还有杨守敬、熊会贞所撰《水经注疏》、《水经注图》最为著名。戴震就是乾隆年间修《四库全书》的大学问家戴东原，一百多年来控诉他偷窃赵东潜《水经注》校本的大案是胡适之用心审查的案子，费了五六年时间用千百证据为此案昭雪，之后又不断用新的材料审核此案，共花十九年光阴，全部考证文字都收入胡先生的手稿影印本。影印本十集里《水经注》部分占了六集十一册。简单举例说，胡先生回应张穆、魏源、王国维骂戴东原“背师盗名”的指责，考证出戴东原对老师江慎修不称‘先生’但称‘同里老儒’的出处沒有一丝一毫不恭敬的意思。胡先生当北大校长时期看遍国内找得到的各种《水经注》版本。藏书家傅增湘前清末年买到的全谢山五校水经注真本，一九四七年胡先生在傅增湘病榻旁问傅先生书存何处？傅先生用大力气说出‘天津’二字。结果是天津图书馆馆长井守文在善本书架上灰堆里寻了出来给胡先生看，胡先生研究了一年多才写出一篇考证文章。】

这是董桥《读胡适》第67回，以《红楼梦》的回文体写胡适卷入清朝《水经注》戴震抄袭赵一清公案。涉及明清民国三代大学者，董桥只用700字就娓娓道来。这是我爱香港人的地方。

这几十年来，最厉害的香港年轻人大都毕业牛津剑桥。现任特首林郑月娥那口标准的英语，早超过了胡适。还会崇拜这种老派读书人吗？

2007年上半年我国际法博士毕业，论文写得颈椎痛、眼睛酸，神经也衰弱起来。过完暑假的下半年，我被公费去香港城市大学非正式访学一个月。入住荃湾悦来酒店（Panda Hotel），每天地铁往返九龙城与荃湾。

时值10月下旬，积攒起来的工资忙着采购结婚的钻戒，又一城商厦被扫了一遍，接着去了中环的卡地亚店。香港地铁站“油麻地”、“九龙塘”、“尖沙咀”等报站的粤语发音至今回荡在耳际。香港中文大学新亚书院的图书馆给了他最大震撼，所有的中文政治禁书都在架上。“黑暗世界打开了一道裂缝，光照了进来。”

14 年了，他至今记得在酒店的浴缸里浸洗衣服。不怕浪费水，每晚住宿费 700 元港币啊，衣服往半满水的浴缸一扔，就出去游学了。费用从他所在的上海国际法学院预借。国际法学院与香港城市大学有个合作办学项目。中间牵线人是顾敏康。他早年从上海该校毕业、现在是城大法学院的副院长。上海的大学向学生收取三倍的学费，香港学费还得自付，由城大收取。学生对大学有些怨恨，但这个学期见识了香港大学老师的英语授课水平，为此后赴美欧留学打下基础，这笔钱值。于是这个项目倒也一度招到最好的上海本地学生。

拿了公家钱，我电话城大宿舍的上海学生，想去慰问下，第一次被不冷不热地拒绝，就作罢。虽然学生在港期间若出事由我兜着，好在一切相安无事。

辍学生 4321

澳洲的山火：致王倾城

澳洲来了场史无前例的山火，许多袋鼠、蝙蝠和考拉烧死了。王倾城呆在悉尼大学的宿舍，越来越忧虑：山火烧到城里来，把她烧死。

17 岁她高二，独自一人来到澳大利亚。进了著名的衢州二中，才发觉中国的应试考试实在是扯淡。刷题完全是恐怖主义，那么多人凌晨五点起床。

妈妈是英语老师，打小英语就好；本来也做了出国留学的打算，高一就来上海考了雅思，爸爸陪的。7 分雅思成绩到手。

在杭州的新东方偶然听到凭此就可以申请海外大学。估量自己的模拟考分数，最多只能是浙江大学。而所谓的浙大与悉尼大学世界排名差不多；可以练英语，还可以玩一年。就是多花 170 万元。衢州二中对面小区的房子卖掉，回本一半。全家第一位留学生，赚了！

仙仙陪王倾城飞的悉尼。前面十天，慢慢熟悉这座海边的大都市，天蓝水蓝，人们三十分钟就能从市中心到海滩打排球，比上海舒服多了。

高二过来得读半年的预科，通过口语和写作的考试。不满 18 岁得寄宿。网上联系的第一家人是中国人。唉，黑心的人家，自己中午吃龙虾；晚饭留给王倾城的是“猪食”。

搬到第二家印尼老奶奶家。真的很 nice。

这时间认识了上海松江来的 Evelyn，她也是高二来读的悉尼大学。两人谈起华东政法教书的刘俊，每天从市区到松江的河里游泳。Evelyn 笑道：“松江根本没有干净的河流。”

哈哈，当时是 2019 年国庆节刚过。刘俊没有去衢州给王倾城践行，回了安义自己老家。他喜欢诗歌，在江西那几天发了个朋友圈，说自己多么喜欢莎士比亚。培养了许多赚大钱律师的华东政法老师，在 40 岁说喜欢莎士比亚，是选择了一条少有人走的路。

彼时的刘俊，刚收尾 2019 年最大的两件事。他刚带父母去新加坡、马来西亚旅游了。他的新课《国际法史与中美贸易战演进》刚刚结束。感谢松江百花港河赐予的力量。

去这条河，地铁要坐到洞泾地铁站。出来5分钟有个皇家咖啡馆。冬泳前10分钟喝杯咖啡，再骑行到百花港河，简直是完美的热身。咖啡馆在沈砖公路3555号，直通佘山。他改名为百花大道。这条大路两旁遍栽银杏，春天有红梅、夏天有荷花、秋天有桂花、冬天是腊梅，树底下是大片的草坪，草坪与更广阔的农田之间是小沟渠。所有的花，被佘山对面的辰山植物园照顾得妥妥的。

冬泳完，全身皮肤发红。游泳完脑子好。河对岸就是大片的稻田，遥望正对的佘山天主大教堂。骑单车返回松江办公室221，再来一杯咖啡。同学生聊天。

永远十七岁

2019年7月，刘俊在王倾城家住了几天。在享受阿布的美食席上，刘俊不断地说："好羡慕这种机遇"。我学生时代是初中二年级学的英语。当然我的父辈更惨，爸爸11岁时就停课。毛泽东发起了文化大革命。到刘亦橙这个年龄就不读了，微信写的错别字惨不忍睹。

17岁赴海外留学，现在看是王倾城最勇敢的决定。她十七岁才学会骑电瓶车；晚上甚至不敢在小区散步。

日本作家村上春树希望自己的墓志铭是"永远十七岁"。刘俊的17岁是考上了上海的大学。

陈丽霞载刘俊、橙子驱车衢州火车站返沪的路上，俩人还聊着王倾城答应受洗基督徒的事情。刘俊若有所思。

当日“利奇马”台风逼近，刘俊和女儿在候车室说话，人生第一次错过了火车开车时间。

到了 12 月份，王倾城突然说“学习很难，澳洲的生活更难。”她租的公寓想转租出去，花了许多沟通时间，甚至翘课。最后对方取消的理由，是她未满十八周岁，合同无效。

她觉得每周的课很水，比如饥饿的习作。虽然已经能写大段的英文。她宅在公寓里，可能一天都不出门。圣诞节那晚悉尼烟花绽放，她慨叹：“Evelyn 的窗户能看到盛大的烟花；我的什么都没有。”

一次长跑后，她终于决定取消悉尼大学的学习，回到衢州参加高考。1 月份可以考几门文科课程，政治历史英语。7 月 7 日考数学语文。

生活就是这样充满了遗憾。遥想刘俊当年，1996 年年底的三次模拟考，考分高达 570 多分，录取武汉大学、中国人民大学绝对没问题。连续三个月，成为班上的第一名。以前都是第二名。那段时间的脑子，对数学的反应特别快。题目的输入，运算全部在大脑内完成。

到了 1997 年开春，身体似乎出了问题。不停地咳嗽出脓痰，用力一哼一吐，乒乓球大小的黄痰赫然在地，再用脚擦去。7 月 7 日高考后，535 分，高出重点分数线 1 分。大学让他成了家族接受高等教育的第一人。

横路村的小来福

2020 年 1 月 19 日，王倾城来到上海。1 月 21 日，他们去了上海中心的朵云书店。当时来自蝙蝠的新冠病毒，已经在中国的城市蔓延。王倾城戴着口罩，说明天要做高铁回家，不想死于新冠病毒。后来刘俊悟到，这病毒就是从澳洲的山林里传出来的。王倾城说胡扯。澳洲的 Covid-19 病毒患者迄今才数百人。

回到衢州美食无限，特别是阿布家的走地鸡啊。她们愉快地回忆起家里的“来福”。在山下的房子建起之前，在山上的那栋泥房里，曾有只叫“来福”的狗陪伴丽霞姐妹度过童年，考上大学。那时的日子贫穷但一家人干劲满满。没有空调的夏天，早上把西瓜吊在门前的井里，晚餐时捞上来。完美的味道。

如今病毒肆虐，往事如梦。美国确诊人数是中国的七倍。王倾城高三复课遥遥无期。一日她在小区国旅山水闲逛，突然入眼一只流浪小狗。小眼睛，越看越舒服。

刘亦橙的话（橙子打的字）

最近我是一个小蝌蚪的保护人，池塘抽干了水。

哦，它们多 poor，好可怜，我怜悯它们，便为它们倒水

但，它们长了腿，我捞了些，妈妈说它们会蹦，吓！结果没有。HAPPYBIRTHDAY TOYOU……

以下刘俊续写

呵呵，小来福像王倾城，小眼睛，确认过眼神，对的人。这就是我的孩子。

如果这次高考没考好，绝对是病毒的错！就像中美相互甩锅的政治，去它的宫铲党，去它的特不靠谱。外交部的人整天忙这种破事。难怪刘俊不要当官，难怪刘俊喜欢 VPN 翻墙上网。哈哈，以前的刘俊没有才华，写本书东拼西凑，剪刀浆糊。此刻早上 6:17 分，正站在南阳台的洗衣机上，自由畅快地写作。“这世界早已四分五裂，他得自己跟自己战斗”

老娘将带着小来福，远赴加拿大英属哥伦比亚（UBC）大学读书……反正已经能写大段的英文习作“非洲的蝗灾 Hungary”。不存在让家人没有面子，压力这回事，考砸了随时可以启程。

至于母亲大人的基督徒，再想想。这世界有信仰的人，已经见过一些。她/他们都很真诚。但也会出错。比如有位牧师说美国罗斯福总统小时候得了小儿麻痹症，后来自强不息。这是胡扯。明明 39 岁突然生病瘫痪的。橙子骨折，刘俊专门买了本《轮椅上的总统》，39 岁副总统竞选失败，小岛度假突然感染病毒瘫痪，再倾尽父亲的遗产买下佐治亚温泉池，免费开放全美的小儿麻痹症患者。

还是先做个大写的人，直面生活的挑战。就像苏轼那样，先做个诗人，倒霉了烧个东坡肉、写张寒食帖。从澳大利亚回来，厨艺已经足够果腹。生活会展示给我酸甜苦辣、春夏秋冬，还有各种偶遇，比如这场大瘟疫，这只小来福！如果机缘到了，她愿意跪在上帝的脚下。

她希望未来的人生，永远像17岁的自己，自由地逐梦。王鸡幽默，“母鸡母鸡母鸡”。有回数学自修课走神，龙飞凤舞写了篇讽刺作文，伟大的作家，自由的灵魂啊；王亲爱打抱不平，同学有纷争，喜欢找她评理。

女侠啊！以后带着刘亦屁仗剑走天涯，续写女版的Harry Potter。

马来西亚兰卡威岛的电视

2019 年 8 月 22 日，他家在马来西亚兰卡威岛旅行，刚到民宿彩虹 1 号，他爸爸习惯性打开电视，今晚香港 200 万人上街，导致林郑宣布引渡条例 is dead，无限期搁置。特首妥协的主因是香港商界也反对该条例。

此前，七月七夕一家三口回了阔别已久的丈母娘家。他回忆起香港人对自己 2006 年旅行时的友善：

【七夕回娘家吃鸡[玫瑰]

背景是中美贸易战一变三叹，“真受够了这世界，早晚让人精力荒废”。

往昔去美国、香港、台湾旅行，受本地陌生人带路、让路等嘉惠的美好回忆，一点一滴涌上心头。

08 全球金融危机爆发以来的这个十年，世界加速改变。目睹共享经济 Uber 横空出世、陈尸海滩的叙利亚男孩。我

也挺身应变，从国际法学院到新创的国际金融法律学院；本学期开讲“国际法史与中美贸易战”新课，回归国际法

个人亲历风云变异的这个decade，在史家看来都是“太阳底下无新鲜事”。“不废江河万古流”，乌溪江两岸的葱茏、晚霞还是那么美[玫瑰]

回家，“我只要个放浪的同伴说些往事大家笑；忙过了这阵做他个好梦睡他个甜甜的觉”。】

马来西亚返回中国，新开全校公选课《国际法史与中美贸易战》，学生来了47人，分别来自九大专业。国际法学院国际公法、军事法；法律学院民商、诉讼法、宪法行政法、刑法、外法史，经济法学院社会法、国金本专业。他在《中美贸易战》课上，援引丘吉尔的名言，中世纪的战争是国王间的战争，死伤并不如二次世界大战惨烈。因为后者是人民间的战争。

香港原定的区议会选举照常举行。这是真正的选举。一人一票。虽然区议员整体在特首选举的权重不足30%。但完全反映民意。区议会选举是1992-1997年香港总督Chris Patten彭定康先生落实的。五年任期，港人亲切地称呼“肥彭”，他在教育和经济发展上口碑佳。区议会选举前17天的11.8日凌晨，香港科大22岁、大二理工科专业的周梓乐，在将军澳尚德邨停车库坠楼，脑死亡、终于没有抢救回来。

隔日科大校长史维的公开信，质疑“警车阻扰救护车入场达二十分钟”。这是现场科大学生记者报道的。历次

学生运动，总会有新闻采写出众的学生，会用笔记录真相。保罗·奥斯特《4321》，在 1968 年哥伦比亚大学校园占据汉密尔顿大楼的采写中，既不赞同“民运会”，也不支持黑人会“晨曦公园体育楼”的抗议，但全程记录警察如何在校长的支持下进入校园，大肆狂打滥捕。

于是我们理解了 1968 年哥大校长格雷森·科克信奉“权威与秩序”，学生要“反战与自由”。黑人学生骨子里厌恶白人至上，于是白人大学生走出黑人学生占的楼，新占红楼图书馆。而警方进入校园，未料那些年轻教授在门口保护学生不受拘捕。对峙到夜幕降临，警察中有人会凶性大发。

“你们这些大学生，已经是天之骄子，到底想要什么？”

“吃饱了饭没事做，净给老子惹麻烦”。

警方连教授都打。可怜主人公哥大校报记者的阿尔奇·弗格森，头上挨了两大棒，晕死过去。醒来赶紧把细节在打字机上誊写出来。一篇篇报道新鲜出炉，这位大二的男孩，一方面尽良心报道，一方面与女友渐行渐远。她也曾为肯尼迪总统遇刺潸然泪下。但如今谴责他弟弟罗伯特肯尼迪是资本主义走狗和压迫工具。

科大校长的那封公开信，与今日理工大学滕锦光的如出一辙。核心都是处分闹事学生。闹事的学生好文笔“校长举起双手、趴在墙上，我要日你”。心灰意冷的奥斯特，在校园的酒馆偶遇辍学的女孩，她说在佛罗里达“抖奶”作脱衣舞娘时，哥大《观察报》他写的每篇报道都看。摆脱你现在的状态，唯一的法子就是与我一道泡浴缸。天啊，此生再没遇过如此美好的胴体，虽然他明白这女孩会因吸毒，三十岁就死掉。因为记者得到那光辉的肉体，2020 年《4321》在中文世界横空出世。

在北京开会的林郑月娥要求警方认真调查周同学的死。曾任港督的彭定康回忆与林郑没有太多交集。但肯定做事认真，有执行力。但判断力堪忧。上海如何媲美香港的竞争力，大学、司法不论；更要紧的是，她压根不晓得那晚出现在史维校长宿舍的年轻人里会涌现村上春树和保罗奥斯特啊！堆成山的论文，也比不上长篇小说《4321》。同一个人会有四种不同的人生道路，永远的 17 岁。彭定康可以。古稀之年的传记《第一次忏悔》，直言母亲信奉共产主义。培养出的孩子，牛津毕业赴纽约参加市长竞选，误打误撞进入政界。1991 年撒切尔夫人工党大败，彭定康所在保守党大胜。出任香港末代总督，与共产党针锋相对。出任欧盟外交大臣，访问北京又受到国王般礼遇。低阶的政客见风使舵，高阶的政治家沟通民心。特别是不同代际的人心最难。欧盟事终了，彭定康出任 BBC 总监、再是牛津大学校监。

在香港城大读语言学研究生的夏明煜，怀着一颗受伤的心，密切关注校园内黑衣人的动态。他是安徽六安人，母亲是孤儿。组建家庭后，对孩子的爱让明煜有压迫感。一并累及丈夫。赴港读书前一年，爸爸确诊食道癌。

他自言价值观是新左派。同情底层民众。在华东政法读书期间经常翘课去野外，参加各种语言通讯群。

【我的语言奇才学生】我是个好奇心很重的人；恰巧做了大学老师，得缘碰到许多有趣的学生。

比如好奇夏明煜这么厉害的语言天赋，亲耳听见这个安徽孩子说那么道地的广东话；遑论日语、泰语、希伯来语。我顿悟这不就是赵元任的灵魂吗？

于是我的国际金融法期末试卷，就出现那个八卦图，这孩子在看《东坡易传》。

直到有天他妈妈突然寄来一箱“六安瓜片”绿茶，只是拜托我和他聊聊，挂科的数学得过。我才明白：

即使天资聪颖如明煜，背后也一定有深爱他的父母，一边鼓励他勇敢向前、知识海洋最不需要的就是功利；一边帮他打点沟通做事得留条后路，毕竟“少年不识愁滋味”。

后来数学过了；现在，夏同学录取了香港城市大学的语言学硕士[玫瑰]

爆个料：这孩子在华政的四年，很多时间是在辰山植物园过的】

就像有先兆的，9.1 日城大开学前夕，明煜看到香港两百万人大游行，犹豫“港乱”不想去。他说看看也好，不行再回来。本来学费没交，就当去香港旅游。

到了香港，说看了底层民众的房子，那么小。觉得香港不是他的菜。明煜和女朋友都去过衢州乌溪江边的房子。一到衢州，明煜的朋友圈就把衢州古诗词汇总个遍，真有学问。但同行的康标很好奇，“两人为啥就不住一起。走路也不拉手，前后隔老远”。他顿悟，聪明人是真正想要的不说；得别人去揣摩。可现代社会，也就明煜他妈有这个耐心和爱心，来惯着儿子。原来语言奇才的明煜性格有大缺陷，被从小缺爱的妈妈宠坏了。

回到佛山高明的康标，却抽空来到出入境管理局大厅办理了港澳通行证。车过罗浮海关，换乘港铁来到九龙塘站。他来找夏明煜。

“明煜，你不能回安徽。

还记得在衢州那晚，一到橙爸房子却停水。我爬到太阳能屋顶，你说太危险。

我全身而退，房子来水啦。

你聪明，再勇敢一点，别扯犊子，就是橙爸微信朋友圈称许的小赵元任了。”

明煜第二天，去大学财务处交了学费。从华政辍学的康标，则来到香港中文大学新亚书院的课堂，旁听起上海橙爸提到的周保松先生的哲学课。一进阶梯教室，周老师讲的是“风雨中争自由”。他以个人经历讲述，政治自由正是护航他个人从深圳一个农家子弟、新亚书院本科生、伦敦大学哲学博士，目前成为中文大学副教授的那只无形之手。

政治自由的核心是移民。周老师提到牛津保守哲学家 David Miller 的著作《我们中的陌生人》，主张国家有权在边境拘捕非法经济移民，但对人权政治避难者应提供庇护。

闯入并占领立法会的那帮香港年轻人，现在不少在台湾政治避难。蔡英文总统大选胜利，这些人的安全无虞。但美国总统川普目前推行的移民政策，按大卫·米勒的论证就完全合法了。课毕，康标走上讲台同保松老师聊起了最爱的哲学。

此后，夏明煜又继续着上海的节奏：应付功课，大半时间访问普通香港家庭。他操流利的粤语。康标则返回高明，继续数学辅导老师的角色。周末又去香港中大听课，晚饭同明煜在又一城吃。

“我在香港放飞了一只鸽子，如今引来了三只。”橙爸在日记里愉快地写道。

夏明煜女朋友也来到了香港，她还是老样子。上回衢州行，不带我，你也不准去。

保罗·奥斯特，美国人，24 岁哥大毕业。直接去了巴黎，在那里翻译，像《流动盛宴》里的海明威。他和第一任太太的巴黎岁月，都是诗与捉襟见肘的财务。1981 年 34 岁离婚有个儿子。40 岁与挪威人再婚，有个女儿。今年 74 岁，被村上春树誉为这个时代的天才。《4321》是他七十岁的长篇小说，人生会因他 17 岁那年的选择：拥有继父、不读大学、遭遇车祸，与心爱的女友分手，而呈现四种道路。

他的哥大岁月，经历美国越战风云，一切看淡。身处21 世纪却不用手机、email，宛如这个时代的边缘人。却凭借小说《布鲁克林的纳善先生》，说服橙爸人生可以重来。

于是在他侄女王亲，突然像夏明煜般取消悉尼学习，返回衢州高考。他写下了最前面的那封《致王倾城》。

在董桥《读胡适》，胡适在 40 岁时曾写人权与宪法文章，批评蒋介石。胡适自言心情如佛经中鹦鹉以羽濡水救陀山大火，明知不济，但“尝侨居是山，不忍见耳！”后来余英时，总以这个神话故事，表达他的香港情怀。如今这则文字又出现在橙子的《语文课文读物》中，橙爸说这只鹦鹉真令人感动。

逆行武汉的信条

2020 年，他女儿十岁。春节前一天，政府宣布武汉封城，说 2003 年北京爆发的萨斯病毒卷土重来。他独自一人返乡。在家呆了十天。这十天，他妈妈教他别整天看丁香医生 app 上武汉的确诊数据。他忙于游泳，看数学、听哈利波特，同家人聊天。每家不是一堆的事。

2.2 日返回上海。高铁上座率不足两成。太太开始上班，他愉快地带起了孩子，负责中午和晚餐。

3.13 日，他开始上起网课，中国银行法。他第一次课就对学生讲，新冠萨斯病毒的叙事，最应该学习美国法官Richard Posner 关于 2008 年金融大衰退的叙事：盯着政府。

武汉三镇自古就是水陆交通要地，人口九百万。2020年1月23日封城，4月8日解封。比总理李克强更早去武汉的，是位90后女孩记者龚菁琪。作为“逆行者”，她采访到了发哨子的人：艾芬医生。李文亮同事，扒出了中心医院党委书记蔡莉的三个训诫排比句。被压得透不过气来的中国媒体，狠狠出了口鸟气。

3.5日原定人大、政协开会的日子，被推迟到5.22日。他姨妈天天在外婆大家族微信群“幼稚的一家人”发各种惊悚谣言。当日，“人大推迟”的新闻被她女儿胡婵婵推到群里，“媚娘”回应：“别传谣言”。姨妈个子不高，微信号“媚娘”。

武汉封城后一周湖北省封城，十天内，31个省市全部封城。2.1日姨妈微信视频他妈妈，问起回沪的行程别被安义封城所禁。

咨询了政法委的哥们刘斌，立即改签车票。他在2.2日早上七点半仓促逃出安义县。十点钟，所有出县城的车辆冻结。

短短四十天，这个无形的病毒竟然让中国翻了个天。他妈妈在“幼稚的一家人”微信群里说：

“以后告诫子女，不要再追歌星、明星。教师、医生和记者，才是这个社会的栋梁。”

2020年3.23日，橙爸网课过了两周。美国道琼斯股票指数出现第六次熔断。美国新冠病毒确诊患者直逼意大利。美国总统Donald Trump，满不在乎地说“天热了，这病毒就过去了”。谁知纽约州死亡人数出现，再是每日几百。3.27日第三次网课，美国申请第一周失业救济金的人数高达300万。

如今他五一假期在丈母娘家，吃毕午饭，大姨查了手机“美国确诊一百万，死亡六万”。

纽约时报“何以至此：虽一再及时预警，川普仍行动迟钝”的长篇报道，还原了美国卫生部的预警如何被总统讥为“危言耸听”，尽职的官员如何被发火的大头领骂回去。

当美国失业救济金申领人数高达2200万，总统过去四年新增的就业全部清零。川普总统的政治怒火转向中国。他的tweet称新冠病毒为“中国病毒”、中国反击“美国艾滋病毒”。

在小区晚饭后散步，他在儿童乐园遇到邻居豆豆外公。说起经济危机，中国这代人的好日子要走下坡路了。长三角、珠三角的工厂如今虽已复工，但欧美的订单不再。现在的忙碌还是春节积压的订单。最后，豆豆阿公一边打了个酒嗝，一边说：这病毒怎么来的，一笔糊涂账。

他干笑两声告别回家。70天后，各地教育部门启动错峰返校。先毕业年级初三、高三，再低年级。但不同省份对孩子们戴口罩与否，强制要求有不同。浙江省是进校园可以不戴；河南省、江西省要求体育课都得戴。

5.1假期五天，他全家回到衢州衢江区的丈母娘家的农村。老朋友老倪的孙女小宇，告诉他：去学校的路上得戴口罩，进校园可以脱了。跑步不能带口罩。

一晃，这栋三层房子造好已经 13 年了。他家住第三层。此层有个 7 平米的小阳台。，两个房间，厕所与浴室分开。二楼有三个房间，其中一大间是独立卫浴。等于有两间厕所。一楼是厨房，饭厅加储藏室。

一楼左中右三个花坛：最左边种了半米高的野山栀花，中间是玫瑰，最右边是高大的桂花、下面是月季。

两边一楼有三道门，两道是卷帘门、一道是锁门。进门右首卷帘门一开，映目是大片水田，夏天开满了荷叶。另一道卷帘门面对的是一片木篱笆，里面高开着白色的土豆花，塑料薄膜下长出了西瓜秧苗。

篱笆有 5*7 平方米，再往外是道石墙。墙内有口水井。隔着条小水泥路，是鸡舍。以前的厨房。

水田外面是农田，广阔的田野。踩着碎石的小径，没有高层建筑阻挡，看壮美的夕阳余晖。想象世界的农村屋舍就该是这样。

岳父拿出自己吊的白酒，里面加了灵芝，呈现黄褐色。吃着岳母烧的竹笋炒肉、红烧走地鸡、芋艿泥鳅、鸡油青菜，大家聊起了这栋房子难产的土地证。

2007 年从大舅手上花两万元买下土地使用权，但前面的祖屋尚在。特别是其中一间住着位 80 岁孤寡老人。彼时祖屋四周都有石墙，当时憧憬着等老人去世，全部铺草坪。四周布满灭蚊灯。

当时的法律不允许宅基地转让。所以名义上这栋房子的主人还是大舅。2016 年中国准备推进农村土地市场化改革。共产党 1949 年掌权后，先是武力收回农村乡绅的土地，平均分配给贫民。1957 年，又反转效仿苏联推行集体公社。从贫民手上拿回土地，在宪法中规定了土地集体所有制，归全体村民集体所有。孰料 1958 年大跃进，浙江官场浮夸，上缴中央的定粮后，农民自家的口粮所剩无几。1959 年大旱、1960 年瘟疫，横路村有人饿死。文革十年，他岳父在杭州附近的临安当兵，在炊事班，随班长天天游泳、喝酒。文革结束，岳父退役，回到农村。娶了倪家大女儿建英，小湖南造土坝就跑去打零工。1976 年大女儿丽霞就在小湖南出世。1981 年、1983 年，丽芬、丽仙相继在山上的泥房里出生。

1978 年邓小平上台，发誓让老百姓富裕起来。土地所有权虽然不变，允许家庭承包，多产的粮食在市场上销售。后来东北三省大片的土地水稻、小麦高产。长三角、珠三角富余的土地种水果等经济作物。1989 年经济一落千丈。邓小平力推朱镕基掌管经济。朱允许农民工进城，原先户籍附着的粮票、子女入学统统用钱解决。为提高效率，解决国有企业的冗员，朱总理任内对内推行国退民进，对外加入世界贸易组织，经济终于起飞。

2003 年温家宝接任总理，他研究生毕业出人意料地留校。年轻老师多干活做课题，赚了些钱，全给女朋友丽芬寄回家造房子。妻姐老公成为主任医师，从骨科转到最吃香的神经外科，成为主任医师。大家把钱聚起来，造新房是爸妈的梦想啊！

房子请大舅造。家传的工夫。建英爸爸就是造房子的。大舅的新房子建在沿马路的菜市场附近，也是三层。按规定，大舅若造了新房子，原来祖屋的宅基地就得空出来。原先的老房子得拆。大舅与当时的村长关系好，村里就让那位孤寡老人住其中一间。折衷后就不用拆了。

2004年后，衢州人均收入在浙江全省最低。因土地便宜，成为工厂选址的首选。食品厂、光伏等工业用地供不应求，地方政府逐步、成片地征用农村集体土地，变成国有土地。失地的农民，用征地款购买养老保险。地方政府再拍卖农村市场，获利数百倍计。岳父的三个女儿一个在巨化中学做老师，另两个在上海、北京，对土地完全没有期待。

2016年李克强总理启动土地普查，历时四年陷入僵局。原本普查结束，发放土地产权证书，允许农村土地自由流转，释放改革红利。谁知农村的土地，完全像岳父新房子前面祖屋住着孤寡老人一样的复杂。

这位老人去世后，房子突然又来了个妹妹。隔壁的祝卫国当选新村民主任。原来的村长与党支部书记相互举报，双双撤职。祝卫国中学毕业，在衢州城承包起中国电信的光伏电缆，赚得第一桶金，贿选成为村长。每家每户搁下两百元拜票。祝村长找岳父商量，祖屋水井与鸡舍之间修条水泥路，

联通他家屋前的水泥坪方便车辆出入，每年付费五千元。但给了两年后，又提出用两家房子之间的空地置换。

2008 年全球金融危机，那年他岳父奋力收了四万斤桔子，孰料没人收，5 分钱贱价卖掉。他正好有两万元给了老婆家，原本是买辆好的三轮车。这钱被挪作水泥墙贴瓷砖。红色基调，嵌着蓝砖，大窗户外围贴绿砖。房间内是清一色的白色。墙壁没有任何装饰画。倒有些摆放在楼梯的转角。

2020 年 5 月，他家仨又出现在衢州农村妻子老家。前面一年是他们各自邀请自己的亲友在衢州旅游。丽芬邀请同学、他邀请姑姑和表妹。再上一年的 5 月，他邀请安义的亲友团来到衢州。彼时，橙子刚刚骨折康复，那是趟感谢亲友之旅。

吐鲁番消失的艾丁湖

2019 他带父母去了新加坡/马来西亚。2020 年五一节，他向丽芬提议带岳父母去新疆旅游。细心的丽芬按“旅行雷达”APP 的出行提示，说“新疆目前不同地区的防疫政策多变”，很可能直接隔离，玩不成。

不过他也没有旅行的钱。就延后到七月去伊犁骑马看薰衣草吧。

突然他想起偶遇的上海技术应用大学大一学生买买提，正是新疆吐鲁番市人。

认识买买提是通过张智强。

【张智强会游泳了！

这位华政前保安，信用卡贷款八万、学英语未竟；百度外卖工作被炒，去年年底迁到松江辰山天马村，现在附近酒店，边还卡债，但仍自学英语。

他困惑底层环境的孤独，即便在屋内高声朗读英语，会被邻居骂神经病。但最要命的，还是老马齿松，记不住如海洋般的西洋语言。

我点拨他，游泳后效率高些。于是怕水的智强，天天在百花河里泡。他英文发的朋友圈，我不止一回给我的学生看。

这就是布克.华盛顿在《力争上游》言传身教的精神 "pull yourself up from bootstraps"

今天他野游五米，我有幸见证并帮了忙。我要谢谢我妈妈的教育，她从来说“对人，要舍得付出”。the happiest individuals are those who do the most to make others useful and happy.

今天妈妈 59 岁生日，谢谢您[玫瑰]】

他俩同在松江万达广场的肯德基送外卖。买买提读的是新疆班。不要学费，但生活费得自己挣。买买提方向感好，周末当起了送餐员。赚的钱买了辆电动车。

张智强把他拉入“百花港六杰”微信群聊，说有位大学老师爱在附近的百花港带他游泳。他们约了几次，终于在华东政法的清真食堂见了面。

买买提是吐鲁番市人，一双眼睛警惕、明亮。共同话题是游泳。买买提知道他这个华东政法大学老师在一条叫百花港河的地方，夏天游、冬天也游。有空他也会来。在吐鲁番的夏天，最爽的时候就去跑去不远的水库游泳。

他俩边吃牛肉拉面边谈起吐鲁番同火焰山一样有名的艾丁湖。以色列的死海与艾丁湖一模一样。都是低于海拔的咸水湖。区别在于死海的水没有少，而艾丁湖的湖心快蒸发干了。

新疆是他想象武侠世界的起点。小时候一口气读完一本大书的记忆是梁羽生的《七剑下天山》。金庸《书剑恩仇录》中对天山的文字描写，2020 年在高铁上重温武侠文字，从“星星峡”入疆那段，宛如身临其境。

中国教育之所以能延续读书人的种子，对 1980 年出生的他而言，得感激武侠小说。小学时代，没有英语课程。印象中数学老师从三年级开始，就当众打他儿子。托家传字好，语文脱颖而出。数学不好不坏，耐心的爷爷教育得法，加减乘除的考卷总能得 94 分。一到暑假，那本薄薄的大开页暑假作业，总有几道数学应用题卡壳。

升入小学四年级，同班同学周米峰的爷爷，在路边摆书摊。一小时一毛钱。随便看那些连环画。

考上初中的那个夏天，我有天中午睡醒，精神抖擞跑去图书摊，看起武侠小说。不认识的字跳过去，一口气看到结尾。中间高潮的部分，总是男女主人公成为爱人。无比满足。有些稍黄点的武侠小说，还会提起乳房、女子腹部茂密的草丛，我下面开始蠢蠢欲动。不知为何，言情小说从来提不起半点兴趣。他如今估计那些都是盗版书，里面错别字颇多。但要紧的是，能一口气读完，有些还深受感动。

后来升入高中，他每感语文成绩下降，必到书摊去读一本好的武侠小说。梁羽生、金庸的书读完，似乎也能打通一回任督两脉。不知为何，他们总会提到新疆。似乎主人公暂时落败后，总要得到居住此地高人指点或遗留的武功秘籍，或误食天地精气的花果。

初中二年级开设英语课程，基本上是哑巴英语。用磁带放录音，听单词的发音。经常听不懂，就拜托英语好的同学给中文注音；“Speak 斯必克”这种。心里装着自己的大侠梦。现在想来，身居香港的梁羽生、金庸，是不可能以所在的香港展开小说情境联想的。那是英文的世界。只有 1949 年前居住在中国大陆，再跑到香港的老派人，才会对大陆的山河有那样的感情。而新疆在清朝的开疆拓土，多少英雄豪杰的战场，多棒的历史题材啊。

到新疆去，那里是异域风情。人种是维吾尔、哈萨克，语言是回文，信仰是伊斯兰教。那里的牛羊肉鲜美，瓜果最甜，哈密瓜、香梨、无花果，还有葡萄酒和咖啡。

学生看到他四十岁的合家福，啧啧惊叹说：

“老师你长得真像新疆人。”

这是褒奖。唐朝曾崛起一个流派“边塞诗”，总记得王维那句“大漠孤烟直、长河落日圆”。北疆大片的沙漠，南疆丰饶的绿洲。那里的男人带顶帽子。女人衣着艳丽能歌善舞。

人不能活在想象的世界。上海直飞乌鲁木齐都要三个半小时，得倒时差。晚上十点才日落。天高皇帝远的这片土地，历来都是兵家必争之地。汉唐时代的西域三十六国，宛如楼兰古国，淹没在历史的黄沙中。近代三百年来的和平时期仍寥寥可数，中俄两国都虎视眈眈。清朝康熙、乾隆、雍正三朝对准葛尔用兵。到同治年间国力衰退，俄国支持阿古柏起兵，左宗棠再次兴兵。抗日战争时期，日军未到新疆。民国时期盛世才治下的新疆俨然独立王国，但国共两党在此地的斗争腥风血雨。1949 年中国共产党执政后，苏联继续保有从南疆的克拉玛依攫取石油和金属的特权。中苏对峙与文化大革命时期重叠，新疆人的清真寺被红卫兵砸毁，支持和反对新疆书记王恩茂的火拼不断。三年自然灾害，接替王恩茂的龙书金让新疆人尝到了饥饿的滋味。所谓“王震开荒、王恩茂种粮、龙书金吃光。”

1980 年至 1989 年，胡耀邦曾尝试赋予新疆自治更大的政治自由。选拔维吾尔人出任高阶官员。甚至文革期间入狱的成为学术权威。自由的疆民，子孙像牛羊一样成群，虽然很穷。

1990 年至 2014 年，苏联解体新疆周围的哈萨克斯坦、吉尔吉斯斯坦、塔吉克斯坦等成为独立国家，中国政府采取软化怀柔政策，要求内地省份政府不要激化新疆人。当三代民营企业家涌现，新疆经济起飞了。

屯河番茄酱与2007年那场篮球冠军赛

唐万新是乌鲁木齐出生的四川万州人。从洗照片连锁店开始，抓住新疆农牧产品成本优势，控股新疆屯河等上市公司成立金融集团，成为2000年度的新疆首富。因德隆现金流危机，以非法吸收公众存款罪入狱四年。出狱后低调地在裕民县的独拉山打猎。

孙广信是乌鲁木齐出生的山东人。退伍军人，不蓄胡子。从地产到汽车，最有名的是新疆广汇宝信篮球队。2010年度的新疆首富。因现金流危机，股权多半售予恒大地产。

中国改革开放四十年，新疆GDP之所以能达到1.4万亿人民币的规模，这三代首富是新疆人民的缩影。

与之同时，毗邻新疆的克什米尔高原动荡不已，尤其是阿富汗。历经1970年代苏联入侵、2010年美国战争，成为恐怖主义基地。巴基斯坦政局动荡，总理走马灯换，人民越来越穷。当新疆经济繁荣以后，同内地一样，民权意识开始高涨。

他的法学博士论文正是研究新疆屯河母公司德隆破产。每个周末导师都会打电话来。有次喝了点酒，他壮胆问起老师德隆失败，那些卷入集资天山牧民的损失就不清偿了。

按所在大学的平均水准，他的博士导师非常认真负责。样子做足了。2007年博士答辩时，秘书朱鹏飞抽空提前走出来密告："优秀"。可惜他因婚姻不幸而早逝，犹忆他博士生最后一年在纽约联合国实习的春风得意。

实际上这篇论文仍然是纸上谈兵。如果不去接触唐万新，这文章就少了那口气。《小王子》书中说的所谓学者，都是些把有趣的东西给抽离的家伙。阅读王力雄《你的西域 我的东土》，他在狱中与穆合塔尔相逢，提到新疆的“巴勒斯坦化”。以色列犹太人与巴勒斯坦阿拉伯人之间的民族对立与仇恨，在保罗·奥斯特与库切的《此时此地》有精彩对话。“这是个令人作呕的话题”，若非要提出解决办法的话。奥斯特一方面觉得巴勒斯坦最好能涌现一位女领导人，另一方面恨不得在美国广袤的怀俄明州划出一大片土地给以色列，一劳永逸地解决巴以纷争。库切则觉得美国与作为强者的以色列政府结盟，军事已经在中东称雄整天还神经兮兮，因此他始终站在巴勒斯坦弱者一边。无解之下，奥斯特建议以色列与巴勒斯坦每个月来场足球赛。每个国家都真实地输几场，这是体育运动最宝贵的地方。

否则，维族人嫌吃猪肉的汉族人脏；汉族人污名新疆人都是小偷。……

孙广信组建的那支篮球队，光从队员的名字就可以看到维族、汉族的交叉融合。本地民族球员包括西热力江·木合塔尔、西尔扎提·赛买提、可兰白克·马坎、阿不都沙拉木·阿不都热西提等。

他初次见识到篮球的魅力，是目睹美国黑人球员乔丹，在最后一分钟不断暂停，不断罚球。纵目睽睽之下，投篮进球等多大的定力啊。

十岁左右，小县城也流行起日本人井上雄彦《樱木花道》的漫画书。一个鲁莽的少年，因为篮球变得更好。他也开始出现在各单位的篮球场，苦练各种技术。

但性格似乎不爱与人争得你死我活，个子也就刚 1.71 米，那种团队作战的集体始终融入不了。到了 2011 年，在每天游泳前开始投篮。一个满天繁星的夜晚，一个大雪纷飞的早上，都会定点投它一圈。手上挎着个篮球似乎人就活力无限。

孙广信的篮球队后来果然拿了中国篮球职业联赛（CBA）冠军；新疆的番茄酱产量一度逼近 100 万吨。巅峰时期的屯河和竞争对手“中基”各自圈地 20 多万亩。随着中国市场涨落，它们的竞争甚至伸到非洲。短短十年，当德隆屯河受母公司失败牵连被中粮收购，而中粮屯河后因市场预期失败彻底剥离西红柿业务，改为中粮油业。就像首富会十年走马灯换，但新疆的底色除了传统的黑（石油）白（棉花），永远加入了红色。一如西班牙百年传统的西红柿狂欢节，篮球也让新疆年轻人燃烧起来。

买买提在松江呆的那个学期，整天都在松江。橙爸说抽空咱们去上海市区看看。后来买买提听进去了，自个坐地铁去了澳门路的新疆集市。回到松江，微信说买了些特产给他尝尝。他说这个市场，曾和妈妈去逛过。

2020 年寒假，买买提回吐鲁番了。偶尔微信冒个泡，比如新疆人的迎春节、天津南仓中学的“内高班”如何度过这场疫情。彼时，他俩完全没有料到华政清真食堂聚餐后的再见面，得是三年之后，新冠大流行结束后的 2022 年底腊八节喝粥。同样，橙爸和张智强再次见面也是三年之后，疫情这些年智强去了武汉、南京，走南闯北游历过云南和黑龙江。这三年当然发生了许多事情……

法律的战场和审判

2020 年 2 月 7 日凌晨，李文亮医生去世，中国大陆网民为他举行的网络国葬令人感动。当晚十点多，他所在单位的微信群开始传出李文亮去世的消息，说来源可靠。一伙又辟谣说还活着，体外呼吸机急救。随后更多的消息指向医生去世。

他从江西回上海已五天，正被太太要求自我隔离。11 点多，他发了条朋友圈：“提前预警萨斯病毒 21 天的英雄啊，却被民警训诫，国家定性为造谣者。贬官黄州的苏轼恰逢 1081 年大瘟疫，不因自己落难倒霉而铁石心肠。不惜毁誓用巢谷子的圣散子方救人无数。湖北 F4 明天就给我下台。”

朋友圈发出，妈妈劝告言辞勿太激烈。隔天早上看手机，回答：“李文亮才 35 岁。”当时并不晓得其它网民的反应。铺天盖地的哀悼。他太太感念世界卫生组织、哈佛大学官网哀悼。女儿说，苏轼正是因为破誓，付出死孩子的代价。

泪水如潮水般涌出，那天过得特别快。每个人重新接纳为朋友，早先因香港问题分裂的朋友圈重归心有灵犀。就像莎士比亚十四行诗第 29 首所歌颂的那种友谊。

“当我这般萦思，要轻蔑自己时——
偶然忽地想起你：我的这心神
便仿如破晓时分百灵奋双翅，
从沉沉大地飞唱圣歌薄天门。
因为我，记起你深情如此宏富，
不屑同熠熠君王们异地共处。”

当时武汉封城 14 天，中国所有城市封城。中国人都被禁足，社交隔离，至少在承受无聊的代价。我看起了 Richard Abel 的《law's wars》，封图“囚室窗户的花”极贴合当时国人的心境。

高科技监控公民隐私信息，以图发现反恐情报线索的始作俑者是 2001 年的美国政府。新疆政客担心新疆东突厥斯坦独立运动份子，若在毗邻的阿富汗获得地对空导弹，转而袭击新疆航班。谁来负责这个安全代价？记得买买提的妈妈曾提醒他最好不要苹果智能手机，别多出来事。

我 2015 年出版的第一部《灾难共和国》书，曾经援引 Richard Posner 法官的叙述，解释了这个逻辑。2001-2007 年美国总统布什、副总统切尼的时代，正是秉承这个极端逻辑，踩着 2001 年世贸大楼撞机的三千亡灵，放大国内外发生的地铁恐怖袭击，民粹一旦鼓动就完全不受控制，在伊拉克、阿富汗的战火没有穷期，战争把美国经济拖入金融危机，每个美国人都在承受代价。

2008 年上台的奥巴马总统，准备逆转上届政府的错误，但实际行动却犹豫不决，或者说逆转颓势无力。任期八年让不少人权主义者失望。比如选举总统前承诺的关闭“关塔纳摩监狱”，因共和党资深参议员麦凯恩反对而作罢；放任叙利亚危机扩大，难民潮席卷欧洲；美国国内党争白热化，无法形成最低共识。两党政治撕裂对立，民众亦然。从而为民粹主义者川普总统上台，埋下伏笔。自二战后，从来都是世界领袖的美国，在 2020 年新冠肺炎大瘟疫蔓延中不再领导世界，付出了比中国更为惨重的代价：美国真实新冠死亡人数已超 10 万。

美国公众人物在这场公民自由与国家安全价值观的表现，在 Richard Abel 教授的《法律的战场》、《法律的审判》两本书中被全景记述。

《战场》八章的叙事，从伊拉克 AbuGhraib 监狱、转到关塔纳摩、再到侦查讯问动用酷刑、电子监听民众。《审判》八章，叙述三级法官（地方、巡回、最高法院）在上述民权自由与赔偿案件中的说理论证，judging judges，对法官们展开实证分析。

美国长达十几年的反恐，横贯布什、奥巴马两届总统，一切都是以法律的名义。美国作为法治国家，虐待伊斯兰战俘囚徒、在美国控制的关塔纳摩海湾建立海外监狱刑讯逼供且无限期拘押有情报价值的外国公民（多数是伊拉克、阿富汗、也门、中国新疆的平民）、电子监听国内外公民的通讯，在在违反美国宪法以及国际法所保障的人权。

但为迎合布什总统、切尼副总统，那帮行政官员打着维护国家安全的旗帜，费尽心机，咬文嚼字，设计出精巧的逻辑，只是为了论证作为战争的国家反恐行动可以不受人权的约束。当国家机器被 John Yoo 等迎合“指鹿为马”权势的犬儒们掌控，当有良心的 Jack Goldsmith 辞职被迅速替代。

美国民间社会制衡国家的那股力量，一并被 Richard Abel 所记录。《纽约时报》、《每日电讯报》等独立媒体刊登阿桑奇、斯诺登等“吹哨人”的揭秘。

独立纪录片导演劳拉·柏翠丝以视觉形式更深入地展示感性和细节（《誓言》本拉登司机在也门的生活；《第四公民》记录斯诺登在香港；《冒险》记录阿桑奇的生活），正是在《誓言》和《我的国家我的国家》，我见到了也门、关塔那摩、伊拉克同样壮美的夕阳。

知识分子严肃理性地讨论,形成哪些公众人物(法官、政客、议员)应被钉上耻辱柱名单的共识。恰如英国菲利普·沙兹教授在《人权的条件:定义危害人类罪与种族灭绝罪的关键人物》,叙述了剑桥的劳特派特教授、波兰检察官莱姆金,以及自己家庭的故事编织在一起,从而打开通向纽伦堡大审的大门,目睹纳粹德国时期波兰总督弗朗兹·法郎克被送上国际人权法的死刑架。

厌倦了反恐、冷眼旁观的民众再以自己的方式参与家庭讨论,参与下一轮的总统、参众两院、法官的选举。

我们的三道新疆硬菜

去新疆除了唱歌,还要赏味。

中国好邻居多年来形成的传统,豆妈点菜。陈团长也是当仁不让,她点好菜从来都有剩。没想到鹂爸更霸气:说来新疆,得吃红烧牛头、烤全羊、手抓羊肉三道硬菜。

一抵达乌鲁木齐,直奔二道桥大巴扎附近的海尔巴格。豆妈订的包房足够大,容纳 16 人绰绰有余。空间给人的舒适感,完全配得上占中国国土面积 1/6 的新疆。后面去伊宁,再去海尔巴格就没有如此高档的包房了。只能坐外面,但同样的客满。海尔巴格,这种名字的气势,有点像内地的"鼎泰丰"。

逛好大巴扎,肚子正正好。七点开始用晚餐,天光亮得很。点了大众点评推荐的全部网红菜:手抓饭、酸奶凉糕、羊肉串、羊仔骨汤、两种烤包子(一种皮薄羊肉馅、一种皮厚牛肉馅）、菠菜面筋、乡村大盘鸡、薄荷茶加蜂蜜。上菜速度慢，与维族服务员沟通也有障碍，但我们人多，一伙小朋友、丈母娘合照、老岳丈合照、妈妈们、爸爸们合照，有的耗时间的名目。吃到九点，天还光亮。三位外公喝伊力特白酒配红乌苏、大乌苏啤酒。

鹂爸是精细人，认为大盘鸡不地道。他最后点的牛头，临近吃撑才上。他手起刀落分割牛头，我丈母娘出马打包，放酒店冰箱当每家第二天的早餐。橙妈结账16人1779元。

第二天6点就去机场乌鲁木齐飞伊宁，陈司机送我们去候机后，得独自开8个小时在伊宁同我们汇合。飞机上慢慢饿了，品味牛嘴附近剔出来的肉，鲜嫩口留余香。

鹂爸的烤全羊是在巩乃斯河边的民宿吃的。逛完那拉提空中草原，留了点时间。微信商量好来半只烤全羊，1100元。我晚上八点钟在天山水中冲了个澡，先喝自煮的咖啡，水急滩浅，只顾跳下去，冲下一米处在鹅卵石中站定，穿上衣服豪气千云。

烤全羊的集体意识是慢慢吊起来的。当天中午赴那拉提途中，路过公路边的面馆。582元对付了16个人的午饭，一半人选西红柿牛肉面条、一半是手抓饭。虽然是简餐，但上菜还是一如既往地慢。正好厨房外面有个大馕坑，准备烤全羊。大家说起，还是羊羔更好吃。看着涂满了香料的羊放进热气腾腾的高炉。大家都动念晚上得来顿大餐。

新疆的面条相当有Q劲。一根面长长的，一根就是一盘。孩子们吃不完一盘，分餐夹断很困难。端的是伊犁河谷的小麦，有劲道。

【七月伊犁的高山湖泊

三家邻居16人出游，都是阿公阿婆，太太们安排的行程：乌鲁木齐–伊宁–赛里木湖–昭苏–喀拉峻–那拉提，各种民宿…今天刚在竹间对面的巩乃斯河浸了一下，天山的水啊。橙子一进新疆就唱起歌来。今朝梦圆，全赖橙妈我带上眼镜，睁大眼睛看着这片土地上的人。

少时就因梁羽生的《七剑下天山》埋下了旅行的种子。

奥马伽音的诗"国王的水晶杯早已不见，红宝石的葡萄花园，还在水边"。

地理位置像极了美国加州，未来有没有"硅谷"的可能…

我心中有无尽的疑问，也明白走马观花不会有答案。漫长的旅程中，橙子听起了"凯叔讲西游记"，狮驼国三大王，听得哈哈大笑。再亲眼见见通天河畔的千年神龟。

就让四大名著激起孩子们的想象力吧，这是确定的】

烤全羊，自然得羊好，罗布羊、黑山羊、大尾羊，来自内陆的我逐渐识得一些品种。16个人干不动一只，半只正好。竹间民宿的真正老板，河南人，少时就来到新疆。凭借串羊肉的本事，在新疆养育了五个子女。我初到民宿，即赴前台问老板何处可游泳。女老板身材高挑、落落大方，指着门前的巩乃斯河即可游。不再多言。泳毕，急忙之间返屋换衣赴餐厅，用力过甚竟把房号数字震落。对女老板直言，她竟拉着我的手，开玩笑说："不如留下"。真西域女子的洒脱。

因写上段朋友圈文字，烤全羊晚餐已经过半，众人围着一张硕大的长方形餐桌，气氛极好。半只羊用鸡蛋清面粉裹足调料，入馕坑一小时。配合我们的用餐时间，带着新鲜出炉的镬气。鹂鹂外公上来就给我一个半斤多的肉。好在赴疆之前，已经三度修补牙齿。此刻正是英雄用武之地。没想到配着白酒、啤酒，边吃边聊，竟也吃掉了。外酥里嫩，将紧实的肉用牙齿撕细，慢慢咀嚼，口里的满足感最后实现。

巴音布鲁克“罗家手抓肉”，陈司机唯一鼎力推荐的饭店。顾客多的有卖，大堂女经理发现上海顾客自取前面客人的菜，与之理论，最后双方叫骂。罗老板都劝不下来。真正蒙古人的火爆性格。

包房坐不下16个人，我们团不吃辣的老人小孩堂吃，陈司机自己早早吃好。第三道硬菜“手抓羊肉”，入口即化，像俄罗斯冰激凌。肥肉像蛋糕的奶油。还吃到了新鲜的牦牛肉。喝的是俄罗斯卡瓦斯兑原浆沙棘汁。卡瓦斯有三种，基本款是啤酒花加蜂蜜，再加水蜜桃或石榴汁。酸得不行的沙棘汁配上卡瓦斯，竟甘之如饴。

这篇文章时隔一个月写的，罗家手抓肉仍是陈团长结的账，但忘了记入记账软件。我查不到价格，查微信付款纪录知1442元。呵呵，时隔一月后向老邻居讨账，文章之功也。

酒肉口干舌燥后，吃点水果极爽。乌鲁木齐海尔巴格吃完，就买了阿图什的“糖包子”无花果。通体金黄，甜度恰好，入口即化，口留蜜香。不似云南等地的紫皮无花果，甜度不均匀。这种水果，包装要用塑料盒。加冰袋，发顺丰空运。每个约 7 元。

早听说哈密瓜其实有多种。与西瓜的凉性不同，哈密瓜带点温热。这趟见识了果肉绵软的老汉瓜。西瓜用天山的雪水浸上一天，烤串之后享用真是屡试不爽。

刘震慰在《故乡之食》写道："尽管盘子、碗等瓷器，全世界都推崇以江西出的数第一，但盘子和碗里面应该盛的东西，大体来说，赣州除外，江西却乏善可陈。……如王安石是典型的近攻主义的信奉者。面前摆一盘豆腐他就专吃豆腐；摆粉蒸肉就吃粉蒸肉。江西的先贤如此不讲究口味，风气自然养成。"

诚哉斯言！小时我家的家常菜"四盘两碗"。墨鱼干炖排骨；花椒鸡；肉饼汤；辣椒炒肉四盘；炒米粉、蛋炒饭两碗。大体说来，食材都是鸡鸭猪鱼肉，烹饪手法是油炒、炖汤和红烧。相比潮汕、扬镇，花头实在不大。米粉，其实广西米粉更有名。

小时候，我那位活到 100 岁的婧婆婆（爷爷的姐姐）就给我看相，说我属于那种"口阔吃遍四方"的面相。在饮食方面，我确实是那种口味最兼容并包的类型。对于五湖四海的菜品都很享受。麻辣风格从小就适应。来上海读大学后，湖南菜乐吃不厌。粤菜、上海菜、江浙本帮菜都不在话下。本国之外，欧美西餐、东瀛料理、印度咖喱也来者不拒。真是吃嘛嘛香。

新加坡与香港：世界金融中心的双城竞争

一、金融是一种生活方式

2021 年来自国际清算银行的数据，新加坡的外币交易量每天 6000 亿美元，超过中国香港 5800 亿美元，成为亚太地区最大的外汇市场。[2]

当然更厉害的数据从来都来自伦敦和纽约。来自世界交易所联盟的数据[3]，伦敦 FX turnover 日均量高达 3 万亿美元。纽约则是股市成交量惊人，日均 1300-3000 亿美元。而港交所日均成交额 1715 亿港元，折合 220 亿美元。上海在国际金融的这两个指标都比不上香港，别忘了上海可是 3 千万人口啊。

新加坡、香港都曾是英联邦的成员。讲英文，实行普通法。都是多元文化的熔炉。2020 年人均 GDP 分别是 5.9 万和 4.8 万美元。

但新加坡的房价只是香港的四分之一。难怪新加坡学者马凯硕说，19 世纪是英国世纪、中心在伦敦；20 世纪是美国世纪、中心在纽约；21 世纪是亚洲世纪、中心在新加坡。

所谓世纪中心在纽约。是指这座城市所引领的生活方式，包括但不限于衣食住行成为全世界的标杆。而金融正

---

[2]https://www.bis.org/statistics/full_data_sets.htm

[3]https://focus.world-exchanges.org/statistics/articles/equity-domestic-market-capitalisation.

是这种生活方式的实力支撑。

读《山屋忆往》，史家东尼·贾德忆起他在纽约生活的衣食住行：

【现在我都把衣服交给这位裁缝约瑟夫洗；我们会交换意第绪语的单字，以及听他回忆在俄罗斯的犹太人生活。中餐我会去往南两个街区的毕提意大利小店；店主是佛罗伦萨人，鄙视信用卡，供应的托斯卡纳食物是全纽约最好的。赶时间的话，我也可以跟隔壁一个街区的以色列人买一份炸肉丸；街角那位阿拉伯人烤得滋滋作响的羔羊肉甚至更好吃。

我的理发师们离我只有五十公尺远：朱塞佩、法兰科、萨尔瓦多，全都是西西里岛人；他们的“英文”很有意思。回家的路上，我喜欢跟克劳德——一个脾气暴躁、来自布列塔尼供应女儿读完伦敦政经学院糕饼师傅——买一份法式千层酥，然后一口一块吃着这些精致的酥饼。

这些全都在离我的公寓两个街区的距离之内——而且我还没提到锡克教徒的书报摊、匈牙利人的面包店、晚餐会去的希腊人小馆。往东三条街，就有一个迷你的哈布斯堡王朝：乌克兰人餐厅、东仪天主教堂、波兰杂货店，当然也有历史悠久的犹太熟食铺，供应合乎犹太教规的基本食物。全部只缺一间维也纳咖啡馆。

在纽约大学的一次晚宴上，当被问到纽约城最重要的三项资产，我毫不犹豫的答道：“托马斯杰斐逊、Chuck Berry 和纽约书评”。《纽约书评》之所以特别，正在于关注的不是纽约，也并非主要由纽约人撰稿。像这座城市一

样，《纽约书评》跟起源地只有无关紧要的联系。……而是因为，在基辅的乌克兰文化人会阅读这份纽约最著名的刊物。】

在纽约，大家越来越多在亚马逊买衣服（别小看卖衣服，日本首富可是“优衣库”的柳井正）。

2008 年金融危机之后，不少金融科技平台如优步（Uber）横空出世或如亚马逊逆势飞扬，总市值几何级跃升。以“衣食住行”为例，截至 2021 年 9 月 17 日，衣服在 amazon 买，总市值 1.77 万亿美元；食物在 Booking 上预定，总市值 962.9 亿美元；住在 Airbnb，总市值 1057.1 亿；出行选 Uber，总市值 744.7 亿。

对号入座，上海衣食住行的四个主要平台，阿里巴巴在纽约上市；美团点评在香港上市；滴滴出行准备香港上市。只剩下住……

二、新加坡成为亚洲世纪的中心？

我的同事海东兄，曾嘲笑香港底层人住在鸽子笼：是事实。我的一位学生夏明煜，前年夏天去了香港城市大学，后来转读西班牙，正是实地探访香港人的居住环境心灰意冷。2021 年 10 月在靠深圳的北部规划 250 万人的新居，远水解不了近渴，是画饼。没去过香港，不知道跋山涉水的艰难。林郑不行！谁都知道“美国总统拐脚鸭”，任期最后一年做最难的事。幕僚都各有打算，不会全力以赴。

相比之下，新加坡人住的好多了。但新加坡还不是靠住房优势小胜香港。是靠人。

以新加坡书展为例，2020 年“友联书局”最畅销的书单如下：《大武山下》、《中国赢了吗？：挑战美国的强权领导》、《倍万自爱：学着苏东坡爱自己·享受快意人生》、《如何避免气候灾难》[4]。再求参展重量级伙伴 Fables\友谊企业\玲子传媒\新龙图\焦点出版\亚太图书\沈氏书斋这七家最畅销书单的交集，由读者民主跳出最畅销的书。

其中马凯硕的新书《中国赢了吗？挑战美国的强权领导》备受瞩目。其中评价了中美贸易战两国各自犯下的最大战略错误。对于中国，美国商界竟没有在中美贸易战为中国发声。波音、通用、星巴克在中国如此成功；“按常识，美国企业界的男女主管才不介意什么意识形态，他们只在乎公司的利润。”

这本书在中国大陆能够出版（改名为《中国的选择：中美博弈与战略抉择》），本身也透露中国对新加坡人洞见的认可。可见还是新加坡的人厉害。政治中立是小国新加坡的立国之本。所以 2015 年台湾和大陆领导人会面选在新加坡。相比香港是中华文明的熔炉，新加坡更多了些亚洲大国印度的灵魂。逛新加坡必前往牛车水和小印度。前者是华人群聚地，后者是印度人。该国前总统纳丹还是印裔。马凯硕也是印度裔。2017 年，美国在新加坡的外国直接投资是 2743 亿美元，占到美国东南亚投资总额的 80%。

新加坡人靠中立，同美国好同中国好，是本事。同美

[4] https://www.singaporebookfair.sg/article/567.

国好至少爱读纽约书展的书；同中国好也是同理。新元20元纸钞陈嘉庚的玉照赫然在列。知音知音正是同声相应同气相求；马凯硕在书中讨论了中国所有的敏感问题，提出了他的理解。虽有删节，但总归出版了。

比如讨论到这次延续两年的新冠瘟疫，中国大陆之所以取得如此好的成绩，最重要原因是中国民众愿意为秩序牺牲个人自由，所谓“配合防疫最重要”的说法。最近长三角防疫升级，浙江“流调”尽显成年人的艰辛日常：每日固定路线的天竺鼠跑笼。疫情两年，多少人的访亲返乡之旅取消，多少饭店夫妻抱头痛哭，多少年轻学子越来越内向，多少团圆延期……

疫情提醒我们，国力强大如美国在小小的病毒面前也会一团糟。关键还是比谁的生活方式更能长久。关键比灾难当头最脆弱的人群更得到妥善照顾。未来亚洲世纪的中心也可能是上海、东京、孟买，未必就是香港和新加坡。说到底还是看哪座城市所展示的生活方式更有奔头；哪座城市对最底层的10%关爱最佳（罗尔斯《正义论）。

【秋天回到熟悉的故乡，在亲友的灵魂陪伴下果然睡眠极好。今天小试牛刀炒菜锅烘焙咖啡豆，随着“手雷”版磨豆机飘出熟悉的香味，身体内熟悉的社交感一并苏醒。恰逢少时好友在小区楼下无聊，邀至家中小酌咖啡，谈天说地。

中午去外婆家吃饭，九十岁的老人还弄出了两个菜：红烧猪尾巴和蒸蛋。

下午午睡，喝完咖啡，潦河一跃，追随杜甫的《秋兴

八首》，理解在一个断崖式下跌的时代，追忆繁荣、友谊、家庭，当年汉唐气象文治武功、同窗人生富贵、宦海沉浮，真是大诗人。】

这是我国庆节回到家乡写下的文字。

香港作家董桥在《回家的感觉真好》结尾段写道："回家是美好的意识和行为，象征的是守回本份的承诺。美国一位最高法院法官 Anthony Kennedy 今年二月来香港最高法院演讲，吴霭仪给我看过他的讲稿，我永远忘不了的是那一句：The law is a promise. It is a promise of neutrality.在不偏不倚的公正承诺都给背弃的今天，在当权者拒绝回家、拒绝守本份的今天，香港社会迟早只剩下怀念固有价值观的一片乡愁。"

董桥的这篇文章是 2000 年 9 月 8 日写的。彼时香港在与新加坡的双城竞争中仍处上风；彼时上海的 GDP 与香港相差甚远。到了 2021 年特首林郑月娥的掌舵世界，上海的 GDP 已经超过香港、新加坡。不变的是董桥还在写。这两年分别出版《读胡适》和《文林回想录》。屈指一数，这七年看香港董桥的书，已经成了我的习惯。

林郑月娥那口流利的英语，在在提醒我们这个城市的过往。在中国的开埠城市居民中，香港人受中西文明浸淫最深。香港的基石是一国两制。主权交接的末仁港督 Chris Patten 现在仍是风云人物，每年都有畅销书问世，执掌牛津大学。董桥评价绰号"肥彭"港督的文风有丘吉尔的传统。他 2016 年访问香港，出席"香港管治，礼乐崩坏？"论坛，指出【香港应避免「新加坡式」的社会工程，因自由市场和低税制对香港更好，但应用因此获得的经济增长去改善福利、医疗、教育和房屋政策。】一九四〇年丘吉尔批评英国外交部一份文件草案说："The idea set forth appeared to me to err in trying to be too clever，to enter into refinements of policy unsuited to the tragic simplicity and grandeur of the times and issues at stake."肥彭的文风像丘吉尔"信心十足，能言善辩，而且博览羣书，文史修养深厚，顺口引经据典，永远不在人家面前流露丝毫的犹疑神情。"

彭定康回复董建华辞任港英政府资政的英文函写道："Since you always gave that advice honestly, impartially and in the interests of HongKong"。官方通译稿"因为你（董建华）提出意见，完全出于至诚，大公无私，并以香港的利益为依归"；董桥翻作"盖先生从来坦诚进言，不偏不倚，以香港利益为重也"。后面才是典雅的中文，字少看得舒服。阅读中文内化为一种习惯。骨子里会自然生出中国人的自信。

我是江西人。香港 2007 年底只呆过一个月；新加坡 2019 年暑假旅行过五天。两个城邦都是浮光掠影，实际上我连自己的家乡都不熟悉。2021 年 10 月才在鄱阳湖玩了一趟，游了个泳。要晓得这可是中国最大的淡水湖，在神州相比北上广深，江西本应最能刷出存在感的地方。

但多年的学者经历，告诉我中国的国运这些年真得感谢香港。天佑中华，我们有香港有台湾。香港维系中国对外开放的窗口；台湾维系着文化和芯片。香港至今仍是外资进入中国最重要的离岸中心，无论是外汇通道还是企业注册。盒马鲜生还是在香港注册个总部正是这个道理。

我在中国大学呆了24年，即便有了世界级的校园硬件，我也晓得与世界名校的巨大差距。那就是学问真正成为一种生活方式。北大、港大、新国大，还差得远，不能产生诺贝尔奖得主，师生都内卷。得浸淫在世界的文明中，粹然儒者才能产生世界级的大学者。老话“宁静致远”。不光是中西文化，还有印西文化。惟其如此，你才会恍悟Somerset 新加坡捷运站是致敬小说家 Somerset Maugham；才能领略索美塞这位小说家“Siesta”这个字所孕育的悠闲文化。

就像我在没有血吸虫的鄱阳湖里游泳，吃没有煤油味的昂刺鱼，夕阳西下大河堤岸母子俩的绝佳合影，那是一位陌生人照的。真的就像徐志摩的诗，也许需要距离。我以身为江西人自豪，回家的感觉真好。

因此，国际金融中心的双城竞争，说到底也是生活方式的比拼。看谁更有那种回家的感觉。

第四章 那陌生人之间的日常生活平台连接

陌生人，源于我与没有父亲的学生相处。爱彼迎，俄乌战争爆发，仅两周，就有西方世界的家庭，以“预订但不住”的方式为乌克兰房东提供1700万美元。

我们中的陌生人

卢柏宜是江苏省宿迁人，最崇拜本地商人刘强东。刘氏创建京东公司，在纽约证券交易所上市企业，总市值高达2000亿美元。读大学时一贫如洗，学费都是村里人凑的。短短二十年，网上卖东西、快递，就成为亿万富翁。第二次婚姻找了个清华大学的美眉“奶茶妹”。卢柏宜高中遍览香港董桥的书。文字有灵性，本科学年论文我指导的。个子不高、一头浓密的头发，白皙。

2018年十月，我全家赴德国音乐比赛旅行，卢柏宜微信我想请教报考国际法研究生。彼时刘强东在美国明尼苏达州，涉嫌强奸关押看守所的囚服照，在中国国内发酵迅速升温，传遍网络。他与“奶茶妹”及女儿同在美国，却与一本科大学生酒后发生性关系。该女生指控他强奸，刘强东反驳是双方自愿。“性交后，这女孩想要笔巨款。”

德国返沪，我问卢柏宜对同乡的看法。他说不排除那女子想要钱。如果女孩一开始就戒备，刘强东根本进不了那女孩的宿舍。

“你可以成为第二个邓文迪”。刘强东在那个房间里说。邓文迪是刘强东夫妇在纽约时的社交对象，三次婚姻伴上星空传媒老板默多克，最后两人离婚。曾是排球运动员的邓从江苏到美国，屡屡过河拆桥。如今是社交名媛，与生猛男模携手沙滩照经常上小报。

刘静尧是明尼苏达州立大学的学生，是总裁跑团的志愿者。与刘强东结识是因为另一深圳富翁拉她认识。活动庆功酒宴时，特意被安排坐在刘强东右手。17 个人饮了 34 瓶葡萄酒后，刘强东执意要送刘姓女孩回家。

“他老婆孩子就在旁边，刘强东却与别人发生性关系，这是他聘请的美国女律师都承认的事实。”我说话的时候，晓得刘强东在不羁的风心中的形象开始崩解了。

卢柏宜随后准备考研的日子里，整个世界来了场 #me too。华人女孩在美国社交网站 facebook 和 twitter 表态鄙视刘强东，中国女孩在中国微信掀起了“#我也是”巨浪。刘强东取保候审回到了中国。一个月后，明尼苏达州亨内平县检察官 Michael O. Freeman 表示，对刘强东的性侵指控证据不足，决定不予起诉。现年 71 岁，担任检察官长达 20 年。2018 年 11 月选举连任成功，仅微弱优势。刘静尧在 2019 年 4 月发起对刘强东的民事诉讼，索赔 5 万美元。这段时间，中国国内网军对这位女孩发起强大霸凌：婊子。因为中国最大微信平台的控股公司腾讯，也是京东的大股东。但刘强东的家庭开始分裂，章泽天宣布赴英国读书，澳洲结婚的婚房出售。而 2019 年 5 月，那位美国检察官在一起反恐怖主义案 Mohamed Noor 后，因新闻发布会失言宣布休病假。媒体披露那天他喝酒了。

整个世界的#me too 运动在美国好莱坞大佬 Weinstein 受 17 位女星指控性骚扰，到达小高峰。韦恩斯坦在中国类似于香港影星成龙。由于格温妮丝等女星的证据，纽约南区法院裁定罪名成立。刘强东一并波及，2020 年 4 月他辞去京东董事长职务。

2020 年 4 月底,刘静尧民事讼案的主审法官 Edward T. Wahl，由民主党州长 Mark Dayton 提名。初裁裁决否决了被告京东的驳回起诉动议，表明京东承担“雇主替代责任”的可能性不能被排除。特别是法院认可了刘静尧的主张：允许刘强东随其回公寓是为了平和地结束京东的社交活动。

我是在洞泾地铁站的皇家咖啡馆对康标讲述刘静尧整个故事的。冬泳前 10 分钟喝杯咖啡，再骑行到百花港河，简直是完美的热身。咖啡馆在沈砖公路 3555 号，直通佘山。我改名为百花大道。这条大路两旁遍栽银杏，春天有红梅、夏天有荷花、秋天有桂花、冬天是腊梅。被辰山植物园照顾得妥妥的。

冬泳完，全身皮肤发红。又骑着单车返回咖啡馆，再来一杯。于是我办了张 1 千元充值月卡。此地安静，彼时我正思考着国际法史和带父母新加坡马来西亚旅行的两件事情。

爷爷在两个月前走了，94 高龄。骨折后，他的儿女悉心照料三个月。最后油尽灯枯。这段时间，我四次折返家乡和上海，同时思考自己如何更上层楼。

国际法史，是我的专业提升。在咖啡馆里我看着芬兰国际法史家马蒂·科什米涅尔（Matti ）最近在剑桥出版的书《宗教与国际法史》。在皇家咖啡馆的岁月，恰逢中美贸易战开打，我就给研究生们开了《国际法史与中美贸易战演进》的课。

东亚旅游，是我爸爸从未出过国。但一直记得他想“新马泰旅游”。正好橙子获得新加坡钢琴比赛的资格。衢州房子卖掉，赚了27万，有了个由头。钢琴比赛是8月17日。我准备了四个月，督促和完成父亲护照、飞猪平台预订两拨机票和酒店以及签证。姑姑和妹妹刘妮在家里照顾奶奶。妹妹的大女儿傅钰被我带去新加坡马来西亚。

河对岸就是大片的稻田，游泳完脑子好。比如新加坡的民宿得订小区有游泳池的，浏览Airbnb。马来亚是去东边还是西边，最后选择去靠近泰国的西边。路线变成兰卡威岛-马六甲-吉隆坡。从马六甲到吉隆坡有170公里，用Grab打车。一行四人，正好……

【带父母出国是夙愿，借橙子钢琴比赛的东风，终于成就了这趟新马游（包括兰卡威岛、马六甲、吉隆坡）

撇开绿化，新加坡这个亚洲发达国家的软实力印象最深。我民宿新加坡的小区 Pacific Mansion，虽离乌节路总统府近，但房子老化，完全靠那个公共泳池翻盘。170米外旁边新开楼盘Martin Modern，每平米均价12万人民币，这性价比香港、上海高。

我爸是想看江西安义县一样大的地方，到底发达在哪里。我念兹在兹的是香港出路何在。所谓“黄台之瓜，何堪再摘”[大哭]丁学良教授戏言“新加坡拿东南亚不干不净的钱是高手”。如今新加坡能“接漏”多少外流的香港资本，是大事也是本事。

全家出游我准备了好几个月：没有护照的爸爸是宅男，且担心高龄的奶奶，不愿出行。暑假带女儿已两个月，平衡玩得开心又练琴太难，只好我负责玩；余下的给橙妈。马来西亚怎么玩，安达曼海的黑沙滩捉螃蟹与马六甲的鸡街衔接。还有钱[调皮]Grab、Airbnb

诸事缠身，我出现了严重的心不在焉。比如民宿少订一晚；特别是“利奇马”台风压境那天我看错火车时间，改签火车的一个小时，女儿在懊恼的老爸旁边滑轮，潇洒极了。姐姐姐夫马上又赶来火车站，请吃晚饭。

橙子比赛的气场足，我不断感谢她带我们去德国、东南亚旅游。原话是“全赖你，我们才能看世界”。这孩子外向、乐观、略显邋遢，是个 lucky guy。昨天拿了一等奖[玫瑰]，特等奖是位韩国姐姐。

人到中年，我也很幸运。这么差的资质，却得到这么多的爱；从未想过能做自由的大学老师；有时喝完咖啡，游它三个泳，还能背出莎士比亚的十四行诗“我可把你比作夏天？”

愿我所有的亲朋好友，都抓住 2019 年夏天的尾巴，记住这丰华永夏赫奕的金容】

皇家咖啡馆先后续卡四次，一晃四个月都过去了。在野外，我的这只 iPhone 手机越来越给力。写文章，准备上课的大纲，办旅游，手机内载的Pages、Keynote 系统完美替代电脑的Windows 的Word 和PPT 系统。

爷爷逝世四个月后，我在六月又回安义奔丧。爷爷的姐姐去世，百岁高龄。葬在安义的金安福园。福地背靠湾里区的绵延群山。她生性乐观，挺过了离婚、儿子文革自杀。爸爸对她感情深，殡仪馆送别时留下了眼泪。

再是小学放假，终于带着橙子回了安义一周。他奶奶房间的屋顶新刷了白漆，每天都带女儿去新民天然游泳池。源自山顶圣水堂的泉水蜿蜒 7 公里，汇聚各地溪流来到这个狭长腹地，不知哪位聪明人在水深 1.2 米处拦了一下。此地风景绝佳，左边是山，右边是大片的农田。左右两边生长着茂密的水生阔叶，宛如屏风。空气中弥漫着水果味。此地遍种畅销水果：杨梅、蓝莓和葡萄。夏天四点，泳池有一半面积被山挡着，不被阳光直射，形成阴影。仰泳时对视着万里无云的天空，心旷神怡。

一切都是野的。偶尔来只水蛇，莫慌。孩子们先离水走到坝上来，它自己慢悠悠地被流水冲到拦水坝附近，顺势一跃，眼睁睁看着它进入更低的腹地。那里有鱼虾，更大块的裸露岩石，几个大人直躺都宽敞。水坝先是木头，再是水泥。真是功德无量，自此小县城就有了天然游泳池。

再往前走就是峤岭乡，我堂姑青珍家。现在的马路修得真好，清一色的柏油路。一路行人不多，偶尔驶过几辆汽车。没有驾照的我，正好过过车瘾。刚游泳完，人特别放松。尤其是车上载着橙子；在上海第一次用彭昕驾照租车回家，就渴望开那辆银色别克回上海小区，给女儿看看，一晃就七年了。愿望实现的自由之夏。

从青珍姑姑家，左上走 70 米有户人家。进菜园到底有条青溪，水清石亮。挽起裤腿在小溪中流，凝视缓流冷澈的活水经过大块的石英石。去的时候，那户人家的杨梅正熟，小乒乓球大小，紫树的芳香啊。我暗想，在此地住一个夏天，拿本《哈利波特魔法石》英文版。弄辆电瓶车，先游泳再英文，我待着住。

七月七夕回了阔别已久的丈母娘家。

【七夕回娘家吃鸡[玫瑰]

背景是中美贸易战一变三叹，“真受够了这世界，早晚让人精力荒废”。

往昔去美国、香港、台湾旅行，受本地陌生人带路、让路等嘉惠的美好回忆，一点一滴涌上心头。

08 全球金融危机爆发以来的这个十年，世界加速改变。目睹共享经济 Uber 横空出世、陈尸海滩的叙利亚男孩。我也挺身应变，从国际法学院到新创的国际金融法律学院；本学期开讲“国际法史与中美贸易战”新课，回归国际法。

个人亲历风云变异的这个 decade，在史家看来都是“太阳底下无新鲜事”。“不废江河万古流”，乌溪江两岸的葱茏、晚霞还是那么美[玫瑰]

回家，“我只要个放浪的同伴说些往事大家笑；忙过了这阵做他个好梦睡他个甜甜的觉”】

爱彼迎房东

2020 年岁末,因 Airbnb 上市成功,60 天就成长为 7000 多亿人民币（1200 亿美元）总市值的独角兽。我内心备受鼓舞，四年前专业转型，我开始专注公司财务法。2016 年指导徐亦童写作；2019 年我第一次成为爱彼迎房东；2021 年李萌交出日本民宿短租论文初稿。

阅读该企业的招股说明书是打开公司财务之窗的专业方式。[5]公司财务法的核心，是解决一家待上市企业的估值有无逾越非法界限。爱彼迎不拥有或控制任何一家房东的房间，却声称总预定价值（Gross booking value）高达 380 亿美元。自 2008 年创建、13 年来，400 万房东共接待 8 亿多人，创造 1100 亿美元的收入。尽管 2019 年营业收入才 48 亿美元、利润一以贯之地负值。估值正确关联着上市及其总市值。反面则是财务造假、证券犯罪。

招股说明书提到 2020 年美国年首（4 月）、年尾（11 月总统选举开始前后）两波新冠疫情对 Airbnb 造成巨大伤害。许多房东由于预定取消而收入锐减，平台筹集了 20 亿美元补偿房东。但期中的房屋预定强劲反弹，包括国内短

---

[5]Airbnb Prospectus, 2020,

https://www.sec.gov/Archives/edgar/data/1559720/000119312520294801/d81668ds1.htm

线游、更长时间住宿帮助爱彼迎度过了最难时刻。Airbnb由此确认了自己的核心竞争优势：基于旅游是人的内在需求，这家全球性短租民宿平台迎合了人的诗与远方。所谓乡野拾趣、冬鸟南飞、数字游民三大模式，让爱彼迎的投资者坚定了支持的信心；共享空间的商业模式，仍是少年，未来可期。

Prospectus 从来是理科和文科的综合。打印出来 544 张纸，大量的报表数字体现理科的数字观，是读后第一印象。其梳理详见厦大黄世忠的大作（《共享经济的业绩计量和会计问题》）。[6]核心观点有四：1. 对共享空间企业，总预定价值比总营收靠谱；2. 自由现金流比净利润靠谱；3. 非公认会计准则下的调整后利润比公认准则（GAAP）编制的报表靠谱；4. 资产的定义应从控制改变为“可接触”；合并财务报表不如利益攸关者报表（包括房东）。

以上是文科生不感冒的套路。文科强调入戏或者代入，得以我为主。每个家庭的财务通常以家庭的年收入为比较基准。但以我家为例，我年入 20 万、太太 22 万。但这是净入现金。其实包括五险一金，我家的年总收入在 50 万。当然，敏锐读者最直观的结论是，我收入不如老婆。但这里要注意我的自由时间颇多，特别是寒暑假带娃省钱无数。但我的自由状态优势在有老人帮忙接送孩子的家庭就不明显。于是 GAAP 下，每个家庭的财务就以收入来比较。但其

[6]黄世忠:《会计名家热议《黄世忠:共享经济的业绩计量和会计问题》,

实每个家庭都不同，这正是爱彼迎强调自己的公司财务不走寻常路的原因。果然，在度过无数难熬的 IPO 前夜，这 60 多天爱彼迎一飞冲天。几乎没有投资者认为爱彼迎虚报竞争优势。

资产也是同样道理，我家在上海的房子价值 700 万。但这只是冰冷的数字，最有温情的是进出这套房子的人。因为女儿出生，需要买房，双方父母轮流照顾才有了首付、按揭、月供等事实数字。第七年，孩子爷爷奶奶、外公外婆就不来了。我们转为三口之家模式，孩子在外区上小学。于是妈妈早上送，爸爸下午接，成为生活的常态。这个时候每天像打仗，如果小家转得过来，房子就是睡觉的地方。这颇类似于自由现金流与净利润的差别。此时，小家真正需要比较的是孩子的学习和生长，毕竟都是争强好胜的年轻家长。恰如招股说明书第 238 页提到的那三个房东故事：1. 100 多年英国老房子待客，先到的房客自由去园子里采水果和蔬菜；2. 山野的 view 真是超赞，远离都市的尘嚣，那种放空的状态无比自在；3. 靠近海边自由享受性价比高的海鲜和沙滩落日。

当然，从我的角度，因为房东、房客与研究者身份叠加，我最欣赏招股说明书文字中的那句：大瘟疫之下，爱彼迎平台推进人与人之间连接的能力经历考验。或如俗话所言：凡杀不死你的，必让你更强。纸上得来终觉浅，我的衢州房东体验，让我深入认识了一家当地人，比如我前述老俞家的文字。

原来真实世界的进展如此缓慢又有趣。背后的故事，正是支持我作为大学教师，不断成长的活力来源。国金建院十周年，华政党委书记郭为禄先生大力表扬我带学生运动，其实我就是受 Airbnb 启发，想带同学们领略一下地方风光，比如衢州，比如松江，比如西安（爱彼迎统计全球最受欢迎二十大城市排名第六）。因为写论文，逐渐演化为带教学生的风格，我自己也始料未及。

这种体会恰如吴经熊翻译的新经《若望福音》第 7 章第 38 节："有能置信於予者，必有『活水之泉，湧自其懷，沛若江河』。"岁末年初，我宛如宗教般走在自己的学问道路与人生道路上。[7]

【情人节，花和乐高钢琴我爱的女人。黄色花是太太早买的，今日我再去灵石花鸟市场买了几支蓝色花搭配。

寒假 7 天，女儿独自拼完了这架乐高钢琴。设计真是令人击节赞叹，但其实并不能发出真实声音。橙子说未来自己改进，超越发明者 Donny Chen。乐高钢琴如此激发她的想象力和乐观，老父亲很欣慰。

新春佳节，祝福每个家庭爱心接力，把握生命中的那点确定性，让你爱的人乐观下去。因为乐观就像阳光，宛若"活水之泉，涌自其怀，沛若江河。"这是我在圣约翰大学旧址呆了 24 年后，在一面古老的墙壁上偶然看到的一句箴言。】

[7]吴经熊翻译，《新经全集》，http://book.zion.plus/?p=2121

在不确定的世界里追求活在当下

估值评价，之所以是个法律问题，原因就在它的不确定性。

Airbnb2020 年启动秘密上市，疫情之下砍掉人力资源、财会团队，留下运营和法律团队。就是基于现实考虑。法律诉讼仲裁的纠缠太多，动辄违规违法就得下架房源。相比宣布将在 2020 年上市的 2019 年，爱彼迎的估值评价就少了 100 亿美元。

今年行情差，除非像 Airbnb 这样不得已，不要上市。类似的还有蚂蚁金服。财新的系列报道显示有如此的公家、私人投资者利益捆绑，逼得也得上市。

上市要卖出好价钱，还是纽约大学教授达莫达兰那句话“得继续融资、继续收购”。比如爱彼迎收购的 hotel tonight 等三家企业，现在的理念是 airbnb for work。

生鲜平台，疫情之下真火了。蚂蚁金服上市招股书，仔细看，不包括盒马鲜生、饿了么。言外之意是，这是下一个上市点。

盒马花费巨额成本，终于解决了仓储物流的问题。很新鲜、优质的农产品，但价格绝对下不来。还有“一小时送达”做不到，尤其是中国一线城市的晚餐桌。

原因在于，生鲜要提前接受订单。有多少稳定的需求，最好早上或前天晚上就心中有数。这正是菜市场的人，无论荤菜还是蔬菜的摊主，都要早起。我卖肉一生的外公，从来都是半夜工作。

宁少勿剩。于是到晚上往往好东西不多。而现代社会小家庭，恰恰到临近下午四五点，才启动晚餐的食材采购。于是盒马、叮咚在下午全都运力紧张。

美国的 instacart（即时购物车），正是因解决这个问题而崛起的新平台。它让路人注册食材代购。若三公里内有类似订单，就变身为快递小哥，到最近的菜市场或好市多、山姆会员店帮助采购。对价是获得小费。

Instacart 估值现在 137 亿美元，与亚马逊生鲜、沃尔玛鼎足而立，成为北美数百万家庭的必备 APP。谁也未料到市场会涌现这样的平台，物以类聚、人以群分。自然会同法国“这里是蜂巢”、美国“学农花园&厨房”合并。

合并收购，必定涉及目标公司、收购公司管理层的信义责任。就像特斯拉的马斯克在太阳城收购案中被旷日持久地纠缠。2016 年的官司，到现在都没有实质性审判。两次裁判都是程序性的，都是驳回原被告速裁的要求。2020年2月发布的这次裁判，针对特斯拉的四位董事、三男一女，在收购太阳城的投票中，是否涉及信义责任的违反；裁定至少两位（Brad Buss、Stephen Jurvetson）有利益冲突可能，需要仔细审查。

这才是法律的真实面目。一开始也是纠缠。在漫长的时间中，耐心等待对方在程序环节出错，要么双方和解；要么一招致命！特斯拉的董事们最终选择和解，用董事责任险支付了6000万美元的和解金。或者就像武汉中心医院党委书记蔡莉8月底突然下台。

法律于是如影随形地纠缠着新创企业。新创企业大抵都是法外创新，核心是人与人间的关系相当不确定。算不算劳动法上的雇员、这起收购中创始人有没有违反信义义务、失败如Wework管理层与投资者的分手费该多少等等；比如那边厢instantcart刚业务大增，马上就有代购举牌抗议公司盘剥小费，抗议公司用小费替代工资。

新创企业期待法律，特别是法院给一个确定性的答案。我在法学院呆了24年，很清楚这种情况大抵没有答案。睿智如波斯纳法官，也先得作出价值观判断，再进行脱离法条的说理。因为没有法条。

法律是底线思维。比如蔡莉会辩解：自己批评李文亮、艾芬的三个排比句，错在哪里；自己是以武汉发展大局为重。艾芬会反驳，别的医院死的同事（医护）比我们医院少。这时，我们法律人就面临着价值观选择，是选择一个更大的城市脸面；还是选择更近的同事生死。我当然选择后者！

于我，喜欢村上春树的我，笃信“这世界可能没有一件事是确定的，但至少你得相信什么”。法律也不确定。冤案多了去了！但我相信的东西，就会指导我今天该做什么。比如我相信我们写的论文有价值，于是今天写下这段文字，推进师生论文研究的共同边界拓展。

说来有趣，特斯拉并购太阳城那场读书会后，朱天驰介绍董事 PPT 的那段声音一直在我耳际萦绕。于是趁着特斯拉突破两千美元每股的东风，我仔细看了那十名董事，发现 KimbalMusk，埃隆·马斯克的弟弟相当有意思。一次滑雪骨折后，出院后做了两件事：先和老婆离婚；再致力于“学农花园&小厨房”事业。特别鼓励在美国肥胖率最高的城市孟菲斯等地，推广荤素搭配平衡饮食，挑战垃圾食品。孩子自己种，每天看着长起来的西红柿、青菜，当然爱吃。

特斯拉的董事们都很厉害！那位日本人水野弘道让我印象深刻。暑假重新捡起了日语，借着 Google translation《朝日新闻》评论版块榊原英資的文章（https://webronza.asahi.com/authors/2011030100010.html）终于读完了。众人拾柴火焰高。无怪特斯拉的估值，连达莫达兰教授都看走眼了，他 600 多美元每股的时候就卖掉了，失去了血赚的机会。

这正是有趣的地方。真实世界就是这样，谁也说不准。就像我的师长，国务院条法司副司长、冯雪薇律师掉进“以房养老”理财的深坑，一套 580 万的房子就没了。资深法律人一样上当。

得抓住夏天的尾巴，我天天同女儿一道运动。她胖起来了（144 厘米/79 斤），我得让她远离空调，多出汗，晚上也走走。白天羽毛球、游泳。这是我确定要做的事情。时间一晃就过去了。转眼迎来开学，让我的研究生们，再读读我最新的专业体悟文字。In-person 交流起来会更顺畅。

这也是确定的。

现在是 2022 年，一晃三年 Instacart 还在冲刺上市。而它的模式在中国落地。上海目前大的商超，比如山姆、好士多、盒马店的商品在淘宝网上有许多代购。过去一年，基本上提前预定，这些代购包揽了我一年的咖啡豆。东西又便宜又好。

汽车汽车

我最近接触到合同，起因是考驾照。包过 6 千。在文汇路转了两个驾校。一个叫众安驾校；一个是工技大毕业大学生创业的明亮驾照。大众点评网看了后，还是相信大学生。结果到了网上公布的地址去交钱。二楼的门店因新冠疫情都关了许久。想起这次新冠疫情让不少文汇路的小店主损失惨重。一年 20 万的租金已交，半年封城未开张；大学城都是 1 月放寒假，然后是武汉封城，再开学已经是 9 月。3 月虽然开学，但都是网课。附近的商家都盼星星盼月亮，学生还是不来。一伙一个消息，比如五月开学。结果都落空。

但我考察明亮驾校那天下午，天上云霞灿烂。合伙人姜学长接到电话，说 17 分钟后到。等待期间，我在附近的一个咖啡馆再喝了杯浓缩。碰头后，他带我到广场对面新租的办公室。确认过眼神，我相信他。一位甘肃籍大学生。

合同在 2020 年 10 月底签署，并没有给我。签了一堆的字，格式的合同。但前台特地请我确认，应在五个月内考出来。当然没有特别在意，一则对自己有自信；二则我从来不纠结于这类细节。关键是学的时候全力以赴。签完合同，我随即微信转账 6 千元给姜学长。

6 千不多，我 2013 年也报过上海驾校。当时就是 6 千。后来因为学到一个月，教练说涨价，我不同意就拿钱走人。

2020 年愿意考驾照，缘起暑假攻略过新疆自由行。后虽因乌鲁木齐新冠疫情封城作罢，但在广袤的新疆自驾驱车，相当诱人。特别我每日生活节奏移步松江后，感觉冬泳后学车，不失为一件大事。

考驾照有四关。第一关是交通常识选择题。要求我手机下载“驾校宝典”App 刷题。刷了两周的题目后，我感觉免费送的题比较水。2000 题，且每日新增。早上打开就是更新题库。索性花 40 元，买 500 道真题。

年纪过了 40 岁，短暂记忆让位于理解型记忆。虽然留意道路两边的各式交通标志，得分迅速改善。但题库中的上海题、灯光题、仪表题、法律责任题仍会混淆。

记得 11 月中旬的一个周四，上完课直接滴滴车去小昆山驾校。1 点钟开始考，12:50 分左右到。不出所料，破旧的电脑。带着口罩，脑子有点晕。第一次考了 89 分；很快被告知等候 20 分钟后，立即有一回补考。候场时，有位好心工作人员告诉我一个小诀窍：不会的可以暂时不做；这样可避免不确定的题错答立即知晓答案后的沮丧。有把握的题目完成后再一题一题推进。果然这回得了 91 分。第一关过关。给姜学长去微信。他随即把我拉入刘小东教练的微信群。一时丈二摸不着头脑。

群里有 60 多人。每天都有人说，明天上午或下午练车。然后刘小东教练在晚上回复在哪里接人。时间相当尴尬：早上竟然是 6:40 大学城地铁站。我家住在普陀区，每天早上 6 点起床。11 号线徐家汇站换乘 9 号线，首班地铁 6:16 分，到松江大学城站已经是 7:17。于是冷眼旁观一周后，我第一次周五在群里发消息：明天下午练车。节奏是 8 点钟送女儿去附近的长宁美校学画画。然后坐地铁来松江，游泳、咖啡、收拾一下，工作等到 12 点 50 分。一辆捷克斯柯达教练车会满载着大学城站的其她学员，来到华政龙源路东门接我去小昆山驾校。

科目二的考试项目，因疫情减少到 8 个。倒车入库、侧方入库、上坡定点、直角拐弯、窄路掉头、曲线 S 弯、紧急停车等。首先要考的，也是第一项要学的就是倒车入库。刘教练说，车往左开出去，方向盘到旗杆左打死，车前盖到正面直角处，方向盘反方向一圈半回正。挂倒挡，到石头处方向盘顺势打死。越慢越好，看车外的镜子，车轮抵达车库前方第三根黄虚线的中点，回一圈。用文字来表达这种记忆，实在不如手脑并用更快。第一次去摸车练车，我心理估摸着得重新戴眼镜了。晚上根本看不清那些线，而开车差一点都不行。

开始近视是在高中。数学课，怀里放个圆镜片。考上大学，戴了一阵子。不戴是 2013 年，每天游泳感觉眼镜费事。

12 月的每个周六下午，都花在科目二了。感觉 12:50 刘教练接到我们后，总是开始吃中饭。学员们轮流左入库、右入库，三个人没两下就三个小时过去了。刘教练吃完饭，喝完茶，再与甘肃朋友们聊会天，来状态了开始观察每位学员的弱点：有些车开不正、有些定点停车把握不住距离。他会一一指出，从不骂人。看他头像，以前当过兵。比我小五岁。两个孩子，老婆在甘肃老家。

逐渐地，我熟悉了驾校的运营模式。刘教练每天早上起床，按昨日约定的地点，逐一接学员，上午练到 11:40，每位 1 小时；下午 12:50 练到下午 4:30。时间紧张，中间没有坐下来吃饭的时间。

感觉他吃完饭特别没状态；不过我倒乐得与不同的学员打交道。大多是女孩。聊天环境又是山清水秀的小昆山。

在山下的教练场看着山上宏伟的佛教寺庙，有点心动。11 月底，去学车的地铁上，突然看到微信“海燕先生往矣”。舅妈生癌已经两年，一直在治疗，突然驾鹤西去。不胜嘘嘘。在办公室翻表弟笑聪的微信，一晃就到 12:50。教练在东门接到我，练了一圈倒车入库。和教练请假后，我骑着共享单车径往小昆山而去。

三国时期，吴国大官陆羽（陆平原）两兄弟在晋国击败吴国后，隐居此地。为当地发展做出至大贡献。于是乎主街就叫平原街。而作为本地经济股肱的小昆山驾校，地址设在平原街就不足为奇。中午来到山上的九峰寺，已过参拜时间，但我仍悄悄入内瞻仰，发现里面信众不少。这趟拜山，我想信佛教的舅舅应该欣慰。

刘教练能精准说出每位学员的名字。虽然大家都是过客，但学徒缘分一场，能脱口而出别人的名字，是一种很大的鼓励。前后我应该练了 20 趟车，碰了七八十个人。有各练车三次就一把过的天才学员、有强烈上路欲的女人、有认真做笔记的男学员、有上车就睡觉的学员轮到自己立马清醒、有户外旅行爱好者。教练能精准判断这位学员的状态，看得起的学员会让她/他驾车去驾校或返家的真实道路上。那种开到 70 码以上的速度，真是酷极了。不由想起，以前教的一位学生宋佳说：爸爸是公交车司机，当自己通过驾照考试驾着汽车在路上，感觉前所未有的好。

下午一点到练车场地。我一般 2:40 分要往洞泾地铁站回徐家汇接女儿放学。教练注意到有时会说，我还是要放空自己。否则学车的效率不会高。我感到方向盘的跨度，一圈、一圈半，左打死、右打死，得立刻将这种记忆镶嵌在肌肉的记忆中。周六那天，无论多晚，都会骑着新买的自行车去游泳。游完啥都忘了，但啥都记得。

科目二第一次未过，那个夜晚真是难熬极了。我读起张大春的《我的老台北》，故事 17“无照驾驶：從新莊中正路 510 號，到溫州街 18 巷 6 號”有趣极了。我想起了我短暂的两天上海无照租车经历。

2012年11月下旬，早上游完泳后，下定决心考出驾照。前因是想从上海开辆新车回家，上海4S店德国大众车（比如CrosS-Polo）的售价比南昌便宜1.8万元。11月30日（周五）跑到离家最近的公交驾校报名，交了5000元。12月7日由该报名点一位女老师驱车去杨浦区车管所体检站，弄好健康检查报告。12月16日晚，正式联系自己的带教杜师傅。约定12月23日7点在曹杨路公交总站门口上车。当晚我很早睡觉，第二天一大早就去游泳，希望自己状态好些。果然，那天我的学车状态比另一位学员高出太多，结果她被教练骂死。摸车的感觉真不错，特别是离合、倒车和回正。接下来的那个星期，我游泳时有时会回想开车的步骤。不过这并非我第一次摸车，1997年考上大学的暑假，同学余庆水曾把他舅舅的一辆小货车给我玩，结果从徐埠开回县城的路上，把水箱烧裂了。第二次上车是2013年1月10日，中间有次教练电话约时间，恰好要上课。这次感觉了特别灵敏的刹车，重温倒档、方向盘，尤其是毫厘不差的严厉。一并还去了考试现场，因为一车的另外两位要小路考。早上七点到下午一点半才回家，但其实摸车时间最多40分钟。这个过程还接到老婆的电话，可能小儿麻痹疫苗打错，人窝在轿车里，心早已飞向家里。且感觉教练有意拖到午饭后，让我们学员请客。这次不断听杜师傅抱怨史上最严交规，但没想到这是要对学员涨价的前奏。中饭是在驾校旁边的一个小面馆吃的，结果碰到了熟人韩博士，他报名费4700元。自然这次，我也是先游泳，再哨哧哨哧地骑到曹杨。

我学车的五千元，是请杜师傅在周日转交公交驾校财务处的。所以一直没有拿到发票和合同。之后，我一直请报名处电话联系此事。元旦过后，报名处老师正式要求我加钱。但我学车感觉不好，更因为加钱完全没有理由，也打定主意退出。但车开过就开弓没有回头箭。我肯定能自己开车的。接下来，我准备着自己租车来开。租车的念头，是春节回安义动起来的。看到神州租车官网，一辆别克君越一天才 70 元。我于是短信妹夫付里云，敢否开车从南昌火车站到家，这样春节期间去亲戚家做客就有车了。他表示有驾照却不敢上高速。春节返沪后，从扬州回沪途中，同事程老师谈起自己开车的经历，感觉车在手总共 8、9 个小时就足够了。他也问我何时买车，我却提到开车其实很累，因为左脚要一直放在离合上，神经紧绷，我学车两次腰都很酸。但程老师说好点的车都有“AUTO-HOLD”，不用你自个一直踩着刹车。搞得我很想试下家用的自动档轿车，挂档和方向盘是否比学车那辆普桑柔和得多。3 月 18 日，再我读到香港科技大学前校长吴家玮《洋墨水》中，回忆他一口气驱车 1000 公里，从芝加哥开到科罗拉多。心中蠢蠢欲动，短信表弟彭昕帮我神州租车。

恰好当天别克君越特价，以他的驾照和身份证租一天。表弟是“老”司机，我虽估计他从未在上海市内开过，但他说起春节后和朋友一起从南昌开到上海。车在我家和他家中间的普陀区大华三路神州租车点取的，网上订好，三证齐全（除了身份证、驾驶证还要信用证，因为得刷了 3 千元押金，没有违章经历再退还）。租车途中，表弟彭昕也提到特别感激小舅舅，曾借过阿舅的本田摩托两次，第一次借来彭昕再转借其朋友，朋友开到山里，把摩托弄得磕磕碰碰；但第二次彭昕再借，小舅照借、也没说什么。

租来的车先去了彭昕家（他买房后，我各种原因尚未去过），房子很不错。还看了婚纱照。再开到华政河东小区篮球场。我请他游了场泳，主要我不游泳心里对开车没底。很快就到五点半，他约好老婆王奕婷（她俩已登记了，春节彭昕在海南还收了女方亲戚朋友红包万元，呵呵，透露下他的小隐私）在以前租房子的地方龙之梦聚餐再回家。而我一人开始要开车了，游泳时彭昕告我发动汽车的细节，插钥匙、右脚踩刹车（比较大的那个踏板），放下手刹，把档位从 P 拉至 D，但这个过程我仍很陌生，正好赵渊博士在办公室。在其指导下顺利地在篮球场开动了。后来胆大了些，就踩了油门（刹车右边的小踏板），觉得可控。第二天，游完泳后，再开车了。这时气定神闲，还邀请了韩博士玩玩（他未退费，补交了 1300 元），他在教练指导下已经上车六次。我去他寝室，惊讶的发现他们同学四人竟花了 800 元买了个模拟汽车练习，他感叹还不如我这个租车实战。

当天看新浪新闻，说上海大路考抽考六成，驾校又要加钱。呵呵，我反正不和你玩了。转眼到换车的时间，按租车约定要加满油才可以（满油取车、满油还车），我一时找不到人帮忙，就开出去了，车在光复西路上行驶，两车道被停车的占了一半，行车道就超级狭窄，我才出去就碰到相向而行的出租车，恰好碰到孙强散步、上车给我壮胆，可我倒车水平不高，给出租车让的空间不足，孙强啪的就把出租车的右耳朵（反视镜）合上，哈哈车过去了，我很快进入状态，让了五辆车。开到白玉路，突然福至心灵，觉得我可能不用加油，毕竟油箱九成满，我又开回篮球场外面（又让了很多车），然后心扑扑地跳了一伙。果然神州租车公司取车人员没有计较油的事情（起码跑了 30 里，原来油满经用滴），开走了。彭昕短信问我，这次租车满意否？答一百二十个满意。

【三公里汽车开了一小时】驾照科目三第二回终于过了，每回两次机会，相当于考了四次。

人到中年，想去新疆自由行，鼓起勇气报了驾校。孰料遇见小东教练，甘肃人。当过兵，人很 nice，对我太过客气

不同于大学课堂，驾照培训是职业教育的学徒制。每位学员的名字，刘教练都能脱口而出。这样能产生亲切感。相比我这个大学老师，实在不称职。

科目三有 16 个考试项目，大体包括灯光、油门、刹车、看后视镜观察。这些项目密集排在 3 公里的真实道路上，除非记在脑子里，并不容易。于是，教练允许我在一天最佳状态的时候，过来练车。于是辰花公路 8 号线，经常会看到“明亮驾校 193 学”那辆车。

松江小昆山驾校绝对风景优美。无怪深坑酒店在 8 号线考点前方几百米落户。一晃从冬天学到春天，学车真是一段美好的人生经历。科目二、三，前后有缘认识七八十号人，有背包客、有企业高管、有嫁了意大利男人的中国

女人，当然最多的就是女大学生。有的粗犷，但逢考必过；有的细致每回都做笔记，还屡屡补考。

这正是真实世界的真实人生，要不怕失败。我想虽然上两周科目三最后一步压线，一车人就我没过；连自残的心都有了。但今天又是满血复活，要屡败屡战，要屡败屡战。

求生欲激发出来，真是美好的一天。

金融科技企业的交易成本得用身体来感受

在分工交易的世界，之所以又一家新企业会脱颖而出，是因为它消化成本、输出有竞争力价格产品的能力更优。比如前日亲历从华政龙源路至方塔园，前半程有轨电车+轻轨+共享单车（大雨改为滴滴），这成本和效率对 16 个人的出行集体而言，既不如后半程全程滴滴方便，甚至更花钱。

成本（或者说代价）是我理解法经济学的起点。这正是滴滴崛起的原因，也是阿里巴巴盒马鲜生横空出世的原因。

法学引证最多的经济学家是科斯，英国人、在美国芝加哥终老。上世界这样的知识分子很多，比如欧洲史大家 Tony Judt 也是这样。剑桥毕业、牛津教书，最后终老纽约大学。科斯的文章并不多，1937 年、1959 年两篇都是讲成本，分别是《企业的性质及其交易成本》、《社会成本问题》。

1937 年的论文问题是“新企业崛起的原因及其扩张的边际”。该文之所以在 80 多年后被学界回炉重温，比如哈佛法学院的 Howell Jackson 力赞（见 2021 年《Fintech 的性质及其监管》）[8]，是因为 2008 年前后，世界崛起了新企业：金融科技企业。这是科技界向金融界发起的挑战。尤忆比尔盖茨评价银行是 20 世纪最后的恐龙。中国科技界向银行业发起攻击号角的正是阿里巴巴和腾讯。在上海就是一群汇聚在漕河泾开发区的码农。

亲眼所见，平高广场的盒马鲜生面积真大，里面工作人员不少。平高的房价不低于每平三万，毕竟松江体育中心站是老城区的中心；另一个中心是 9 号线松江大学城站。两地地理位置相距其实不远，但盒马骑手的电瓶车可能却“往返不易”，很容易吃罚单、闯祸，成本颇高。于是盒马开启了对大学城的“隔日送达”。这就是盒马消化成本的策略。

回到科斯的论文，不难理解将成本作为法经济学的起点，多么自然！这就是盒马鲜生在上海加速扩张的原因，上海 53 家，松江已经有两家。请注意松江有两家，至少表面上证明平高广场在赚钱。因为按科斯的观点，原因是企业组织生产的成本越来越低，经理人扩张过程中犯错的成本越来越低。这是经理人侯毅的过人之处。盒马鲜生 CEO

---

[8]Jackson, Howell Edmunds, The Nature of the Fintech Firm and its Implications for Financial Regulation (July 15, 2020). Available at SSRN: https://ssrn.com/abstract=3659503 or http://dx.doi.org/10.2139/ssrn.3659503.

侯毅厉害在于，他明明不生产任何一种生鲜，比如海鲜、水果；却在分工交易、激烈竞争的上海，开出了 53 家生鲜店。理想状态，应该是一家企业只做一样产品，像优衣库的柳井正，农夫山泉的钟睒睒，或者兰州拉面。

或许没有多少人真会看 1937 年的论文。1991 年诺贝尔经济学家颁奖之际对科斯的褒扬，堪称"语录"浓缩版：

"当通过市场缔结买卖合约的成本，高于厂商内部组织分配资源措施的成本，就会出现新企业。相应的，新企业规模也不会无限扩展。理想状态是当内部分配资源的成本超过市场常规交易成本之际，停止扩张。"[9]

按科斯的观点，阿里巴巴这类顶尖企业的本事是最能内化交易成本。通过高效销售一线城市最受欢迎的产品，盒马鲜生养活了昂贵的店铺、一堆的骑手。尤其在新冠疫情爆发初期，盒马的生意，好到骑手得预约时间。

盒马的成功是因为背靠阿里巴巴这样的金融科技企业。比如盒马不鼓励现金结算。App 还诱导购物者使用"花呗"付钱。背后提供基础设施的却是小额消费贷款资产证券化，阿里巴巴真心厉害。若非 Guido Calabresi 式的"大教堂"视角，还真无法理解金融科技企业内化交易成本的大背景。阿里巴巴旗下的蚂蚁金服，致力于像蚂蚁那样提供支付宝的服务，却在 2020 年代成为中国最顶尖的企业之一，是典型的金融科技企业。

---

[9]https://www.nobelprize.org/prizes/economic-sciences/1991/press-release/

按 Howell Jackson，金融科技企业的交易成本主要是搜寻匹配借贷方。具体到蚂蚁金服旗下的“花呗”、“借呗”，分别对应着信用卡和小额消费贷款。通过大数据搜寻匹配有真实小额借款需求者，没有违约风险；个人能支付略高于银行同期存款利率。没几年时间，蚂蚁金融 IPO 招股说明书显示：已向数以亿计年轻人发放了两万亿人民币。能做出这个成绩，有三个基础原因：1. 监管放松。毋庸讳言，蚂蚁金服作为银行借贷服务提供者，却没有受到资本充足率等传统银行业规则的监管；2. 数以十亿计的支付宝账户大数据及其关联的征信体制，让无担保个人消费贷款成为可能；3. 高速计算能力、稳定的网络互连和智能手机的普及，构建的基础设施让服务效率大为提升。分分钟完成服务成为现实。

逆行者的社会成本问题

自 1999 年在杭州西湖创立以来，阿里巴巴不断扩展。各种以动物命名的金融科技企业雨后春笋般涌现：蚂蚁、菜鸟、飞猪、盒马，让人产生这家企业必能成为百年老店的错觉。

孰料 2020 年 11 月蚂蚁金服 IPO 暂缓以来，阿里巴巴宛如克里斯托弗·诺兰导演《信条》电影中的那位主角逆行者。迄今接近一年，网络小贷的监管环境遽变。个人信息保护法、数据安全法、网络安全法陆续出台。

但不断曝光的新闻深度窥见阿里巴巴内部分配资源，

消化成本的本领。比如盒马首单不再免费；蚂蚁金服 IPO 上市前，上至杭州市委书记，下至影星赵薇等各路神仙都重仓持股；最后竹篮打水。再比如，蚂蚁集团失宠，专长美元汇兑的上海银行无限期中止了与支付宝的“上银汇款”合作。

以上只是冰山一角。深层次蚂蚁集团目前遭遇的困境，折射出阿里巴巴的扩张到了一个边界。这正是科斯 1960 年论文《社会成本问题》的主题。科斯写文章从来开门见山“如果企业对他人产生不利影响，怎么办？”各种他人的不利影响叠加就是社会的负外部性。

联系当下，比如阿里巴巴“饿了么”配送员与美团点评骑手一样困在系统里（虽然境况要好不少）；盒马鲜生可能挤压小商小贩的活路；支付宝用户被 AI 广告诱导用借呗投资股票基金……

科斯虽然活过百岁。但文章发表的 1960 年代，社会的负外部性问题主要是噪音扰邻，环境污染等工业时代的事故。当时经济学的主流观点是，企业行为既然损害了他人福利，叠加就是社会的整体福祉，那么就应该让该企业承担责任或对其事前征税；理想状态的责任幅度或税率是所施加的私人成本等于社会成本。

但科斯指出，市场其实可以自行解决，法律的介入反倒施加不必要的成本，无助于资源的最优配置。一波三折之后，最终法官还是会倾向于追认双方谈判协商后的合意。

用 1991 年诺贝尔经济学奖颁奖词的话：

“如果财产权利界定清晰；如果财产权可以转让；如

果执行该权利转让协议的交易成本为零，则科斯认为资源的使用与最初分配给谁无涉。”

比如支付宝注意到小额美元汇兑业务需求巨大，尽管自己没有外汇牌照，主动出击2014年选择与上海银行的合作伙伴上海商业储蓄银行（总部台湾）合作。[10]再比如，2014年阿里巴巴花10亿收购第三方网上药品交易牌照（河北慧眼医药科技有限公司95095医药平台）。

契合科斯的观点：如果交易成本高，那么强势企业会并购弱势企业；如果成本低，那么企业与企业之间会签订合同，推进常规交易。前者交易成本化身为组织内部的资源分配成本。

所谓逆鳞之后仍在逆行。我个人判断它仍是当下中国最棒的企业。这源于我的主观感受，随申码还是从支付宝调取；哈啰单车、饿了么骑手随处可见；盒马还在卖最畅销的产品。

当然今天金融科技企业的负外部性问题，主要是平台在画像用户之后，“私人定制”让用户黏住的诱导策略。包括但不限于：投其所好让用户成为手机迷，夺其专注力，损及健康。阿里巴巴在这方面的破局也是乏善可陈。

急行特斯拉

特斯拉上海超级工厂，厂址在浦东新区南汇与奉贤交

[10] https://www.scsb.com.tw/newscsbweb/content/about/files/about04_c_01/2014.pdf，第11页。

界的江山路。

地铁 16 号线滴水湖站，坐 T1 有轨车到水云路站，九点出发已经中午，找了家麦当劳解决肚子。滴滴打车前往西北一门。朱逸凡定的目的地，周五也是他的意见，还有周四晚上通话我不用去松江：八个人正好两辆车。

初衷就是带同学们去压马路。此前通过系统向特斯拉事务处的开放日申请，没有回音。越接近超级工厂，越能感受到忙碌。此前通过视频已经知晓特斯拉工厂不带仓库，车间直接设计成重卡汽车进出的通道。

从正嘉路步行进去，越靠近越看得清楚：工厂西北方向门所在的星一大道有一条河浜，形成工厂的天然屏障。看到特斯拉超级工厂的 Giga，我们一行人上前问能否在门口合影。被拒绝后，沿着河浜往东边走，越走越慌。肉眼可见离工厂更远了，此地拍 Tesla 倒是距离正好。

沿途行人寥寥。我们迅速调整行进策略。在一十字路

口滴滴打车去看上海的海。一分钟就有人接单去南汇嘴观海公园，抓小螃蟹去也。

带同学们参观上海汽车工厂的种子，可能早在 2018 年夏天橙爸一家在德国参观大众汽车总部狼堡时就有萌芽。印象中的狼堡真是生态之地，绿化极佳、水獭颇多。橙爸教《国际经济法》课程，一定会讲到中德合营的嘉定安亭大众汽车城。阅读波斯特的《上海 1000 天》，印象最深刻的，是朱镕基市长一天之内，用吊车把厂区内的一条人行马路洛浦路给封起来；保障了临近喷漆车间的净洁。

还是特斯拉好命，独立的工厂选址不存在人来人往的马路。但弊端是出行颇远，就是因为太远，所以橙爸给每位同学配备了 140 元的补贴。也因为太远，周五下午，这个工厂内存在着下班员工巨大的出行需求，所以催生了许多滴滴打车在那鸟不拉屎的地方耐心等待。所以也成就了华政论文调研小分队，一行四辆车 16 人，迅速获得网约车支援去东海海边。之所以获得这些信息，是因为橙爸的那位网约车女司机好奇我们干啥的，气质不像特斯拉的。

看似寻常最奇绝，诚如容易却艰辛。在麦当劳进餐的时候，我一个人埋头吃垃圾食品，抬头看到该店在长期招聘，甚至有店长空缺，薪资是一天 150 元、300 元餐补。店主好得会大数据分析。地铁回龙阳路的途中，研究生和本科生都在吐槽今年秋招的困难，尤其是律所的实习白嫖。我完全理解和了解。请看我的《上海疫情的饥饿记忆》文字。大要是我深刻连接的一位国金本科学生，退伍兵胡兆洋，他最近被金杜律师 PUA 了。四百多天实习的时光，用他的话“冰与雪，相缠绕”，结束了。带教律师特别不讲人情。随出差去哈尔滨，兆洋申请去探望高铁一小时在鸡西的亲哥。结果律师安排的工作，只让他中午就吃了十分钟的饭。后来才发现这工作其实是两周后才需要。律师口口声声说自己不玩哈尔滨，是假的。在与客户晚餐的交流中竟说：“以后派他去没有亲戚的地方出差”。我的朋友海东听我转述，反应非常强烈，立马强烈。就像我去南昌出差，不回家乡安义说不过去。连这都被领导认真地 Pua。这样的工作不干也罢。

回程没有赶上 16 号线的大站停靠。倒是十点整，托长宁小分队领队燕佳慧的福，在龙阳路坐进了大站停靠车厢。去比来少了 24 分钟。听说直达车还可以少 7 分钟！

那天是个闪耀的日子。虽然阳光偶尔才出来。分享希腊诗人 Odysseas Elytis，最有名的那句“当你的世界有了金星，我认识的夜就不再是黑夜了”。

当我们确定金星的方向以后，虽然路途遥远、各种辗转，但一定能全身而退。就像催狂魔的密接无法靠近我们。

【我的天空深邃而不变
我爱的一切不断地诞生
我爱的一切永远都是在开始中】
还是 Odysseas Elytis 的诗！

说好的 18 人，一人从烟台返校多隔离了一天；一人肠胃突发状况，怕第二天出幺蛾子；一人所在楼宇被封控。16 人，除长宁五人地铁，松江八人滴滴，还有三人从上海家中来滴水湖站汇合。

戴口罩的宗敏慧，我完全没有认出来。她选了我的学年和毕业论文。更别提陆朱思铭和邬函璟。多亏了陆朱不会也不愿共享骑行滴水湖，天冷，湖边风大。在邬函璟的导航下，我们坐了临港的氢能源电车。不如松江黄犀牛有轨电车好看。同是上海郊区，此行我确实感受了临港房价只及松江一半的理由！

另一辆滴滴车里的桂英杰、林钰珂、宋雨晖、张添峰，终于记住了。不这样急行滴水湖，真的不会与学生发生量子纠缠。怪不得牛津、剑桥这样的大学，学生要与教授吃住一起，像霍格沃茨的大厅堂食。突然我顿悟我的朋友徐海东那么爱拉上学生吃饭。可惜他不看《哈利波特》。

下一次我们去上图、朱镕基压马路的洛浦路逛逛。

2023 年 1 月 3 日，“各位尚在上海的同学，考研暂告一段落，毕业论文的写作提上日程。

特斯拉压马路两个月过后，该公司市值从 7000 亿美元跌去一半。原因在于该公司的电动车并非不可替代；与之同时，执掌 twitter 的马斯克权力腐败，任性妄为。真是有意思。

邀请大家本周三上午十点，一道压马路。

目的地：嘉定大众汽车总部洛浦路。本次活动由我的研究生张梓豪负责。我晓得不少同学都已回到家乡。期待阳康后的这次相聚。预祝大家春节快乐！”

让你的家不被无聊笼罩

在一次冬泳后，康标要我证明一生的工作是有意义的。

翘课有专注力时，他给我讲海德格尔的存在式无聊。

36 岁后我爱说，大学教师有自由，钱少点没关系。

这种自由是保证我中午上完课，下午四点一刻，能准时出现在龙华寺对面的小学；

父女俩走回家的路上，孩子和你分享“不投票、紧握拳”的紧张时空。

徐家汇夕阳西下，父亲背着沉重的书包，女儿挽着爸爸的手腕……

康标理解的自由是，只要是你觉得是对的事情，去做就好。

毕业论文主题“一带一路”，他是不屑一顾的。他要讨论宪法修改的事情。这才是大事，非常认真，与阿东聊，与我聊。聊的时候，一板一眼。还做笔记。

工作是为五斗米折腰，还是能真正与学生展开连接。

缺钱的孩子给钱，哪怕他去嫖娼。后来这孩子心理健康地去喀什建设家乡。

想聊天的孩子，一起在阳光下吹牛逼。然后对张平超说，雷海宗的书你得看看。

上进的孩子，他终有一天怀疑人生。就像黑暗骑士电影里的那位双面人。

后来学生们相继毕业、预业，阿东去了莫斯科；康标去了链家房产。

华为的工作，东东爸爸很自豪；康标买了阿肯，一只折耳猫陪标妈。从上海花了大价钱运到佛山高明。

因为链家上学信网查学历，康标回了老家。干起了佛山仓库保管员、深圳学而思小学数学讲师。工资不高，在深圳就白住阿东的房子。

选择成为一名学者，意味着选择一种在微小的范围内，追求绝对自信的生活。

康标是对的。我开始研究起宪法腐败，英文叫 constitutional rot。

Rot 这个单词，咋一看就让我想起哈利波特里的斑斑老鼠 rat。

斑斑是多变的，宪法腐败的议题也是多变的。就像川普总统，有些美国人坚决认同，有些人坚决反对。如何面对这种议题的不确定性，宛如你发现你岳父，你姐夫的妈妈、你的妈妈是毛泽东的粉丝；而你的奶奶，你的爸爸对毛又不屑一顾。

扯淡的日子，受康标熏陶，东东觉得有只狗在鄱阳陪妈妈更实在，去莫斯科前就办了这事。安心地走了。

没有成果发表的日子，橙爸专心带娃。每天做了应做的活，心里实在。孩子像狗一样，感受到父亲内心的坚实。娃也实在。烤戚风蛋糕、做莲子茶、山粉饺，做东西的逻辑能力被海东兄表扬了。

有人说，妈妈负责娃的安全；爸爸负责价值成长。

简单说，就是让你的家有真实感，不被无聊包围和笼罩。

明白“华政就刘俊和海东两位好老师”这种话是错的，但觉得这学生挺浑挺好。海东约谈一位支持黄梓航同学的国金本科生，开头就说：“我支持你”。

2020 年底那个学期女儿的学校生活就像过山车。10 月底橙子报名大队长竞选，只得了两票；最好的朋友也没有投她票。11 月初，美国总统大选比分接近，煞是好看。橙子第一次感受到两个州的投票，相差 0.02，简直可以说每一票都很重要。偶然一次走路回家，橙子才说起那回大队长选举，选票分散，得票最高者也只有 24 票，未过半数（全班 50 人）。班主任和全班同学都喊橙子投出第 25 票。橙子捏紧了拳头就是不投。一周后我听到这段插曲，哈哈大笑。女儿的性格与我真像，有倔的一面。

发小刘斌听说此事，觉得橙子要理解社会潜规则，应该投出顺水人情那票。我说这是女儿小学五年最大的事情，比语数外学习还重要。让她慢慢体会。

卢柏宜，毕业后在律所工作，赚了钱提着地球仪 DIY、茶具套装来看我。我直言不讳自己对他读研后的想法：不够自信，寻工作主意变来变去。越来越俗，写些没用的文章，重蹈我当年覆辙。他说写过的文章会在未来的读博中发挥作用的；认同中国的法学刊物文章绝大多数都是无趣且无实际意义。并与我分享了金庸《笑傲江湖》的结尾，令狐冲想：“但人生在世，要吃饭，要穿衣，要顾到别人，岂能当真无欲无求？涅槃是‘无为境界’，我们做人是‘有为境界’。在有为境界中，只要没有不当的欲求，就不会受不当的束缚，那便是逍遥自在了。”哈哈，灵气的不羁的风又回来了。

板子不打在自己身上不会痛

新加坡管理大学张巍教授的观点是，中国监管层切勿跟风美国 SEC 对 ESG 的强力推动；公司的社会责任是依法谋求股东利益。以及更深层次地，他始终觉得 ESG 三个东西捆绑在一起，不伦不类。

我却觉得这三个东西因为真实世界的发展，阴差阳错坐在一条船上。环境、社会和公司治理比作三个人的话，一趟新冠疫情大灾面前成员之间发生了神奇的化学反应。

一、环境可持续领域的量化

这三个领域最有实质性进展的是环境可持续领域的量化。新冠病毒的产生源于人类活动对环境的改变。未来世道的气候酷暑和严寒会常态化。企业必须在自身温室气体排放归零有实质性动作。比如承诺 2050 年排放归零的台积电，2025 年用电量将占台湾的 12%，超过斯里兰卡一个国家。考虑到化石能源发电排放温室气体不知凡几，台积电全台湾疯买绿色能源的额度(99.9%)。我震惊于小小芯片，如此耗电。想想这小小智能手机的大脑，竟贯注过如此大的能量，怪不得有让人欲罢不能的魔法。

如果没有台积电作为上市公司 TSMC 的气候变化披露大数据，我对它的认知还只是停留在政治经济的文科层面。而美国 SEC 的上市公司气候变化披露规则，对企业范围一（直接排放）和范围二、三（间接排放）已经相当成熟。比如这份已经征求完公众意见的规则，长达 490 页。我熟悉的美国前特拉华州首席法官、现 WLRK 律所顾问 Leo Strine 等给出的建议，只是让它成本收益更高。

明白企业的直接排放，是个专业的思维游戏。它把企业分成生产制造和办公室类型。所谓前者的直接排放，是指自己燃烧化石能源产生的电力(包括电能、蒸汽、冷气)。后者的直接排放，包括办公室通勤和差旅的排放。在各种 SaaS（软件即服务）的帮助下，统计这个已不困难。专业性是指二十年来，各种公益机构已经做好了基础工作。不懂专业的人，连 GHG Protocol 翻译为《温室气体核算体系》都不会。[11]我赞叹这种思维的实用在于，每家每户披露自己产生了多少电，耗费了多少化石能源。就像自家客厅虽有个大空调，但晓得开一天要交 50 元电费，就会尽量节省。

[11] https://ghgprotocol.org/sites/default/files/standards/Chinese_small.pdf.

间接排放，特别是核心业务外包的核算是新问题更是核心问题。比如金融机构将大数据业务外包给云端服务企业。极其耗电的后者如何核算温室气体排放。所以 Leo Strine 在给 SEC 的建议书中，提到新规不要对这块生硬地来个反规避逻辑一禁了之。下意识地认为上市公司就是会通过外包，然后披露自己范围一和范围二较少的温室气体排放。实际上，台积电非常在意能获得绿色能源，就是远水不解近渴。要鼓励“用苹果换苹果”的披露：绿色能源换化石能源。[12]

SEC 的掌舵者 Gary Gensler，张巍老师颇有微词，我却引为知音。这位 MIT 的前教授，登山爱好者（登过乞力马扎罗两山），三个女儿的父亲（妻子乳癌去世、未再娶）。

SEC 有无权力要求上市公司披露气候变化的温室气体排放数据，目前共和党占多数决的最高法院虽有不利裁判（美国环保署被判无权强制企业开展碳排放市场交易）。但我同意 Leo Strine 的律师意见，SEC 绝对有权。政治势力主导的议题，无论东风或西风都只是一阵风。关键是日常的生活，这是长久的过日子。这位前法官、教授和律所顾

---

[12] Beller, Alan L. and Brewster, Daryl and Eccles, Robert G. and Katz, David A. and Lu, Carmen X. W. and Strine, Jr., Leo E., Comment Letter- SEC File No. S7-10-22- The Enhancement and Standardization of Climate-Related Disclosures for Investors (June 16, 2022). Available at SSRN: https://ssrn.com/abstract=4139637 or http://dx.doi.org/10.2139/ssrn.4139637

问的所作所为，也给我许多启发。除了诉讼、非讼，原来律所的顾问可以做好多事情。

二、不平等社会议题可持续的量化

对这个问题的阐述，详见本书第五章末尾《中国疫情中小企业金融纾困政策实证》

三、信息科技时代的公司治理可持续量化

Leo Strine 专文《数字化时代的董事会实践》，提出董事会线上开会越来越多，有优点但缺陷是不如线下碰面，心知肚明这会是否开成了烂会。那种开完每个人都急于清空记忆的情绪状态。线上会议，越来越多使用 PPT，会让与会者成为消极的观赏者，没有参与感。有些会议纯粹是扯蛋。但笔者印象中林肯在等待国会投票通过第 13 宪法修正案的《废奴法案》的那次会议，绝对精彩、充满悬念。导演斯皮尔伯格记录这个会议的那部电影，我一直珍藏着。

Leo Strine 专门回顾了特拉华州衡平法院的一个旧案 Caremark。由他的老同事，燃灯者 William Allen 法官裁决：特拉华州注册公司董事的信义责任，包括公司治理应建立一套内控合规系统。确保这类医疗公司的董事知晓本公司如何因应医疗照护行业的潜规则：与医生分享红利（直接给回扣、赞助开会、旅游……）。这种信义责任既是实体层面的，又是程序层面的（应披露这套程序的建立和运转）。

推而广之，信义责任所覆从医疗潜规则到气候变化。目的是保障董事在决策时充分知情。要让线上会议的董事有实在的参与感，就必须防止他/她们分心（不能同时处理电邮或看 facebook），必须让其知晓本次会议有录音，其发言会被自动记录。

你看，ESG 背后都是一条主线：信义责任。不能在一个领域呆太久，专家要接触生活。就像那句老话：板子不打在自己身上不会痛。否则你走不出舒适圈。就像橙爸冬泳一样，不要思来想去，No Hesitation。跳下去！

第五章 公私并济：新冠医疗改革的良心

女儿骨折、自己补牙、妈妈住院胆囊摘除，我一步步逼近医疗照顾。手把手带学生写中美医改论文，不仅理解了奥巴马医改法案遗产的政治，更感同身受了新冠瘟疫。以及政治撕裂如何助推了中美奥密克戎疫情扩散。这真是一场堪比美国南北内战的战争。

Atul Gawande 掌舵 ABC 之 Haven 折戟

“他强任他强，清风拂山岗”，

“他横任他横，明月照大江”。

这是台湾大学管中闵教授，以准校长身份硬杠教育部期间的 facebook 贴帖。2018 年底他被台大校长遴选委员会选中，出任第任校长。孰料执政的民进党不希望国民党背景的学者出任台大校长。台湾人觉得台大校长的声誉比教育部长强多了。杯葛拖了 570 天。管中闵不断诉诸网络表达抗议。破纪录地，这段时间竟更换了三任教育部长：蔡文忠、叶俊荣。为打破僵局，台大法律系出身的叶俊荣，勇敢将管中闵推上校长宝座，“勉予聘任”。

彼时的我忙着鼓励我的学生“每天激情燃烧多一点”。清华大学许章润评价法学院的学生，能迅速适应社会，但热血不足。

我的热血不足的学生，李节忐忑地换了论文题目。李节在南京医学院读的本科，华政法律硕士。个子适中，瘦瘦的，大大的黑眼圈。2017 年我捞出他，同事们不愿意指导医学背景的法硕；没有法学基础，指导会很累。我因在龙华中医院担任校外导师，一年三次参加医学与法律交叉的沙龙，对医学背景的学生留了心。一次推荐书籍，我毫不犹豫地推荐了哈佛医学院的教授、Graham 女子医院的外科医师 Atul Gawande 的所有著作：《凝视死亡》、《外科手术室清单革命》、《外科医生的修炼》。

师生见面多次，商量论文选题《ABC 联营医疗新平台法律监管》。ABC 三家亚马逊、波克夏和摩根大通银行是名副其实的金融机构，它们在 2018 年年初创建医疗平台，邀请美国的张文宏医师 Atul Gawande 出任 CEO。这位 CEO 能说能写，还能动手术。新平台出现的大背景是 2011 年奥巴马总统《平价医疗改革法》已施行七年，社会争议极大。这个题目是逐渐浮出水面的。我在照顾橙子骨折的 2018 年 1 月偶然读到纽约时报说 ABC 成立了。6 月李节发来消息 Atul Gawande 出任 ABC 的 CEO。获悉消息的整个下午，我的心情都被晚霞点燃。

带着这个新题目，李节一边实习，一边搜集奥巴马医改法的材料。我把他带到长宁红楼图书馆，取出美国医疗法的大部头教科书。

6 月，学生一行 9 人去了衢州房子，同行者给他一个外号“李节爸爸”，就是很会照顾人。我注意到李节从不发朋友圈，微信名“光辉岁月”，一个肌肉男的头像。10月我在松江返长宁的校车上，突然收到李节的框架。我回复说完全不在点上。我的习惯是选题对本科生、硕士生同时开放。我帮本科生柳子舟草拟的框架，完善后发他参考。此后杳无音信。

11月，我最后一次参加龙华医院的导师团会议。下午的会，中午百花港河冬泳完，突然收到李节的论文草稿。我邀请他来龙华医院面谈，并想自豪地推荐自己辛苦两年的法律医学交叉培养成果。会议三点开始，李节无法及时赶到，说不熟悉。那份初稿有1万多字。

2019年2月2日爷爷去世我在江西奔丧，他突然微信我：想来办公室谈谈。觉得微信里讲不清楚于是作罢。后来我才明白：那晚不谈对彼此都好。一方面我不会同意，另一方面他的坚决是逐渐浮出水面的。

3月2日，学院预答辩还有六日。上课前，我打开杨雯发的预答辩论文压缩包邮件，赫然发现李节的题目是“债券”。立刻短信李节来找我。上完课他也没到教室，我先就驱车静安牙防所补牙去了。之后我俩在牙防所对面的“富麦小笼”馆子里吃中饭。他哀求我希望能接受新的选题。他无法驾驭把握不住的东西。

3月4日，坐校车我把他带到百花港河。大雨倾盆，我示范他，跃入冰冷的河里。他也浸了一下，大喊好冷。雨中我俩去皇家咖啡馆，他的眼袋更黑了。他说：ABC到今天才宣布这个医疗平台叫“避风港”（Haven），动作太慢。本科柳子舟的同名论文有点浅，硕士论文很难参考。

言外之意是，这位本科生的文字太感性。硕士论文的中性措辞，参考不了。您草拟的那个框架又太大，我驾驭不了。我答复死也不接受换题目。雨停了，他坐地铁回长宁。我去了松江办公室。分道扬镳。

3 月 6 日，他拿出一个医疗侵权责任的论文。我说短短几天，你在中国知网下载粘帖的东西，不如之前的题目。他说原先的题目，即便美国部分已经成型，落地中国如何借鉴。比如美国医改的透明度法令，要求医院官网披露采购成本，非常有价值。但按当时他的心境沉不下来了，原创的中国制度变革文字绝对憋不出来。在松江我们一遍遍轧校园马路，中午校车回长宁，我邀请他去我家吃牛肉面。他后来对康标嘲笑了这个味道。呵呵，远不如他家乡南通黄鱼面。

3 月 9 日上午，他带着“医疗新平台”和“债券”两份论文初稿坐在教室最后面。坐他旁边的熊振东明白他内心正天人交战。

我在红楼看《正义的慈悲》，这本书邹茜雯从美国回来送我的毕业礼物。台湾译本提到，有抑郁症的孩子，如何如何，且多数与家庭有关。与李节的互动，我恍然大悟。他父亲是南通的警察，母亲在药店工作。方志鑫传来的消息，李节说自己想自杀。

李节是好孩子。2017 年 6 月导师选学生的会上，他参加的唯一课题是“患者急性心脏复苏”。2018 年 4 月，我在松江开读书会，把他带去，两人还一道在百花港河游泳。后来组建的“百花港四杰”微信群。他游泳完高举“辩己忘言”四个毛笔字。2018 年 11 月，我把所有的研究生带去爬佘山，李节作为大师兄，组织保障给力。

唯其如此，李节论文写作的不顺利给下面两届的师弟师妹，尤其是法律硕士留下了大大的阴影。教训是最好不碰有挑战、创新性的论文。孙畅说疫苗的问题，把控不了，想换成“公司决议瑕疵”；方志鑫自己弄了“僵尸企业处置”，后来换成“股东股权担保”。柳亚铮把“高科技社交平台并购”逐渐变成“新平台掠夺性定价”。臧怡不再谈法国“这里是蜂巢！”生蔬直连平台了。

4 月 19 日肖扬院长去世了。我游泳完，在青石板上睡了一小时，醒来以苏轼悼念欧阳修的文字，感慨时代的巨人去世。准备新加坡马来西亚的旅程很不顺利。橙妈不愿意陪我们去马来西亚，说我没有作详尽的规划。这意味着橙妈带橙子直接从新加坡返回上海。后来躺在马来西亚的黑沙滩，我真后悔她们没能同行，在沙滩上抓迅即如飞的小螃蟹。

之后我放手的五月，邀请姑姑去了衢州，房子交接前最后一次亲友团旅行。李节通过了论文答辩。不会自杀了，他很高兴。研二预答辩的同学换成结论已出的选题，Let it Go！他把李节的论文做了复盘。

1. 从 ABC→ABC Haven→九位骨干新聘到位，每一步都花了六个月，很慢。

2. 川普总统要废除奥巴马《平价医疗改革法》（ACA），将堪比废奴南北战争的长期性。

3. ACA 法律 907 页，主线是以透明度降低医疗成本。

第 3025 条以美国医保局的支付为切入口，要求医院降低再入院率。以下六种疾病的再入院率，不降低则罚款：30 天内心脏病、心力衰竭、肺炎、膝盖关节置换、哮喘、冠状动脉堵塞的心脏搭桥。按病种分组为基础，以大数据确定医保价格。再以 Uber 拼车思路，覆盖更多弱势群体，降低医疗开支。

4. Haven 当下的工作重心是以三家公司 120 万员工、40 亿美元医疗支出为样本，提升医疗服务效率。在医院、医保和药企竞争的大背景下，精明选择。

5. Haven 定位是非盈利组织，但若推广亚马逊的 PillPack 模式，将如 Uber 那般撼动传统出租车行业的格局。

6. 医疗新平台对接挖掘医院、医保和药企监管当局的大数据后，将崛起类似 amazon 电子书、腾讯小程序、阿里巴巴支付宝等类似的独角兽平台。

7. 司法的使命是划定合法非法界限。相同监管、公开数据的爬虫，应效仿波斯纳法官的“城市猫狗”裁决，容忍法外创新。

【我相信愛

diy 泳池别墅，女儿选的，王倾通的电；看见光的刹那，孩子们叫的像黑猩猩一样。

谢谢橙妈引领、置业，此刻衢州乌溪江多了我这条大鱼。

结婚十年，顿悟平安养育三位研究生美女的“阿布”一家，接纳粗愚如我，得费多少心力。

是孩子们让我们家来了电；如diy，一堆纸片、木片、塑料，模型胶黏合、通电后，竟也是像模像样的巴伦西亚海滨别墅。

女儿骨折迄今六十天，谢谢岳父母、妻姐姐夫的细心照顾，让橙子像 little princess 幸福。两个家庭的组合，因爱彼此谅解，抱团取暖。

回想 120 年前也是个戊戌年，中国前途茫茫。但每个家都不放弃努力，相信泳池别墅在未来等我们，于是竟有今天卓然于世。

幸运如我，生于三代同堂被爱；娶到敏静芬丽的老婆，能陪伴女儿橙子长大，我相信爱】

女儿在 2017 年底骨折，这是我在陪伴照过程中发的朋友圈。

也是这段时间，滋生了对医疗的兴趣。并偶然读到《纽约时报》重磅介绍美国医疗改革的新进展：三家重量级金融机构（ABC）决定启动医疗照顾的新创业平台。A 是亚马逊（Amazon），B 是股神巴菲特担任董事会主席的波克夏（Berkeshire，C 是摩根大通银行（Chase）。

且行且试的 ABC 避风港

三家联手的医疗平台，从公诸天下要合作；确定外科医生、哈佛教授葛文德出任 CEO；招兵买马，推出官网（www.haven.org）、确定名字 “Haven”（避风港），每一步都花了六个月。

在这漫长的过程中，我新招了法律硕士李节。他的本科是内科学，建议做医改新平台的金融法规制研究。即研究这三家金融机构如何在2012年通过的《美国平价医疗改革法案（ACA）》的框架内，展开法外创新。他欣然同意。

孰料两年过去我俩都低估了难度。医疗改革从来是理想主义者与现实主义者都感兴趣的领域。理想主义者会觉得ABC的 Haven，是奥巴马总统最大政治遗产ACA2012年实施七年来自然发酵，水到渠成的进展。

现实主义者会说“巴菲特、贝佐斯、戴蒙”这些美国巨富精英，如今都在关注医疗服务，不言自明该领域乃是大有钱赚的乐土。

美国ACA这部法律907页，旨在降低医疗成本，扩大医保覆盖的受益者范围。与中国公立医保为主的结构不同，美国提供的是高度竞争的私立医保。以在中国补牙为例，就能明白两者各有利弊。公家的牙防所从来是人满为患，且动辄要求拍片拔牙；走医保账户。私人牙科诊所的治疗快捷，有针对性解决问题，不上纲上线。但不走医保，得付现金。美国企业会为雇员购买各式医疗商业保险，比如细分体检、牙科、内科、外科招投标，再组合成套餐。优点是避免了公立体制下医生激励缺失。缺点是成本越来越高昂。当然美国也建立了针对穷人和老人的Medicare和Medicaid体制。但工作青壮年的医疗服务体制以私立为主。

奥巴马总统在2020年传记《应许之地》回忆了推出这

部法律的政治艰辛，特别是为获得参众两院议员的同意所做的沟通和交易。艰难不仅在于拿出可行的草案，深层次是同盟者的意识形态对立。比如有些民主党议员明确表态不支持新建公立医疗服务的政策选择，即便是在私立服务不覆盖的领域。为了妥协，整部 ACA 删除了公家医疗服务提供的条款。但这并不意味着这部法律无所作为。

如 ACA 第 3025 条要求医保局以医院降低“再入院率”，作为提高转移支付（报销）效率的改革举措。凡未在以下六种疾病降低的医院，美国医保局（CMS，其中主要是 Medicare）应予以罚款。截至 2018 年的数据，罚金累计 16 亿美元。六种疾病是依托该条建立的 HRRP 项目（Hospital Re-admission Reduction Program），逐渐纳入清单的，2012 财年仅三种：30 天内心脏病、心力衰竭、肺炎。两年后增加了膝盖关节置换、慢性呼吸不畅类疾病（哮喘）；再两年增加了心脏搭桥手术下的冠状动脉堵塞。以后还将增加，如 ABC Haven 的 CEO 葛文德医生，建议甲状腺癌切割手术。

有本事的人都在思考如何降低医保成本、提高效率。周其仁的名著《病有所医当问谁》。但难点如李克强 2019 年政府工作报告所言：得“医保、医院、医药联动改革”。而奥巴马 ACA 第 3025 条，就是以美国医保局的支付为切入口，要求医院降低再入院率，医院被逼切断与药厂的勾结。真是牵一发动全身！

HRRP 的法条中充满了 DRGs(Diagnosis-Related Group Payment ，按病种分组为基础、确定的医保价格）等专业名词。2018 年 12 月中国医保局出台《DRGs 医保支付试点通知》。切入中国语境更容易理解，得具体到“程锦华诉兰州医保局”的案子。案情如下：要求报销兰州转诊北京看两种慢性病的程锦华，一审虽胜诉、但终审败诉。医保局的理由是，若没有转诊申请审批程序，医保报销开支难以控制。而 DRGs 将确定那两种慢性病“甲状腺功能减退症”、“肝功能硬化多汁症”的大数据成本。若 DRGs 医保支付成为常态，未来兰州和北京治疗这两种病的一般成本将浮出水面，程锦华对兰州医院失去信心，9 次入住北京解放军 302 医院的入院率。若推行 DRGs 体制改革，程锦华这类个案必将减少。

梳理美国川普总统 2016 年上台信誓旦旦废除 ACA，四年过去、终未废成。每步的法律斗争真是惊心动魄。时空锁定 2017 年 7 月 28 月，川普初年，共和党推出旨在取代 ACA 的《医疗自由法案》，孰料共和党资深参议员麦凯恩，先是三天前投票赞成把该议题纳入表决，共和党党鞭麦康奈尔喜形于色，并安排麦凯恩老朋友林赛·格雷厄姆以友谊威胁要求赞成票；孰料，麦凯恩最终党内反水。其戏剧性让我想起了斯皮尔伯格的电影《林肯》，众议院表决通过宪法第十三修正案的场景。

“在美国，奴隶制和强制劳役都不得存在”。如今这样的大白话和真理，时任美国总统林肯，在 1864 年的 6 月 8 日的众议院，还需要 13 票才能获 2/3 多数决通过。于是林肯指示国务卿苏厄德和联邦众议员埃利等人使用任何必要的手段确保法律通过，包括承诺政府公职、政治捐款和传出民主党议员有意改变投票立场的消息。诚如众议员斯蒂文斯所评“19 世纪最伟大的举措是在美国最纯洁的人，协助和教唆下，利用腐败才通过的。”

川普登基第二年，2018 年 11 月，奥巴马针锋相对，民主党夺下众议院多数席。美国国会中期选举，2018 年女性挺身而进是亮点，成功赢得众议员选举。从 20 多岁妙龄少女在弗吉尼亚、到 70 多岁女大学校长在佛州。奥巴马《平价医疗改革法案》更废不了啦。不禁想起林肯总统在《葛底斯堡演讲》，“应许所有的亡魂并未作无谓的牺牲，促使我们的国家，在上帝的保佑下，享受自由的新生——保证民有、民治、民享的政府，与世长存。”

川普登基第三年，2019 年 4 月，中国总理李克强政府工作报告的“医药、医院、医保联动改革”给了美国川普一记响亮的耳光。中国医保当下的改革亮点，完全参照了奥巴马的 ACA。具体落地的先行先试城市，上海医保局局长夏科家介绍了改革进展。按病种付费（DRGs）、鼓励医院作成本控制、结余自由支配；“4+7”城市（4 个直辖市+7 个副省级城市）医保局集中采购抗癌药。中国正在效法美国医疗改革的成功经验。期待阿里巴巴+中国平安+腾讯的 Haven 平台涌现。

ACA 堪称当代最重要的法律。所谓“赞誉天下、毁誉天下”。当前可以预料川普总统不可能废除，但也许会陷入停滞不前的状态。比如葛文德批评川普政府新推的医疗保险计划“看似成本低，但坑很多”，对医疗消费者助益不大。预料未来，奥巴马与川普政客的较量会转移到市场层面。即由 Haven 这样的新平台挑起大梁。

在 Haven 之前，亚马逊就有网上销售处方药、快递药的实践，包括不限于收购 PillPack。但无法撼动医保和医院，尤其是“医药分离”的医院。故有 ABC 结盟之说。

Haven 的全部重心是以三家公司 120 万员工、40 亿美元医疗支出为样本，建立 DRGs 医保支付的大数据。这个工作注定是静悄悄地，就像大作家大作出台前，伟大电影出台前都是守口如瓶。但是诚如 2019 年“United Health 跳槽禁止令案”所披露的：Haven 越重申自己非营利组织的现状，越让市场竞争者害怕。比如 2018 年 1 月 ABC 合营消息甫一传出，美国“药品医保管理”模式（Pharmaceuticals Benefits Management, PBM）受益者——连锁药房（如 CVS）就股价大跌。因为亚马逊的 PillPack 每年网上开出 2.7 亿人次的处方药是事实。DRGs 医保支付的基础设施：电子病历，更是亚马逊强项。逐渐地，亚马逊与美国药监局关系不错。

而摩根大通与波克夏两家金融机构，都是大能量者。换到中国语境，管医保的权责机关是人力资源社保部、管医院是卫健委、医药是药监局。查零碎的新闻，不难知道搞定中国人保部（美国 Medicare）的是中国平安集团（类似摩根大通）；搞定卫健委的是腾讯公司。旗下的丁香园获取了卫健委的实时数据。

简单说，ABC 的 Haven 是不动雇主购买医保的美国私营体制，在市场层面所进行的改革。

ABC 解散 Haven

医疗合营新平台 ABC 的合作进展缓慢，直到李节预答辩前晚才推出官网，看到九位高管的合照。绝望的李节早有准备，他原来写了两篇论文。我劝他即便改成总结 Haven 的失败经验，也是好文章。我俩都经历了艰难时刻。

2019 年 5 月，他最终用另一篇论文通过了答辩，找到了律师工作，并承诺会继续关注中美医改。我则向其他答辩委员说明事实，并表示自己承担一切责任。从此师生陌路，各自怀着受伤的心继续生活。

2020 年 5 月，Atul Gawande 宣布不再担任 Haven 的 CEO。2021 年 1 月 4 日，Haven 宣布解散。一个月后，Gawande 撰文解释这次创新联营挫折的根本原因还是医疗服务有相当强的公立属性，光市场层面不够。而新冠瘟疫更是雪上加霜。此刻需要联邦政府挺身而出，而不仅仅是市场层面的竞争创新。

静雅的吉利德

静雅，是美国黑人学生 Mikayla Vika Fahamokioa 的中文名字。2020 年底，她选了我的本科毕业论文题目《吉利德的公司财务法分析》，从此开启了我俩的交往。

在静雅之前，我指导过俄罗斯学生德夫的论文。他中文只勉强够日常对话，书写无论如何达不到华政普通本科生的水准。

静雅与德夫一样，中文只够对话，论文的写作磕磕碰碰。何况她在当年寒假回到了洛杉矶。选择吉利德，是因为新冠瘟疫蔓延的初期，疫苗还要一年才问世。病急乱投医，吉利德的一款药“瑞德西韦”似乎有效。

这是家成立三十多年的药企。创始人从收购疟疾疫苗起家，专注病毒药物的研发。通过各种收购，旗下最知名的药物当属治疗肝脏病毒的药物，索磷布韦（sofosbuvir）堪称丙肝神药，价格不菲。

【读你的论文，感到已把握“吉利德”已经是家了不起的药厂。判断力精准，收购肝病毒领域和HIV领域的创新企业；将注射药“炼丹”为口服，省去患者挤医院排队多少麻烦。再以高价卖药，收回成本。不断推出升级版良药，治愈而非治疗、乃至消灭丙肝。循环往复，在这个真实世界占到一席之地。无愧其出自《圣经》的名字也。

具体到瑞德西韦，各种临床效果不一，结论是成效不确定。故言新冠时代吉利德“崛起”，为时尚早。吉利德的成败不以瑞德西韦为衡量计准，而是她的并购+彻底消灭一种病毒的商业模式。此间有许多法律问题。

阅 Yaniv Heled 等文章《新冠药物研发以盈利模式驱动为基础的内在问题》，复盘瑞德西韦这款药物研发的全过程。先是因收购 PharmAsset 附带被送的一款药，最早叫 GS-5734。该药最早就是接受公私合作基金款项研发，用于治疗冠状病毒。给钱的美国公家包括疾控中心、美国军方。Gilead 期待这款药能在防范流感和埃博拉病毒赚钱。

再是，吉利德公司的科学家发现该药虽对出血性埃博拉病毒不太有效，但对 SARS 和 MERS 有效。但由于美国本土 2015 年前后，政府的重心是防范流感和埃博拉（许多美剧都津津乐道美国最强医院治疗埃博拉患者的故事）。亚洲爆发的 SARS 和中东 MERS 并未在美国广泛传播。因此，吉利德并无量产瑞德西韦的激励。

接着，2020 年 2 月以来，瑞德西韦一度被誉为“人民的希望”。吉利德一度考虑申请该药为“孤儿用药”，获得更强的专利保护和纳税优惠，终因美国知识界的批评反弹而撤销申请。当下的问题是，疫苗已经研发出来，但治疗用药尚需五年（中国张文宏医生的判断）。而瑞德西韦的生产量光满足美国本土都不够；定价虽不如丙肝神药那么夸张，但五天的疗程需耗费 3120 美元（给 Medicaid/Medicare 或私营保险公司的价格），或 2340 美元（给退休老兵部和印度健康署的价格），仍然备受批评。

以上正是英国阿斯利康本来在 2020 年 7 月提议 970 亿美元并购吉利德，最终无果而终的深层原因。本意这场并购是想打造治疗新冠病毒的航母级药企，阿斯利康/牛津的疫苗加上吉利德的瑞德西韦。

从公司财务法的角度，这就能解释为何 2020 年 3 月/4 月，六次美股熔断最惨时，吉利德的股价“万红丛中一点绿”。如今大盘飙涨，吉利德的股价却裹步不前。以及阿斯利康的史诗级并购无果而终的原因。由此判断，吉利德的估值或市值，相当准确地反映了药企的生态和前景。】

【静雅，

请原谅我的英文和你的中文差不多。所以每次习惯用中文来信你提交了毕业论文，很棒！刁老师正在建议学院给你安排远程答辩，具体形式可能是向你发送三个书面问题，你再发回即可。

基于上海、洛杉矶两地11个小时的时差，不一定非要实时视频。

我知道你有不少课程还未通过。但能通过论文答辩总是好事，能进一步是一步。你说呢？

你的手机又坏了，wechat 再度失联。咋们就通过邮件联系吧。】

【好的，您说的对！书面问题可以，就按照您说，我会努力去做。静雅】

遗憾的是，静雅最后没有拿到华东政法的中国学位，就像 Atul Gawande 掌舵的 Haven 折戟。她虽然完成了中文毕业论文，但学分没有修满。因为疫情有些课无法修。后面就失去了联系。

“叛徒”知乎晚期胃癌的过度治疗

马进仓，50岁，在青海西宁确诊为 AFP（甲胎蛋白）阳性晚期胃癌并肝转移。2019年5月来到上海新华医院找陆巍医生治疗，被推荐的“5 药联合”包括进口药培美曲塞、安罗替尼; PET-CT 扫描以及 NK 细胞治疗。花费10万，病人离世。马进仓女儿咨询北京第三人民医院医师张煜。后者在知乎发文，谴责陆医师过度医疗，谋利企图明显。

张煜押上声誉和职业生涯，舆论哗然，知乎的文章成为公众焦点事件。国家卫健委迅速组织赫捷（中国临床肿瘤学会胃癌诊疗指南专家组组长）等专家审核陆巍的治疗方案，认定基本合规；并要求上海卫健委查医生与 NK 医疗机构间的利益输送问题。

张煜再度发文并不认可专家组的判断。而上海卫健委 2021 年 5 月裁定：陆巍医师“未按规定告知患者病情、医疗措施、医疗风险、替代医疗方案等，以及未按规定填写、保管病历资料，或者未按规定补记抢救病历”，暂停行医半年，罚款 3 万；提供“自然杀手 NK”的嘉慷公司未取得医疗机构执业许可证擅自执业，罚款 165 万。

医学相当专业。PET-CT 全名是正子断层 CT 扫描，费用高达八九千。NK 细胞治疗，一针 3 万，不在医保报销之列。培美曲塞、安罗替尼一瓶几千元，当时均不在医保报销之列。张煜提出，若用国产多西紫杉醇联合卡培他滨或是替吉奥，每周期花费 1000 元不到；而陆巍的每周期花费是 1.5 万。

官方处罚之后，张煜医师的生活重归平静，公众号继续医学科普。孰料陆巍 2021 年 9 月发文，辩解手写的“5 联化疗方案”是合理的探索。而且，此后病人在新华医院化疗的结果是 AFP 数值下降------“这证明了疗效”。又是专业术语英文缩写为 AFP 的甲胎蛋白。医学专业术语的叠屋架床，让我们这些门外汉无从判断。估计医生自己也是如此，毕竟医海浩瀚。这决定了不仅陆巍有局限，张煜也是。

于是就有了肿瘤的治疗指南，每个阶段都写明有确凿证据的检查和治疗。并且治疗指南更新很快，每半年甚至几个月就出新的版本，比较权威的有中国临床肿瘤学会（CSCO）的常见恶性肿瘤诊疗指南、美国国立综合癌症网络（NCCN）每年发布的各种恶性肿瘤临床实践指南，及欧洲肿瘤内科学会 （ESMO）的指南。国家的医保政策也是跟着指南走的。权威指南推荐的标准化疗，现在几乎都可以由医保报销。

但马进仓的病例属于 AFP 阳性胃癌，属于比较罕见、缺乏治疗共识。这就有了张煜的自陈：“2021 年 4 月，我帮马进仓家属发声之后，很多事情一直都僵持着。其实我也影响到了医院的同事们，但他们对我的态度比我想象的要好，至少没有责怪我。也有一些医生(比如“豆妈刘芳”)质疑我，甚至骂我，说我不该去曝光，还有不少人直接骂我是“叛徒”。……我并不想打倒一片，如果说赚点药品补贴，可能过去 90% 以上的大夫都无法避免。不过，现在新医改实行药品零差价之后，医生的诊费也提高了，通过开药赚回扣的现象已经大大减少了，但依然还有一些其他变相的或更加隐蔽的方式来创收。”

2020 年 11 月，我小舅妈 50 岁那年胃癌去世，红颜薄命。毛泽东时代的面粉厂工人，却立志通过了律师资格考试。啥案子都接，成了小县城的大律师。有时一次开庭就长达七、八个小时，不按时吃饭吃常事。有时有胡吃海喝，把胃搞坏了。2018 年 5 月，我和妈妈邀请了徐埠大家庭去衢州旅行。她欣然参加，但回家说肚子不舒服，去医院体检；确诊胃癌。随即切除大半个胃，再化疗服药。2020 年 2 月武汉封城，我高铁回到家乡。小舅妈儿子笑聪接站，告诉我他妈复诊转移到肝等部位，胃癌晚期。

小舅舅陪伴她来上海散心；儿子努力考过了最难考的律师资格并在疫情前完成了婚宴；买了安南小镇的别墅；夏季租了湾里山区农舍消夏。但两年多还是香消玉殒，小舅妈临终前拒绝治疗，体面离世。所花百万治疗费用，因买了商业保险而覆盖大半。

2021 年，因揭露癌症治疗社会乱象，张煜医师所任职的医院认为对单位总归不是好事。不知为何，张煜被有些人称为“叛徒”。北京大学第三医院将张煜从门诊部调离至住院部。2022 年 2 月 25 日，北京大学第三医院以张煜违反了职业道德和社会公德，影响医院声誉为由将其解雇。2023 年 2 月，张煜医师回到自己的家乡衢州，继续医师执业生涯。

从 VIS 神药到疫苗保护力竞争

2020 年新冠瘟疫肆虐，维也纳 Willem Vis 国际经济法模拟比赛，会当其时以新冠疫苗专利及其仲裁问题为素材，鼓励学子深度思考法律人对遏制瘟疫蔓延的贡献。

案情缘起：发起仲裁申请人 RespiVac（Complaint，简称 CC）。这是家想购买腺病毒药品专利、生产新冠病毒疫苗的企业。注册地在资本之国（Mediterraneo）。

拥有这款药品专利的是两家企业，成了被申请人

（Respondent），卷入争端解决程序。一家是 Cam Vir，生产抗病毒疫苗企业（Respondent No. 1，简称 RR1），一家是 Vector Vir，研究病毒的新创企业（Respondent No. 2，简称 RR2）。注册地在海边之国（Equatoriana）。

先讲 RR2 的故事。它 2012 年同时展开对大猩猩、黑猩猩腺病毒的临床研究。过两年，资金捉襟见肘，就把大猩猩项目的药品专利（GorAdCam，大猩猩腺病毒）独家许可给第三方 ROSS 制药（注册地在 Danubia，沙漠之国）。2014 年 6 月 15 日，ROSS 协议被用于疟疾。

RR1 的专长是疫苗和癌症药物生产的基础材料，比如 HEK-294 细胞及其培养基、比如 S 蛋白单克隆抗体等。两家合并是因 Roctis 的收购，专利研发与生产优势合一。

购买、合作与专利许可协议

2019 年 1 月，申请人（Complaint）与第一被申请人签署一份"购买、合作与专利许可"协议（PURCHASE, COLLABORATION AND LICENSE AGREEMENT, PCLA）。

PCLA 第 9.2 条规定头期款 250 万欧元。PCLA 签订后五日内支付。

第 9.4 条规定"研发费用"的分期支付：CC 应按 RR1 的临床三期和监管获批，支付"研发费用"。分别是 50 万、50 万、100 万、100 万欧元。

第 9.5 条规定"专利特许费"的分阶提成比例：CC 应按年度净销售额 2500 万、1 亿欧，超过 1 亿欧，分别是 6%、5%、4%。

第 16 条是疫苗生产的许可费。更为琐碎复杂。

以下是总费用：

Table 1: Economic Value of the PCLA			
Sales Part (in EUR mil.)		**Non-Sales Part** (in EUR mil.)	
Delivery of GorAdCam vectors (Section 9.2)	max. 2.5	Milestone Payments (Section 9.4)	3.5
Purchase of HEK-294 cells and growth medium for vaccine production (Section 16.2)	200 per year[1]	Production of Vaccine (Section 16.2)	200 per year[2]
		Royalties (Section 16.3)	52, 75- 102.75 per year [3]
Total Sales Part	**max. 202,5**	**Total Non-Sales Part**	**256, 25- 306,25**

按第一被申请人是否成功研发新冠疫苗，如下图所示分为五种场景：

1. 未研发，则不存在四种里程碑支付。销售 250 万欧元>200 万许可费

2. 研发成功。至少需要一亿剂。要求申请人以 2 亿欧元至少购买 100 批的原材物料。若第一被申请人能提高量产，疫苗的净销售额至少达 25 亿欧元。向第一被申请人支付的许可费 1. 0125 亿欧元

3. 第一被申请人未能成功量产。只能生产 20 批原材物料，买卖款是 4 千万。年净销售额 5 亿，许可费 2125 万

4. 申请人利用第 16. 2 条的生产选择，第一被申请人提升量产，提供一亿剂可注射疫苗。疫苗购价 4 亿，而许可费 6426 万欧元

5. 未提升量产。仅能生产 2 千万剂。第 16. 2 条项下可注射疫苗购价 8 千万。许可费 1425 万欧元

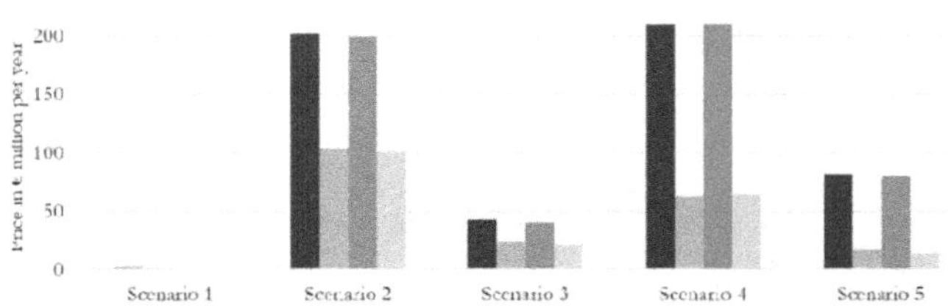

第 14 条约定相关争议提交瑞士国际商事仲裁院（SCAI）并按其规则仲裁。被申请人推测仲裁之所以发生，是 2020 年 4 月，CC 被 Khorana Lifescience 收购后，CC 无需更无意再付出那么大的成本，去买载体、细胞培养基和疫苗，付那么多的特许费。这是发起仲裁程序最真实的动机。

这份 PCLA 协议是按彼得（Peter Doherty）提供的合同模板再修改而来。他目前是 RR1 的合同部部长，但先前是 RR2 的中层。这份协议的内容是谈判购买病毒载体和细胞培养基。GorAdCam+HEK-294 细胞（GAC+HEK）。申请人同意，如果 RR1 的新冠疫苗研发取得突破（包括临床+药监局审批），每个里程碑突破就支付相应的金钱……

我将当年 Vis Moot 的英文题改为中文，并将核心问题浓缩成一道国经策论题：

"新冠疫苗种类繁多，有灭活、载体减毒原理、mRNA；分单剂、双剂、三剂注射；有超低温、冷藏运输或常温保存。

德国拜恩特科（BioNTech）成为疫苗专利技术的领跑者，但因德国该企业不具备规模量产和临床等能力，最终选择辉瑞作为合作方；而辉瑞已经花费 20 亿美元支付各类研发试错费用。辉瑞-BioNTech 的 mRNA 疫苗率先在全球五大药厂脱颖而出。中国科兴、国药北生等新创企业亦成为世界疫苗市场的领跑者。

可以预料，随着病毒毒株的不断变异，随着越来越多药企的新疫苗加入市场，未来疫苗的官司会烽烟四起。且涉及专利权问题，里面的图文讲解会让人眼花缭乱。请结合 Graham v. Johndeer 裁判的“非显而易见性”标准，分析司法如何把握疫苗药品专利进步与权利重叠冲突的法律边界？”

这是我 2021 年 7 月，时隔四年重上国际经济法课，出的期末考试试卷。出完卷，我感觉自己也为抗击疫情出了份力。虽然评教有学生吐槽我把必修课当成选修课上。但最终给分高，学生中还涌现了全国 vis 模拟赛个人最佳辩手。考完后，同学们都感谢我！但感谢我的原因只是我给了高分。

源于疫苗的学术收获，还得在一年之后。2022 年 12 月 7 日，中国政府突然结束“动态清零”国策。

中国新冠大流行结束后，2023 年新学期开始，同学们陆续回归校园。牟泽洲告诉我，他奶奶若非美国辉瑞的 PaxLovid，绝无可能出院。当时整个家族发动，到处托人，竟然在烟台一家精神病院发现了该药的存货 12 盒。2 千多元一盒，即便错过最佳服用时期，对于已经出现白肺的有基础性疾病（脑中风）的老人，仍有奇效。正是因为国际经济法的那年的 VisMoot，我晓得该款新冠神药最重要的成分是奈玛特韦。更晓得辉瑞公司出品PaxLovid，背后是艰难的努力和重金投入。特别是通过上引两张图表，这种投入不一定有回报，存在高度的不确定性。

爪牙政治谎言助燃奥密克戎疫情

一年前，美国看来大有希望击退新冠肺炎疫情，因为已迅速研发出有效的疫苗，并快马加鞭配发给民众施打。但为何至今，即使像美国这种先进国家，依旧摆脱不了新冠病毒的纠缠？

纽约时报专栏作家克鲁曼（Paul Krugman）撰文指出，一部分问题出在新冠病毒「进化的创造力」，先是 Delta 变种的致命力震惊世人，紧接着 Omicron 变种的传播力又骇人听闻。

但克鲁曼认为，更要命的是政治因素。若不是共和党政客扯谎唆使支持者拒打疫苗，情况不会这么严重。虽说许多至今未接种疫苗的人未必是共和党铁粉，不打疫苗也可能出自诸多考虑，但不容否认政治是一大影响力。近期凯泽家族基金会（KFF）民调显示，未打疫苗的受访者中，有 60%自称是共和党，自称民主党的只有 17%。

共和党上述说法除了与事实不符外，往往也自相矛盾。举例，他们说：「因为有疫苗，我们可忽略新冠肺炎，反正疫苗打了也没效。」「接种疫苗是个人选择，但告知民众作明智抉择所需的信息，是蔑视他们的尊严。」「接种疫苗是捍卫自由和利伯维尔场，但这种自由不包括民间企业保护员工和顾客的权利。」

共和党政客和右翼媒体为何散播这些谬论，阻挠接种疫苗？克鲁曼指出，重点不在于共和党提不出前后一贯的论述，重点在于「成功的疫苗接种计划将是拜登政府的一大胜利」，所以运用反疫苗策略干扰拜登政府抗疫，再把未能终结疫情归咎于拜登。从拜登民调数字可见，共和党这种策略的确发挥了政治效果，但却牺牲了他们支持者的性命。

克鲁曼是我特别欣赏的作家，复杂的问题，平白文字娓娓道来，深入浅出。他的判断力让人信赖。他列举出“政客和右翼媒体的谎言，严重削弱了疫苗本应发挥的防护力：谎言一、宣称新冠病毒没什么大不了。美国电台节目主持人林堡（Rush Limbaugh）拿新冠肺炎与普通感冒相提并论……谎言三、宣称不打疫苗是为捍卫自由，接种与否应视为个人选择。德州州长艾伯特（Greg Abbott）的政府就凭这点，作为提起诉讼、设法拦阻联邦疫苗强制令的论点。

克鲁曼提到的反面人物，我都会去百科。比如那位蛊惑媒体人林堡，2021 年死了。德州州长，年轻时被大树压瘫。令人不胜唏嘘。但也觉得这些人就是爪牙。当今世代，社会撕裂极化，政党会把争议之事提交司法。并转为幕后操纵司法官员的递补。

比如 2020 年 Jack M. Balkin 在《宪法时刻的轮回》书中记述的美国自 1980 年里根总统执政，共和党开启长达

40 年之久的大当其道。该党的意识形态是减税、小政府，执政结果是经济自由繁荣，但因全球化造成的收入不平等无法克服。之前则是民主党自 1930 年到 1970 年代的大当其道。意识形态是民权和社会保障，代表总统是 F. D. R. 罗斯福。不同的执政理念，会导致不同的政治体制，以及民众三观的摇摆轮回。

巴尔金写道，无论哪个党派执政，总想把自己的人上位担任法官。2000 年布什诉戈尔，美国最高法院将总统宝座送给布什堪称适例。这位总统在任发起伊拉克、阿富汗反恐战争，引发 2008 年全球金融危机等后患至今，罄竹难书。

中国概莫然外，司法部长前部长傅政华，也是“狠角色”；相当于司马迁所述酷吏。对汉武帝时期的司法部长张汤，《史记》写道：当他注意到皇帝对古典文献喜好时，就开始援引经典来支持他的决谳。他甚至聘请精通《尚书》、《春秋》的学者来做自己的秘书。于是很多掌握这类经典的学者都在张汤残酷的决谳中，充当凌厉的“爪牙”。

【封控楼的“爱莎”美短猫】

4 月 1 日起浦西封城。因单位要求，作为中共党员的橙妈注册“先锋上海”app 向社区街道报道。当晚 11 点半，意外接到普陀区组织部电话，指定上海人社局综合计划处副处长的我太太，出任本小区江南名庐志愿者组长。第一要务是拉起一支核酸检测志愿者队伍。后因封控延长至今，志愿服务延伸涵盖团购物资分发和信息简报公开等等等等

这个过程需与小区所属居委钱书记、包主任全力配合。

30 多岁的包主任是同栋楼邻居，为女儿养了只美国短毛公猫，绿眼睛，被唤作“爱莎”

浦西封城前日，微信名为“居委工作机”的包主任就让老公带着女儿去了父母家。4 月 19 日因本栋楼 1 楼有阳性邻居，居家隔离转阴，时隔 16 天终致楼宇封控。

过程复杂详情如下：他 4 月 3 日抗原异常，再分隔三日与五日后，医生上门核酸单采，随申办 app 查询结果均为“待上传”。再过四日复核，阴性。再三日、即 4 月 18 日复核阴性。当他在微信群里披露他的抗原阴性照片时，我向他表示祝贺。

19 日，本栋楼与小区其余的 6 号楼、18 号楼同时封禁。但三栋楼有大差别。6 号楼是阳性患者和密接均被转运方舱，4 月 13 日封楼；18 号楼只是被患者被转运，4 月 15 日封楼。而本栋楼抗原异常邻居未被转移。

封楼伊始，本栋楼 67 位居民质疑同在微信群的“居委工作机”（以楼为单元，都建了微信群），为何现在才封楼；封禁何时起算？包主任回复说封禁到 23 号。至于原因，我理解官僚体制例行程序而已。预判我们楼算最幸运的，将与 6/18 号楼同时解封。或者 6 号楼七日后或者 14 日后。

但包主任担心家里的猫至少被封禁七日。基于我太太和包主任并肩作战多日，于是宛如魔术师帽子里变出一只兔子。我家客厅活生生多出了只猫，橙子喜出望外。孩子撸猫，我读小说。

忆起 2020 年居家隔离，我读了 Amor Towles 的《莫斯科绅士》。今年他出版新书《林肯高速公路》；是向大仲马

《三个火枪手》致敬之作。四个少年开着一辆斯图贝克（Studebaker），沿着林肯公路，从内布拉斯加到纽约，止于加州旧金山。

我一边读，一边回想去年夏天那段国道 217 的独库公路之旅。孰料才两天功夫，本栋楼今日解封，真是朝令夕改“伊刚”！对中国官僚体制的运转，还是法学的理解强啊。华政师兄斯伟江批驳吴尊友的文章，我都同意。

彼时病毒已经从德尔塔变为奥密克绒，吴尊友在微博发文强调仍要坚持动态清零防疫政策；高级黑上海防范不果断；援引数学模型专家初步分析，动态清零策略对当地 GDP 的影响仅相当于非动态清零策略对经济影晌的一半。

斯伟江强调不能刻舟求剑、考题太难、何不食肉糜，并写道：“你也有父母亲，你也有小孩，当三岁半生病不能及时送医而惨死；当小提琴家因剧痛无法就医而选择惨烈自尽；当郎咸平 98 岁老母亲因为没有核酸报告就死在医院门口；当九十四岁的老人半夜单独被强行送去隔离，你要知道，这其中，都有你的一份贡献。”

美国雇主医疗保险的公家选择

2022 年 2 月初，张煜医师被所在的公立医院解聘，理由是“违反了职业道德和社会公德，影响了医院声誉。”就像村上春树写的：“在日本有一件事是确定的：特立独行会惹人厌。”网友建议张煜去二、三线城市的公立医院求职。估计前景也不乐观。看到张医生妻子说科普公众号其实有她的努力，我很感动。这种夫妻关系是“烧伤阿宝”医生望尘莫及的。张医生继续科普，继续与阿宝“医药大V”这种烂人战斗。那些癌症巨贵的进口药，也只有他熟悉价格。也只有他能把一件病例弄成热点话题。

难怪奥巴马总统艰难推进《平价医疗改革法案》之际，他的民主党同僚、康涅狄格州资深参议员 Joel Lieberman 坚决表态不支持公营医疗保险政策。举例说，除了已有的蓝狮子盾保险和安泰保险等私营选择外，政府也可以在线上“交易平台”提供公立保险。而 ABC 的 Haven 之所以试水三年终于解散，根子在于这种医疗改革必须公私联动！

我的医保支出情况应该不算孤例。我所在的单位每年都投入不菲资金用于教师体检。可我对这种事压根没有兴趣。我三代同堂的家庭也从不体检，爷爷奶奶都是高龄去世。我真正的医疗需求是补牙，从小喜欢甜食，没有刷牙习惯。工作以来，特别每年进入冬季总有两三颗牙齿需要修补。每次带着沉淀资金已达 3 万元的医保卡去造访公立的牙防所，医生开出的标准治疗都是：先拍片子，然后提出牙神经坏死，建议拔牙。夺路而逃选择路边偶遇的那种私立牙医诊所，一般一次 250 元、10 分钟补好；每年花费 1000 元左右，自费。当然牙防所有时会遇到通情达理的医生，比如静安牙防所的李怀清。他从不要求我拍片子，懂得这位病人尚处于能补则补的阶段，年龄和身体处在壮年。我每次公费补完，总要带包中华烟或酒或附近的网红面包，表示发自内心的感谢。也许是巧合，我最后一次补完，他竟然不收我钱。然后就退休了。我也再不踏足静安牙防所了。

简单说，医疗保险的问题在于需求供给无法精准匹配。我不需要体检，我需要按自己意愿来的私营机构补牙报销，无法满足。这是医疗保健的根本症结。智慧如 Atul Gewanda 也难以撼动，只好挂冠而去。

2020 年底美国新总统拜登上台，他的医保施政纲领是推出政府经营的如 Medicare（美国联邦医疗保险）之类的公共健康保险，与私营医保并存竞争，让美国民众有更多的选择。Medicare 原本面向弱势地位，老幼鳏寡孤独者。如今向企业雇主选择性开放。

新冠疫情让美国成为防疫最失败的国家。特别是“在美国，黑人和拉丁裔群体染上新冠病毒和因此死亡的可能性都特别高。跟白人相比，黑人和拉丁裔学生也拥有较少在线上上课的资源。在受到联邦医疗保险保护的美国人当中，穷人的新冠病毒死亡率是一般人的四倍。”

2022 年春节，当我读到比尔·盖茨先生《如何避免气候灾难》后记这段话时，不禁想起了我的美国黑人学生静雅。我们后来失去了联系，她也始终没有通过中国华政的毕业论文答辩。虽然她写出了中文的初稿。

Medicare 和 Medicaid, 其实就是美国的公营医疗保险和照顾机制。这次疫情，这个公立体制在统计弱势群体和疫苗注射过程中发挥了重要作用。拜登的思路很清晰，让这个体制再去连接作为雇主的厂商企业。多一个医保选择，但不强制加入。

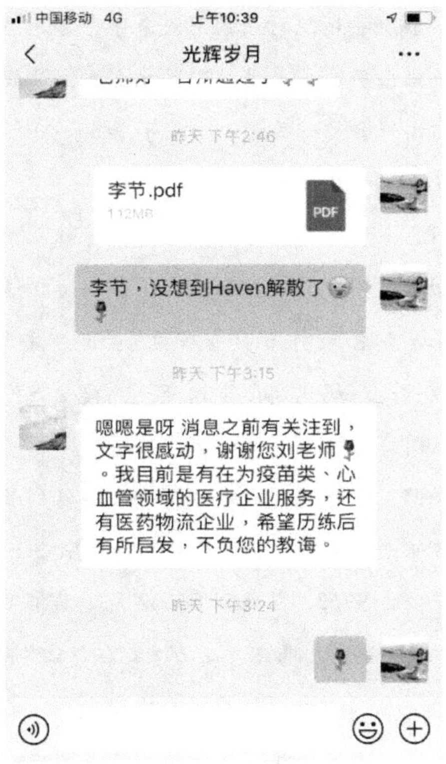

妈妈的住院手术

2022 年 1 月 1 日我临时坐高铁回到南昌。妈妈胆结石引发胰腺炎，在第二附属医院住院挂针消炎后，等待手术切除胆囊。

1 月 5 日手术，主刀医师余新从未露面。我在医院的折叠家属椅，渡过了难熬的 4 个晚上。一间病房三位病人，妈妈因为引发胰腺炎，一度算重症患者。圣诞节发病，1.7 日出院，前后 15 天。

1.3 日我跑去医院对面的河流来了个冬泳。嗯，得送点东西给值班余医生，也是主刀医生之一，让妈妈安心。妹夫从南昌山姆会员馆买的“车厘子、都乐香蕉”+一瓶我的匈牙利托卡津白葡萄酒。

1.4 日，手术只持续了四十分钟，妹妹从第三位医生手上接过切除的胆囊，以及胆结石。我用力把这些所谓的石头，捏成板栗泥状。1.5 日查房的医生说，手术很成功，明天就可以出院。妈妈觉得再赖两天，接受我们小礼品的余医生概然同意。

2021 年 12 月 26 日，从我家乡安义县转到号称肝胆医疗省内最好的南昌第二附属医院，入住预缴 3.5 万。出院结算自费现金付 9965，总费用 26552 元。其中卫生材料费和西药费，这两项费用高达 1.2 万元。自付比例占 37.5%。

2020 年 11 月，妈妈体检第一次查出胆结石，距今总共发作剧痛过三次，但痛过就好了。荤菜照吃。爸爸看电视专家介绍，说如果胆囊有息肉，结石还在增大，就要摘除胆囊。长痛不如短痛。而且是微创手术，在肚子上打三个洞，难度为常规手术。妹妹一度联系我，说准备二附院手术。

我总是劝妈妈保守治疗，不要割胆。肝胆相照。要改变生活方式。先喝中药。

就这样且行且生活地拖了一年。这一年，除了三次发作完全没有影响妈妈的高质量生活。忙碌的一年，妈妈和爸爸在老家一道造了一栋三层楼新房；妈妈主要负责徐埠外婆家大家庭的一日两餐。我则日常忙碌并持续写书……

我是意识到自己的《城乡中国彩虹桥》的小说灵感后，那个故事是村上春树《第一人称单数》中的“谢肉祭”。我意识到长白山林场折回上海洞泾，是城乡中国彩虹桥的并行线。

第二天妈妈发来一张在病床上的照片。微笑但平静，痛的吃不消，带哭的。好在有爸爸陪伴。

2021 年快要结束，妈妈此刻躺在南昌二附院的病床上，胆痛急性引发胰腺发炎。先是 2017 年我和橙子，再是 2019 年爷爷，如今妈妈成为圣诞节前后要出事的家人。我在 2022 年 1 月 1 日的地铁车厢里，接到妈妈 1 月 4 日胆囊摘除手术的微信，下定决心回家陪妈妈。妈妈已经虚弱了七天；以前还有脑眩晕，服用过心宝等扩张血管的药。手术前，得全家人围在身边。

自 2020 年 11 月初，妈妈告诉我体检发现胆囊息肉和小块结石后，基于手术不能治本我不断劝妈妈改变生活方式，多吃素多运动多喝水。迄今痛过三次，虽发作起来痛不欲生但事情过后也就继续日常生活。这一年来，看过江西中医院的江一平门诊，服过胆宁片，但 2022 年圣诞节突发胰腺炎，让妈妈觉得呕空的肚子与头脑似乎脱离。

事态至此我支持手术。因为医院异化为吞金怪兽，没有温情，我向来对包括体检在内的各项机器检查、手术持保守态度。果然抽了许多管血，各种 CT，包括加强 CT 验证急性胰腺炎。

听说我从上海来医院陪她。妈妈很高兴，对其她两位病友说儿子孝顺。这两位的胆病更严重：分别是胆结石引起严重黄疸、泥沙型胆结石（别人是石头，她是沙）。泥沙型胆结石患者，病床靠窗，有天早上推出去手术，晚上才回来。妈妈吓坏了，晚上监测血压高达 160。

全家团结，妈妈顺利出院，除了血压还不稳定。我感觉 2022 年 1 月的每一天都在办大事。回上海的高铁上，暗下决心橙子一寒假就回老家。这也是按新疆旅行的经验，一放假就跑。寒暑假过段时间，疫情就会串联。在零星疫情爆发前动身。

爸爸说："省会医院报销比例 62.5%，上次建平叔在二附院住院报销只有 50%多一点。但在县医院报销可达到百分之八九十。"爸爸对县医院的结论来自爷爷，2018 年年底爷爷髋关节置换手术，预缴 3.5 万，自付才 3 千元。但爷爷是公务员，妈妈是自来水公司事业单位员工。年底，妈妈单位发来 1 千元慰问金；报销比例达到 70%。再暑假回家同妈妈散步，被愉快地告知：单位补足了剩余下的 30%。自己家一分钱都未出。

奥巴马的医改法案推出的同病治疗费用差不多（DRGS），旨在让真实世界的大数据逐渐水落石出。比如我妈的这病总花费在 2.7 万元。对其它病友能提供一个预缴费用的估算。但也仅是估算而已，毕竟每个人的疾病、社保还不同。但 DRGS 有用，能勾勒箱形图的上下限。即使是专家也只是能把握治疗方案，成本估算不出。那就让沉淀的真实数据"物以类聚、人以群分"。但 DRGS 对癌症，特别是罕见、治疗无共识的重症，应该没有多大用处。就像春节在家乡安义县期间终于补上的一颗牙。

口腔左上有颗牙原来补的材料是玻璃体，不是收费要高些的树脂。有天嚼甘蔗时清晰地感觉到一部分材料像泥沙般褪去。以前也碰过。玻璃体，学名“玻璃离子”的缺点就是“颜色稳定度不够，不够坚硬，不能承受太大咬力，补上去比较容易掉。”但女儿学校旁边的私立诊所恺宏口腔，就是死活不愿帮我补。当时我是两颗牙需要补。我现在不愿去公立的牙防所，排队动辄两三个小时。倘若接女儿放学，提前半小时到，补补牙方便。

接待我的医生帮我补了真牙的缺口，250 元。7 分钟就搞定。但对另一颗补过的牙再加玻璃体就谨慎得多。要求拍片而且说得很严重。我完全能理解，这源于医患之间的不信任。补上再补，万一引起炎症。唯一的办法就是返工消炎。医生特别怕患者兴师问罪。不补我就去接女儿了。

这次补牙，我拖到 2022 年春节返乡，找家乡路边一个冷清的牙科诊所。操本地土话，诚实告知。听完我十几分钟的经历，那位牙医立即同意修补并只收 100 元；而我最终还是按上海的标准付了 250 元。

平台就业人员工伤险的公私并济

美国川普总统任内废不了的《奥巴马平价医疗改革法案》，归根结底还是提供了另一种选择。为没有医保的人提供医保，总归是好事。这是哈佛大学法学院教授 Howell Jackson 注意到的公家选择，在传统的市场选择之外。而拜登总统任内，力推这种公私并济的政策创新。

无独有偶，随着中国在平台等新业态岗位的就业人数在4000万至8400万之间。这类人员没有五险一金的情况，如何解决？中国的地方竞争走出了一条公私并济的政策道路。

首先解释薪酬底层逻辑。为何平台配送员与平台之间，不存在劳动合同法意义上雇佣关系的原因是劳资两方面的。按国务院副总理马凯的统计数字，目前中国养老保险缴费水平偏高，“五险一金”已占到工资总额的40%至50%。对于年轻的平台配送员，不存在一线城市购房或养老的需求，最佳薪酬模式还是不缴纳五险一金的底薪加提成。因为五险一金的基本模式是单位和个人缴纳要按比例匹配。所以劳资双方都乐得绕开五险一金。当然京东与美团等平台，具体的结构仍有差异。

其次配送员在工作期间频发的职业伤害事故，催生了商业保险需求。配送过程中无论是本人或导致他人发生交通意外，人身伤害赔偿无论如何都是一笔大数字。平台在与地方政府沟通单独投保五险一金中的工伤险失败后，平台开始为骑手统一购买商业保险。

各家商业保险大同小异：1.06元保费涵盖的保护期间：上午10点到晚上23点的工作期间，即接单和返回的90分钟内。但平台会在骑手每天开工后，首次接单时扣除3元平台服务费（每年保费超过1000元），且生成保单号，即完成当日保险购买。

保障责任仅包括“65万元保额的意外伤害责任+5万元保额的意外医疗+3万元保额的猝死”；以平台从业者平

均工资为 6000 元来计算，费率是 1.5%，远高于同类企业工伤保险参保费率的 0.5%，但是保障的赔偿额度却远低于工伤保险。表现如下两方面：一是这类商业保险的免责条款较多，被保险人需要先自行垫付治疗费用，之后再根据比例和项目报销；二是大多数商业保险只针对一次性伤害事故的治疗，难以满足平台从业者在发生严重职业伤害情形下的长期治疗、康复和生活保障需求。[13]

太平洋保险 CPIC

根据国税总局要求，保险行业2016年5月1日起正式实行增值税，以下保险费为含税价，应税产品的税率为6%，具体增值税发票开具的相关事宜，请咨询我司各网点。

中国太平洋财产保险股份有限公司 China Pacific Property Insurance Co.,Ltd.

全国客服电话：95500

旅行人身意外伤害保险单

DZAG210013791557

保险单号：ASHH460E0621PAA

鉴于投保人已向本保险人投保旅行人身意外伤害保险，并按本保险合同约定交付保险费，保险人同意按照条款约定承担保险责任，特立本保险单为凭。

本保险合同由保险条款、电子投保手续、保险单或其他保险凭证以及批单组成。

投保人名称：上海佩仁企业服务外包有限公司安徽宿州分公司

投保人证件类型：营业证号　　证件号码：0000000000000

被保险人名称：

被保险人证件类型：身份证　　证件号码：

受益人：法定

产品名称	保障内容	保险金额
旅游人身意外伤害保险（13版单证通用）	意外伤害	650,000元
附加意外伤害医疗保险（2016版）	意外医疗	50,000元
附加个人旅行法律责任保险	旅行法律责任（含抗辩和诉讼）	300,000元
附加猝死保险	猝死身故	30,000元

保险费合计（大写）：人民币　壹元零陆分　（RMB：￥ 1.06 元）

保险期间：1天，自2021年01月10日10时起至2021年01月10日23时止

北京义联社会工作事务所发布的《新业态从业人员劳动权益保护 2019 年度调研报告》显示，仅 11%的从业人员得到用人单位的赔偿，7%得到工伤保险赔偿，5%得到商业保险赔偿，剩余的 77%没有得到赔偿。

公私并济

Howell Jackson 教授的观点是，奥巴马总统法案为没

---

[13]消失的保险费，用生命“裸奔”的骑手，2021-01-13，https://baijiahao.baidu.com/s?id=1688698118209406526&wfr=spider&for=pc.

有医疗保险的四千万美国人提供平价保障，成本增加是不争事实，但公家职责所在。特别这为本来存在的联邦老者、弱者医保照顾组织（Medicare+Medicaid）的扩大和改革提供了经验。

市场方面，美国原本主流的老板雇主从市场上为员工择优选择商业医保，可以因公家低价的服务而产生对照基准。

未来中国数以千万计的平台新业态就业人员的工伤保障，也一定是公家工伤保险与商业保险的混合。忆及中国新冠大流行后，免费核酸检测结束一切自费。2023 年春节我家原本打算去泰国清迈，孰料该国核酸检测人均 3000 泰铢（600 元人民币），这也太贵了；泰国之行暂时搁置。

这就回到了美国的 ABC 平台医疗创新问题，呼应着小说《了不起的盖茨比》最后那句话："于是我们继续往前挣扎，像逆流中的扁舟，被浪头不断地向后推入过去。"

第六章　信义江湖的彩虹桥与韧性纾困

缘起于2016年，我阶段性完成国际法史的大作翻译，自问未来还有何学问授人。因哈佛法学院展开毕业生调查问卷“最有价值的课”。Top 1 是公司财务法。恰巧我从国际法学院转入国际金融法律学院的“法律与金融”专业。开始边教边学“公司财务法”。逐渐了解了沃伦·巴菲特，优秀的同龄人。比如毕业于复旦，执教于新加坡管理大学的张巍老师。阅读他的《资本的规则》，写出本章。迄今这个勇敢的举动，让我在学院的各种答辩中游刃有余，每年指导30多人的论文群举重若轻，亦逐浪弄潮于学术最前沿，用大数据来做金融纾困中小企业的经验研究。真是山穷水尽疑无路，柳暗花明又一村。这是韧性。

“不然，我还能信任谁？”-耐克的马拉松

第一次判断公司财务法是华政国金院的核心课程，是读了宾夕法尼亚大学法学院教授 William Bratton 的教科书。第一章《企业及其证券估值》援引了沃伦·巴菲特的波克夏公司年报，指出“公司美国”的商业文化，提到老先生爱读年报。橙爸会心一笑：一家企业的史记全在这里。

2017 年波克夏的年报巴菲特重磅推荐耐克创始人菲尔・奈特的自传《鞋狗》，里面提到奈特创建蓝带之初，资金紧张捉襟见肘，用保罗・奥斯特的传记《穷途，墨路》原话是“a constant, grinding, almost suffocating lack of money that poisoned my soul and kept me in a state of never-ending panic”。[14]

奈特在斯坦福商学院的毕业论文主题，提出日本的东西性价比高，把相机、鞋子贩卖到美国大有前途。没有钱就从鞋子入手。跑到虎牌跑鞋总部、东京鬼冢公司敲定第一批鞋子订单后，通过长途电话找爸爸借款付定金。

在俄勒冈大学田径场摆摊，生意大获成功。并结识了事业合伙人鲍尔曼，大学田径队总教练。蓝带公司陆续招聘到五位员工，高位截瘫的运动员 Wood、超级销售员约翰逊、会计兼老婆佩内洛普・帕克斯。

事业起步，与俄勒冈第一国民银行合作。贷款以银行流水为基准，回流多少资金再 1:1 匹配。比如蓝带这个月

---

[14]中译：“我可不是在说偶尔的亏空或是勒紧腰带撑一阵子就行，我说的是持续的穷困潦倒，缺钱缺到无以为继，让人胸闷气短，这毒害了我的灵魂，令我在无穷无尽的惊惶中难以自拔。”保罗·奥斯特是笔者最喜欢的美国小说家，与日本作家村上春树同样喜爱。

所有的进账全部在该行流水，卖鞋所得一百万就再贷款一百万。就像华政食堂要求所有的柜台，无论清真还是麻辣烫，一律走账校园卡。这样银行对蓝带的经营实况一目了然；贷款让奈特如鱼得水，迅速扩大销售地域、甚至在富裕的东海岸弄起了专卖店。

庞大的销售款让鬼冢公司眼红，追到了纽约开店并故意不按时交货，隔三差五找茬。菲尔奈特判断长久之计还是自己开鞋厂。于是截留部分销售回款，存在别的银行用于购买美墨边境的一家旧厂。

鬼冢向俄勒冈银行举报此事，并断了供货，提出蓝带就是皮包公司，空手套白狼。银行大怒，贷款加速到期，并要求还款。奈特判断路走对了，挺过这个难关。四处举债还款。还差 7 千美元缺口，由 Wood 的爸妈自愿将其退休金补上的。伍德母亲说，“如果你对自己儿子为之奋斗的公司都无法信任，你还能信任谁？”

后来蓝带改名为耐克，1980 年代就 NYSE 上市筹款，再打开中国市场大门。再然后一飞冲天，成为当今知名度最高的体育品牌。我女儿脚上穿的耐克毛毛虫，好看好穿，听说极其畅销。而俄勒冈第一国民银行，却湮没无闻，失去了抱大腿的绝佳机会。

问题的提出：银行如何识别有远大前途的独角兽类新创企业并对其估值。相应的中国好故事，是美团点评市值6千亿港币，以下是七步分析法：

1. 美团点评，在香港联交所，这几日大跌，总市值4370亿港币。但请注意：它只拿了10%的股权上市交易，所以真正的市值是10倍。但也只是理论上的，因为资本市场未必会买账全流通。

2. 巴菲特在2020年提到，波克夏今年虽然赚了800亿美元。但大部分是新的会计准则要求计入资本利得。该公司本身的证券价格波动以及控股企业的证券价格波动，在财报发布截止日前，应反映在财务报表中。于是，证券市场高涨的时候，自然财报好看。市场处于萧条或衰退期间，考验现金可持续性。这就是巴菲特摒牢1200亿美元现金在手中的原因。美团点评招股说明书第336页，2018年4月可转换、可赎回优先股（convertible redeemable preferred shares）竟然高达1251亿人民币。2015年12月，才499亿。由此可知，腾讯和软银公司实际上对美团开放了700亿的流动性。

3. 美团的关键财务指标，每日的外卖订单所产生的现金流，都没法与真正赚钱的企业媲美。比如巴菲特的波克夏，他重仓苹果等公司。但巴菲特的厉害之处在于，不重视净利润、“各种成本、税前所得”，查理芒格认为是狗屁利润。Earnings before interest, tax, depreciation and amortization (EBITDA)等财务指标。请注意，这些指标未必适合轻资产、高科技共享平台。

4. 美团站稳脚跟后的并购，哪些并购策略将落地，反映了董事会与股东会的权力治理架构。2017 年美团与大众点评网合并，王兴 v. 张涛何去何从。2018 年 4 月，美团点评 37 亿美元收购摩拜单车。美团后来全面进军酒店、餐饮、旅游、打车。问题来了：37 亿美元是摩拜单车正确估值吗？衍伸到 Facebook 190 亿美元收购 Whatsapp. 2015 年 Whatsapp 是溢价收购，140 亿美元纳入脸书公司的商誉等无形资本做帐，分 10 年摊销。现在看，Facebook 赚大了，因为当脸书因为隐私泄露，坚持用户隐私至上、零广告的 Whatsapp 在欧洲和亚洲的印度获得最大市场，撑住了 facebook 的长线发展。就像美团的真正竞争力，在于沟通了城乡中国，帮助数以 270 万农村年轻人找到了工作。它立足于中国的比较优势。

5. 跨越合法非法界限。连通城乡中国的新平台，在衣食住行全面涌现。分别是淘宝网买衣服、美团点评、小猪短租、滴滴出行。但这些新平台的劳动雇佣关系，都区别于传统劳动合同法上的雇主-雇员的劳动关系。甚至不同于劳动派遣这类雇主与雇员劳动关系分离（fissuring）。作为第三方的平台，对美团的外卖骑士无需支付五险一金；只需要投保商业的意外工伤险。其它甚至连意外险都不需要。

6. 美团数据能否产生额外利润，需要借助天眼查这类的征信企业打通最后一公里。天眼查所属的金堤征信好厉害，柳超，那年的河南省理科状元。但这种数据的挖掘合法吗？中国数据爬虫在抓人。比如天翼征信案，美国 2017 年加州法院在 hiQlabs v. 领英，认为爬虫公开信息不构成《计算机盗用滥权法》下的未经授权或越权行为。因为公开信息不同于密码啥的。属于宪法上的言论自由？隐私保护的边界在哪里？比如在 2011 年 Sorrell v. IMS 医疗数据案中，要保障数据公平。佛蒙特州立法禁止药房向数据挖掘商出售买药人的处方药信息。理由是保护医疗隐私。但美国最高法院裁定，数据挖掘商可以继续挖掘，州法修改。美国法学界指出平台，特别是社交平台并非数据的合法所有权人，而是类似于律师、医生这样的信息中介（information intermediary）。这类专业人士对其用户承担着信义责任（fiduciary duty）。它是尊重商业判断法则大背景下的忠实勤勉。用耶鲁法学教授杰克巴尔金的文章，就是信息信义与宪法第一修正案的平衡。

7. 寻找新的增长点：Spotify。

呵呵，公司财务法的事实，就像小说里的故事，是自己冒出来的。就像公司财务法这个学科，最厉害的中国学者是张巍，清澄君是靠自己的文章冒出来的。

信义责任的法律拼图

一个企业站住脚后，资本会尾随而来。初创阶段，甚至银行都走眼，普通公众连该企业在行业的前途完全两眼一抹黑。这时需要懂行的股东，或者是私募股本、风险投资、对冲基金。比如吉利德初创的门罗资本堪称慧眼识珠。公司像滚雪球，越滚越大。巴菲特的波克夏乃是永远的经典。

类似于好老丈人挑好女婿，也需要磨合与试炼。于是这些战略股东会与管理层签订对赌合约，约定业绩履行；三年不及格，就回赎走人。老丈人需要时间，看看这男人对女儿好不好。离婚自由。法律的基本规则就是应认许这种意思自治的合法性，这是保障退出的选择权。在 2019 年江苏高院再审改判投资方胜诉的华工诉扬州锻压机床股份公司案中，“天眼查”查“扬州锻压机床”的八卦信息好玩极了。如何从公司财务法的角度提炼事实，橙爸在耐克故事作了示范。机床中国是最大市场，在汽车零部件应用极大。扬锻这家公司的董事长是德国人 OEMER AKYAZICI；443 件知识产权，显示这位德国董事长带来了舒勒公司的核心技术，特别是软件。383 起诉讼，涉及各省的质量和货款纠纷。在这次历时三年、一波三折的对赌诉讼中，始终未出现债权人银行（包括老客户扬州中行、农商行）的身影，证实了张巍老师在其文《超越华工案》的判断。

橙爸第一次见到“扬州锻压机床”的这个Logo，非常喜欢。线条体现了传统机床的坚实感、红色的d像极了数控机床的站立，下面的文字显示是德国技术。虽然官司输了，关注者众，不过2500万；橙爸判断这家企业会继续往前走。

等到企业从未上市的独角兽成为家喻户晓的上市大品牌后，非法的界限由一个弹性极大的规则来管：信义责任。

俗话说，能力越大、责任越大。前面一章提到社会尊重企业创始人的商业判断。众所周知，高等教育最用力处就是培养独立判断。但红线是你不能背信弃义。这是信义责任的底线；但什么是背信弃义，中国人晓得恩怨纠葛，清官难断。于是中国人字斟句酌：忠实勤勉。上线叫“最大诚信和忠实”（utmost good faith and loyalty）义务。

这首先得有纠葛，没有原告法律一般不介入。前述股东、管理层在企业上升期一般都各得其所，有不同意见也会谅解。印象最深的是软银与阿里巴巴对支付宝VIE架构的所有权移转，一度小偷剑拔弩张、最后因纽约上市皆大欢喜。

当私有化、管理层买断等下坡转型式并购发生，信义责任就来了。双方会对具体的股价产生严重分歧。比如长达五年的Dell电脑官司，股价分歧差一倍。最后特拉华法院说：目标公司的管理层，足够用心了。dell 特别委员会该做的都做了。询价买家都是行业大人物。

企业要成为百年老店，就得做大做强，要近朱者赤。于是很自然地会展开并购。信义责任就是要求别贱价卖。这种并购往往得不到银行资金支持。不确定因素太多。而商业银行要十拿九稳。于是美国特拉华州的法院就被赋予判断权，从 Unocal 到露华浓规则，说理特别好。

Unocal 判决的主旨是限制“前轻后重的收购要约”，Unocal 最后自我收购 72 美元，远高于收购企业的报价。目标公司若不卖给收购股东公司，就得把收购股东的股票买回去。露华浓的主旨是目标公司董事会得为股东争取可能的最好价格。

还有 Weinberger 判决（少数股东中的多数同意）、Unitrin 判决（只有不破坏股东打赢委托投票权征集战的收购防御规则才可能通得过 Unocal 测试中的第二个叉——防御与威胁成比例）、Omnicare 判决（董事会不能将并购协议和投票协议这两种不相容的措施联合采用，进而创造一个绝对的、不可商谈的“交易锁定”，妨碍未来出价更高的买家）、Pure Resources 判决（针对内部人发起的，绕开不确定的股东大会表决的挤出式收购，特拉华法官表现出对 90%持股门槛程序的宽容）。

以上细化、丰富控股股东对公司和其他股东负有忠慎义务（fiduciary duty）。

真没想到，张巍老师一篇谈特斯拉老板马斯克小文章，里面一句话，花了我整理如此多时间。

梳理这类判例法，让笔者重温起少年时代，看武侠小说中各门各派五花八门的独门绝技，但万流归宗于信义这个侠义精神世界。

吉利德有乳香

吉利德科学，市值九百亿美元。CEO 拉过前国防部长拉姆斯菲尔德。但初创高管早已排挤出局。

该公司在药企的排名七上八下，离巨无霸的五大差距甚远。瑞士诺华、罗氏、美国德国默沙东、法国赛诺菲、英国葛兰素史克。创业至今，以抗病毒特效药闻名。但不一定是自己研发。比如丙肝神药索华达就是花费 104 亿美元因并购 PharmAsset 而买来的。但药品专利错综复杂，在默沙东的专利侵权案中，差点利润倍减。

2020 年新冠肺炎大瘟疫，以抗埃博拉病毒的瑞德西韦，因效果显著在全世界获得最大关注。

亚洲是吉利德的主要市场。全世界肝病患者 4 成在亚洲，尤其是中国就有肝炎病毒携带者 4 千万。以丙肝神药为例，一粒一千美元。整个疗程 12 周，八万美元。在美国，艾滋病神药 Truvada 赚钱颇多，而且如下图所示，某一领域的药就像苹果 Iphone 不断升级。

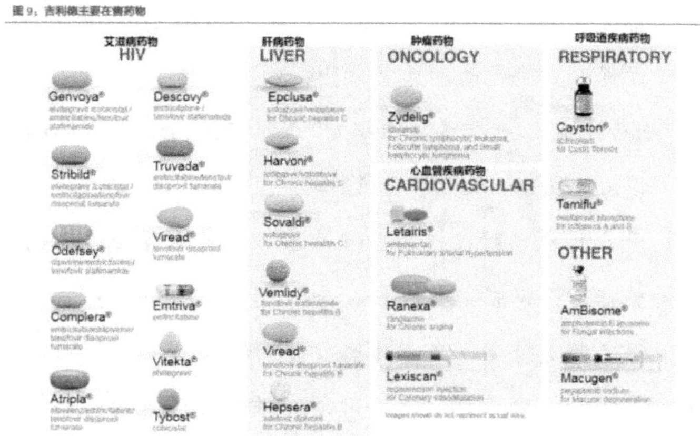

图 9：吉利德主要在售药物

理解了制药企业，我们再比较美国 ABC 联营的“避风港”（Haven）医疗新平台。ABC 都是美国当下最重要的企业。目的是降低医疗成本，包括医保、医院和药品三个层面。以下又是橙爸的七步分析法：

1. 从 ABC→ABC Haven→九位骨干新聘到位，每一步都花了六个月，很慢。
2. 川普总统要废除奥巴马《平价医疗改革法》(ACA)，将堪比废奴南北战争的长期性。
3. ACA 法律 907 页，主线是以透明度降低医疗成本。第 3025 条以美国医保局的支付为切入口，要求医院降低再入院率。以下六种疾病的再入院率，不降低则罚款：30 天内心脏病、心力衰竭、肺炎、膝盖关节置换、哮喘、冠状动脉堵塞的心脏搭桥。按病种分组为基础，以大数据确定医保价格。再以 Uber 拼车思路，覆盖更多弱势群体，降低医疗开支。
4. Haven 当下的工作重心是以三家公司 120 万员工、40

亿美元医疗支出为样本，提升医疗服务效率。在医院、医保和药企竞争的大背景下，精明选择。

5. Haven 定位是非盈利组织，但若推广亚马逊的 PillPack 模式，将如 Uber 那般撼动传统出租车行业的格局。
6. 医疗新平台对接挖掘医院、医保和药企监管当局的大数据后，将崛起类似 amazon 电子书、腾讯小程序、阿里巴巴支付宝等类似的独角兽平台。
7. 司法的使命是划定合法非法界限。相同监管、公开数据的爬虫，应效仿波斯纳法官的“城市猫狗”裁决，容忍法外创新。

吉利德在中国能否像苹果手机那样赚到钱，取决于如下要素：

1. 能否进医保目录，就像诺华的那款慢性白血病神药。吉利德已将旗下 8 款创新药引进中国市场，其中有 4 款新药在 2019 年底通过谈判顺利被纳入全国医保目录，分别是乙肝药韦立得、丙肝“神药”丙通沙和夏帆宁、艾滋病药物捷扶康。

2. 高仿药的进展。以色列梯瓦、中国印度都有高素质的仿生药企业，一旦研发成功，会对利润形成巨大冲击，电影《我不是药神》的灵感来源。

3. 中国知识产权局、中国药监局的官僚程序，阻止了默沙东的特性疫苗入华。一时引发国人去香港打九价宫颈癌疫苗。

4. 医生推荐病人用药。中国国内药企对医生行贿的支出巨大。以恒瑞医药为例，年报披露，差旅开支 9.09 亿元，学术营销费用 79 亿元。说破了，就是中国药企花钱让医生开学术会议，顺便旅游。

理解吉利德，对中国药企的成长很重要。请注意前十大药企，亚洲只有日本的武田制药上榜。而前十一直在激烈的竞争。比如阿斯利康本周提议并购吉利德。施贵宝并购。动辄六七百亿美元。

比如吉利德最赚钱的药品从艾滋病、过渡到肝病毒，如今大家都在并购癌症药厂。比如吉利德 47 亿现金并购 Forty Seven 这家肿瘤药企。用现金而非股权互换，可以绕开股东投票这类繁琐的程序。

吉利德由内科医生迈克尔•瑞沃丹（Michael L. Riordan）创建，他曾在华盛顿大学、约翰•霍普金斯大学医学院和哈佛商学院就读，创立吉利德时年仅 29 岁。之所以吉利德的主要研发重点是抗病毒的药物，是因为这是瑞沃丹感兴趣的一个领域——早年他在菲律宾担任学者工作时，曾感染上了登革热，这在当时是一种无法治疗的病毒性疾病。

“吉利德”语出圣经撒母耳记 Samuel 13:7。此地盛产一种名为吉利德的乳膏，而该乳膏被视为人类历史上第一个真正意义上的药品。

There is a balm in Gilead
To make the wounded whole;
There is a balm in Gilead
To heal the sin sick soul.

基列有乳香，
使伤口得医治。
基列有乳香，
能医有罪生病的灵魂。

借着这个吉祥的名字，吉利德科学 30 年、15 次，总计 300 亿美元收购，成就今日的荣耀。

收购，橙爸就自然想起了信义义务，果然吉利德的每笔收购都不那么顺利。您看默沙东诉吉利德的专利侵权，那真是一波三折，惊天逆转。

能从新冠疫情脱颖而出的药企，是真英雄，我一直相信我的判断：下一个十年，最厉害的药企一定是吉利德。

Allen 法官的人文关怀——董事的信义合规

75 岁的特拉华州法官 William T. Allen，是我完成公司信义法拼图浮出水面的灵魂人物。他在 2019 年 10.16 日去世了，同事特拉华州最高法院首席 Leo Strine 发文 The Passing of Retired Chancellor，缅怀他的一生，赞他是特拉华州公司法的先驱；重点提到两个标杆案子[15]，将为后人

[15] 另一个是 Blasius 案。“艾伦法官在 Blasius 判决中最终确立了这样一条规则：除非公司的管理层能够证明，的确存在迫不得已

一再回味。

第一个是 Caremark 案。Caremark 是一家提供医疗保健服务的企业。美国的联邦法律禁止此类企业通过向医生支付回扣的方式，利诱医生们为其介绍病人。于是，Caremark 的管理层与业务人员就以咨询服务费，或者研究基金的名义，变相向医生支付回扣。结果引来了执法机构的调查与指控。

针对 Caremark 董事会未能采取有效措施，及时掌握其员工的违法行径，Allen 法官指出："董事的义务包括基于董事会自身的诚信判断，努力确保公司建立一套充分的信息传递与汇报机制"。而全然不作这种努力，则可能表示董事会彻底、系统地放弃了自己的监督义务，进而表明董事会的行为有违诚信。但此类董事实际担责，还要看是否出于恶意（bad faith）。

本案引发诉讼的 Caremark 医疗保健服务，具体有二：居家注入式治疗（在家输液注射抗病毒药物、在家植入心脏起搏器等）；基因工程生长荷尔蒙药 Protropin。前者比如小孩、老人骨折，医生推荐病人用 Caremark 的骨折居家护理，包括上自费轻便石膏护板、轮椅接送；后者涉

的理由（compelling justification），否则无论是否诚信地为公司利益着想，管理层都不得干扰股东的选举。"落地中国，这个案子联系着万宝之争，以及伊利紧急修改章程的合法性。

及的具体医生包括明尼苏达的 David Brown、俄亥俄州的 Bruce Margulis。后面这位医生，转账金额两百多万，接受 Caremark 介绍病人的提成费超过十万元。

按新加坡管理大学张巍的文章，写这个美国案子是因为中国发生了引发舆情汹涌的百度贴吧医院排名竞售、长春长生过期疫苗，且无法诉诸私力法律救济。若再联系恒瑞医药一年 100 亿的回扣支出，最后羊毛出在羊身上，病人承受最终的高药价成本。当 Caremark 的董事抗辩自己不晓得底下各州员工的胡作非为，搪塞责任，Allen 法官扩充董事信义责任包括监控企业合规之判决，体现了人文关怀与担当。按 Jennifer Arlen 的介绍，本案两遭打官司时，只有和解这样简单的要求，不要求一份说理透彻的判决书。但 Allen 看到了本案背后的丰富内涵，主动抓住机会，说出的“duty of oversight 责任”掷地有声、振聋发聩。

Allen 逝世了，但他裁判的案例不朽。在中国生根发芽，长成嘉木。

在《特拉华州律师》2020 年冬季号，Allen 当律师时手把手带的一位年轻律师撰文悼念“永远的导师”，提到

Allen36 岁时并不专精公司法。那时的业务是石油公司的反垄断，油价多少才合理。但 1970 年代，特拉华州议会通过《建设金融中心法案》，1980 年随机迎来新一波的并购热潮。1985 年被州长提名衡平法院法官的 Allen，恰逢其时，遇见了 Ronald Perelman、Carl Icahn 这些并购大佬。他们搞了许多类似中国万宝敌意收购这样的并购交易，成了就像姚振华盈利 3 百亿离场。

不消说，这类公司法官司背后的故事一定精彩，东方人管这种叫“密室授受”。哈佛日本法中心的 Mark Ramseyer 教授在《公司法的故事》序言，提到的 Smith v. Atlantic properties 案，是尼克松总统要被告 Louis Wolfson 输。这个人与当时提名最高法院首席法官的 Abe Fortas 关系好，一年给 2 万元。输掉官司的 Wolfson，辞职的 Fortas。尼克松再提名自己中意的 Harry Blackman 法官。

当暗潮涌动，Allen 法官在裁决第二个标杆案例 Blasius 时的心境，就最能让世人理解商人法官的三观选择。“当原告被告都是真诚的人，我的选择是在股东会中心与董事会中心两种观念中抉择”。

以 Willian Bratton 为核心的宾夕法尼亚大学法学院公司财务法中心，感于每个判例都像《史记》或小说般精彩，弄了个口述历史录像项目，这两个案例的口述史请看如下链接：

https://www.law.upenn.edu/live/news/7009-cede-co-v-technicol 以及文字实录。

商业判断规则与顾雏军的挪用资金罪

话要从中国三代民营企业家的牢狱之灾说起。中国改革开放四十年，民营企业家已过三代。

第一代是格林柯尔的顾雏军，造冰箱起家，因挪用资金罪等三项罪名被佛山中院李静判十年。2019 年顾雏军再审，搬掉两罪。顾继续高呼“草民完全无罪”。

第二代是国美的黄光裕，家电连锁折扣商。因非法经营罪（外汇买卖）、内幕交易罪，被判十四年。2020 年黄假释出狱，国美历经风雨，仍在黄妻杜鹃的掌控之中。更惨的是德隆的唐万新，从最大的新疆番茄酱生产商进军金融集团，以非法吸收公众存款、操纵证券交易价格罪获刑八年。2014 年释放。这代人逐渐摸索到金融是最后的禁脔，付出沉重代价。

第三代是万宝之争的姚振华，虽一度被证监会主席骂成“白骨精”、保监会主席表态“终身市场禁入”，但终于全身而退，斩获 300 亿离场。最近收购以色列观致汽车、奇瑞汽车，表态后半生就造车了。

“十年树木、百年树人”。商界大佬，我最佩服的美国巴菲特、香港李嘉诚。都八、九十岁了，商业帝国还是那样风生水起，判断力惊人。最近的新闻是“李嘉诚基金会捐资 1 亿港元支持武汉前线医护。”他 40 年总捐 260 亿港元，资助汕头大学 100 亿港元。

两厢对比，顾维军、黄光裕、唐万新都不算善始善终。当然这种命运，跨国比较更有意思。美国有垃圾债券之王的米尔肯，日本有启动非合意收购的活力门总裁堀江贵文，锒铛入狱。

我倒觉得姚振华像极了 Ronald Perelman。这位大佬是前述 Revlon 案的主角，前后四次婚姻，快八十岁了。

各位看官觉得 Perelman 与黄光裕是否一个模子出来的人物。

若非一定要黄光裕入狱的周永康倒台，黄光裕现在还在狱中。记得 Allen 因“胁迫”的问题，与同事有了不同意见，做了 12 年法官后萌生退意，回到母校纽大法学院当了公司金融法教授。每节课讲判例，并请当事人出席。Perelman 在课上就讲自己对现金流折现法（DCF）估值从来不看，更多是直觉。直率夹杂猛料，难怪学生听得津津有味。多年以后，法官与这样的当事人要成为朋友，必须有对商人的同情理解。

就像现在大陆开始妖魔化李嘉诚，以前是捧上天。或者佛山中院的李静法官，写那篇 100 多页的判决书，一定要料到有朝一日顾雏军会翻盘的可能性，比如商人腾挪资金太正常了。黄光裕买卖美元，马云、刘强东不都在干吗？

要橙爸说，这种案子能推就推。果然，不明此理的李静法官，因为抑郁症离岗了。“既是为山平不得，我来添尔一峰青”，傅青主的诗共勉。

梅肯的故事：美国折戟商人及其东山再起

不单中国，作者觉得有国家的地方，自然会有遭遇牢狱之灾的官司。越是厉害的商人，越容易法外创新，越需要监管容忍。1980 年代的梅肯（Michael Milken），被纽约州总检察长朱利安尼盯上，夸张地起诉了 98 项罪名。

梅肯服务的机构叫德崇证券（Drexel Burnham Lambert），三个合伙人名字命名，中间的董事长柏翰二世（Burnham II）让梅肯放手去做。1970 年代经历许多灾变，1980 年代经济开始转好。石油行业、医疗和电视电影行业潜伏着巨大的商机。

但这些行业的既得利益者，比如加州联合石油公司（Unocal 公司）的管理层 Fred Hartley，年届古稀，决策因油价上涨所得庞大现金流，继续钻探开井。而股东 Pickens 提出反对意见，借用德崇证券的现金流，启动对 Unocal 的敌意收购。

只要能把Unocal放在自己手上，就能赚钱。因为其股票市值只占净资产的45%。

就像宝万之争中，姚振华的万科买入价是13元。背后原因是管理层的王石长期压低万科股价，从而为敌意收购埋下伏笔。姚振华的逻辑简单：万科账面现金流2000亿，市值1000亿。用300亿资金买入30%，完成对万科的控股。由于姚振华强吃万科，引发了股权争夺大战！万科股价一口气从13暴涨到43元！姚振华的前海人寿净赚300亿离场，王石黯然离场。

梅肯在敌意收购交易中看到了巨大的商机。一方面，大量不思进取行业公司、固步自封管理层需要来自机构股东展开收购的敲打；另一方面，相当多的金融机构，特别是信用社、小银行、养老金机构有庞大现金流却找不到出口。梅肯发行的公司债券业务恰好成为沟通彼此的桥梁。

顺风顺水的时候，梅肯一年的奖金高达4.5亿。手下人能干，媒体报道有“八大金刚、十一罗汉”的美誉。但1980年代的经济繁荣到1989年戛然而止。就像2019年新冠疫情，美国GDP清零。出问题的经济，就像水流不动了。水不流的原因当然很复杂，但根子在政治。1989年上台的老布什总统，根本不懂经济。就像现任美国总统Trump，经济施政被诺贝尔奖得主克鲁格曼痛骂，完全短视。

总之到了1990年底，美国经济停下来了。总统压根不认为自己施政有问题，到处找替罪羊。媒体就指责梅肯是“垃圾债”之王。朱利安尼为自己政治上位的私利，正好找到一个引发民粹热潮的猎物，总统又能转移视线。一石三鸟，最后简单地做结：“都是这帮贪婪的人，把经济搞砸了。”

权势再大也只能遮蔽一时的天空，时间才是历史的真正裁判者。朱利安尼后来当了纽约市长，一度竞选过美国总统；因为癌症后来转入幕后，成为共和党大佬。但常在河边走，哪有不湿鞋。终于在特朗普的乌克兰丑闻中，因媒体披露是总统特使，帮干打压拜登的活而身败名裂。反倒梅肯出狱后创建的梅肯学院（Milken Institute）因慈善而名声大振，梅肯在历史上留下了好名声。耶鲁大学法学院的 Jonathan Macey 在《声誉至死》手中，专章叙述他手下那些八大金刚、十一罗汉，成长为成功人士，有些还是亿万富豪。

东晋谢安东山再起的故事，中国人熟悉。就像德隆的唐万新 2012 年出狱，召集旧部重出江湖，七年来所投资企业，就一个秘诀：拉升股票价格。

火山口的钢铁侠：唐万新与马斯克的共同点

唐万新从控股三家上市公司尝到甜头，湘火炬、沈阳合金、新疆屯河，再发现中国的金融机构牌照才值钱，念兹在兹地都是银行、证券、保险。所谓“大佬的归宿，最终是一张类金融牌照”。

唐万新是乌鲁木齐出生的四川万州人。从洗照片连锁店开始，抓住新疆农牧产品成本优势，控股新疆屯河等上市公司成立金融集团，成为 2000 年度的新疆首富。因德隆现金流危机，以非法吸收公众存款罪入狱四年。出狱后低调地在裕民县的独拉山打猎、北京仰山公园与旧部聚会。

2009 年保外就医出狱，昼伏夜行，隐姓埋名，通过博盈投资陆续控股山东新潮能源、江苏斯太尔动力、德奥通航等企业。东山再起，宛如远在天边、近在眼前。终于纸包不住火，2020 年证监会要求已经算问题股的“*ST 斯太”停牌，甚至退市。一时间“财务造假或成 2020 重大违法强制退市第一股”的新闻甚嚣尘上，不少律所蠢蠢欲动“征集令——*ST 斯太索赔已启动”。

逼得 ST 斯太提前两天发布 2020 年第一季度财报，提到下列业绩奖励的对赌协议：

“2014 年，武进国家高新区与湖北博盈投资（斯太尔动力）签订了《战略合作协议》，约定斯太尔在武进管委会投资建立柴油发动机生产基地，总投资预计将达人民币 70 亿元；在工业用地安排方面，管委会按约定条件向斯太尔支付总额 8050 万元的项目奖励基金；在专项财政支持方面，武进管委会分批支付财政奖励共计一亿元；还有税收奖励。业绩要求在 2018 年底累计投资 30 亿，累计销售 50 亿，否则有权要求斯太尔退还相关奖励的一半。”

这种对赌协议，让橙爸想起了钢铁侠马斯克与特斯拉股东会 2018 年 1 月的对赌协议。公司股票总市值每涨 500 亿美元，马斯克奖励 1%、价值 9 亿美元的股票。一晃两年过去，特斯拉的股票从 345.71 涨到 1079 美元，总市值从 583.79 亿涨到 2000.17 亿美元。价格涨了是王道。

2018 年 Ronald Perelman 在卸任露华浓董事会主席给

女儿 Debra Perelman 后，接受宾大公司财务法中心口述史采访，回顾自己 1985 年因沃尔玛老板要买个化妆品品牌而触动，锁定露华浓遭到时任 CEO Michel C. Bergerac 的鄙视。原话是“我是打过狮子老虎的猎人，你算什么”。Bergerac 在露华浓根深蒂固，办公室有 700 多坪，出行飞机穷奢极欲；拉来投行 ForstmannLittle 作白衣骑士。Perelman 的 Pantry Pride 是连锁超市，规模虽不如 ForstmannLittle。但 Perelman 从德崇证券梅肯处借钱融资这笔 27 亿美元的交易。出价比 ForstmannLittle 的每股 57.25 元高一块钱。最终特拉华州衡平法院 William T. Allen 法官，裁判“目标公司董事会得为股东争取可能的最好价格”。

老 Ronald Perelman 说，见识了这世上超棒(fabulous)的法律人后，他鼓励自己许多女儿的一位，在 Allen 卸任法官后执教的纽约大学法学院学习。有天女儿说，爸爸你留名的那个案子，挺有趣的。Perelman 正色说，我在那个案子表现得透明坦诚。在那份证词（Affidavit）中直言不讳：自己很想通过 Pantry Pride 收购 Revlon；从梅肯处有融资；虽不懂美颜行业的生意，但会继续尊重创始人 Hal Geneen 这位法国人的价值观。

回顾这次收购，Perelman 说改变了自己的命运。后来他越来越看重为人坦诚、持平待人、守规矩。80 多岁了，diversity, Compliance, transparency 成为他最坚持的价值观。

像李嘉诚、巴菲特，这世界又多了位善始善终的商人。

蚂蚁金服的梦想与挫折

（一）蚂蚁集团是中国金融科技平台做到极限的典范

就科技而言，它是中国网络购物基础设施的提供者。包括消费者的搜索信息和交易撮合数据、因为支付的便捷安全、因为物流和快递的高效整合，特别是因为阿里巴巴自营的盒马鲜生横空出世，理论和现实中完全可能出现它打败任何生鲜竞争对手，不单单是水果零售。请注意，单单卡车物流+集装箱运输包装+运费保险就是个浩大工程。

就金融而言，多地上市 IPO+资产（花呗、借呗）证券化 abs+科创板 ETF，当下无出其右。

1. 作为金融机构的公开募股

如果说 2014 年夏，阿里巴巴已经在纽交所上市，卖点是淘宝网。那么 2020 年冬，紧锣密鼓在上海科创板和香港联交所同步上市，估值逼近 2000 亿美元，被参照、被赶超的已经是中国工商银行。

招股说明书提到旗下“蚂蚁借呗”已向一亿多借款人提供网络小额贷款，贷款总额超 1.7 万亿。2019 年、2020 上半年贡献净利润 32.814、73.084 亿元，虽都由花呗背后的“重庆蚂蚁小微小贷”和借呗背后的“重庆蚂蚁商诚小贷”贡献。但 2020 年上半年倍增利润的原因是，微贷模式从自营转向联合贷款。

2. 玩转金融炼金术的蚂蚁大力士

根据招股说明书披露，截至 2020 年 6 月蚂蚁集团共

2.1 万亿信贷规模，其中 98% 的资金来自合作银行和发行 ABS（资产支持证券），自营贷款余额仅占 1.68%；当前蚂蚁小微和蚂蚁商诚存续 ABS 规模为 4121.1 亿元、2622.6 亿元，由此估算来自合作银行的资金约为 13836.3 亿元，占外部融资的 64.6%。

有论者指出，之所以敢借力如此高比例的外部资金，是因为蚂蚁集团抓普惠金融痛点，聚焦长尾，逆袭银行。（https://news.futunn.com/post/7693716?src=8）

1）长期以来，我国普惠金融不发达，小额借贷长尾用户潜力巨大，截至 2020 年 6 月，我国短期个人消费贷款余额达到 8.08 万亿，2009-2019 年的复合增长率高达 32%，小微企业贷款余额达到 40.7 万亿元，同比增长 14.2%。但由于大量长尾客户征信记录难以获取，传统银行的信贷成本高、覆盖少，根据奥纬咨询的研究，2019 年 15 岁以上的中国人口中 75% 没有信用卡，63% 以上的中国小微企业的融资需求尚未被满足。蚂蚁切入这一商业痛点，深耕普惠金融，花呗用户通常为年轻人，但因为没有信用卡或信用额度较低而存在未满足的消费需求，平均余额约为 2000 元，与传统金融实现错位竞争。

2）模式创新，降低门槛。早期蚂蚁曾尝试与银行合作试水小额信贷产品，但由于大量商家不符合银行信贷资质，双方合作折戟。2010 年蚂蚁自建小贷公司，2015 年开设网商银行，从事自营放贷。在流程上，客户只需 3 分钟线上申请，1 秒自动化审核放款，小微贷款的运营成本低至 2.3

元 / 笔，而传统小微贷款平均的人力成本就达到 2000 元。小贷公司放贷后，通过发行 ABS 产品，降低资金占用。

3. 科创 ETFs 被追捧的明星

2020 年 9 月 28 日，华泰柏瑞、华夏、易方达、工银瑞信四家基金公司推出科创 50ETF（交易所交易指数基金）各 50 亿，所谓“含金钥匙出生”受资本市场热捧，当日暴涨五倍，四只基金共吸纳资金一千亿。显然这四只 ETF 推出的时机是想搭蚂蚁集团上市的东风；而上证科创 ETFs 的这 1000 亿，已占到中国 ETFs 总盘子的七分之一。

经过一个半月建仓，11 月 6 日正式交易。迄今 12.17 日 40 天，经过蚂蚁集团监管约谈 IPO 中止，美国总统大选，华夏科创 50ETF 从单日募集超过 450 亿的巅峰，回到当下 288 亿的稳定规模。对比美国 ETFs 总盘子七千亿美元，中国科创 ETF 还有相当大的成长空间。

当前上海科创板总市值突破 3 万亿！科创板 200 家公司背后：民企挑大梁，多是科技创新企业。科创板更是中国资产市场进行制度创新的试验田，包括试点证券注册制、同股不同权治理机制、中国存托凭证（CDR）等打通跨市场壁垒的机制创新。

特别是蚂蚁集团逆势成长的势头不减，先是“双十一”阿里巴巴宣布，全天实现成交额 4982 亿元，同比增长 85.62%。再是重庆平台销售的资产证券化产品 ABS 继续。盒马鲜生全国门店，12 月增加 21 家店。

（二）为乡村提供有尊严的工作：蚂蚁集团的城乡中国彩虹桥

蚂蚁集团虽然起名低调，但金融科技的属性让人眼花缭乱。按哈佛教授 Michael Sandel 的新书《精英绩优暴政：通往共善之路》（The Tyranny of Merit: What's Become of the Common Good）的逻辑：蚂蚁集团不仅自身优秀，还因为运气够好，大赚后应该回馈弱者实现共善。即井贤栋演讲提到的“服务小微、主动融入到乡村振兴战略之中，为三农发展提供数字化金融服务。”让更多中国人找到工作的尊严。比如盒马鲜生配送员，每天工作 12 个小时，保底 4500 元，按每单 5-7 元，平均收入约在 7300 元-10000 元。

在保罗·奥斯特的《穷途，墨路》（Hand to Mouth: A Chronicle of Early Failures）书中，

“IN MY LATE twenties and early thirties, I went through a period of several years when everything I touched turned to failure. My marriage ended in divorce, my work as a writer foundered, and I was overwhelmed by money problems. I'm not just talking about an occasional shortfall or some periodic belt tightenings—but a constant, grinding, almost suffocating lack of money that poisoned my soul and kept me in a state of never-ending panic.

There was no one to blame but myself. My relationship to money had always been flawed, enigmatic, full of contradictory impulses, and now I was paying the price for refusing to take a clear-cut stand on the matter."

作为盒马鲜生的配送员，拥有18-40岁正当年的机警：在2.7公里配送范围内能迅速认路和熟悉小区，既避免了交通违章以及最危险的横穿马路。又了解了全世界在中国最热卖的农产品。新疆喀什的法兰西梅、比利时的啤梨、智利车厘子、墨西哥牛油果、新西兰苹果、厄瓜多尔菲律宾的香蕉。

更重要的人生历练是：遇到投诉、违章罚款、意外，如何迅速恢复冷静，积累走出噩梦的情绪管理经验，拥抱人性的温暖。真诚相信自己的服务，不仅是自己赚了钱，还为社会做出了贡献。就像武汉因疫情封城期间，许多快递小哥获得了全社会的点赞。

这次疫情，教师可以选择线上授课、白领选择远程上班，但社会仍有相当地位不高的职业，如卡车司机、护工、快递、保安等蓝领无法选择线上或远程的工作，只好暴露在瘟疫之下。而社会的顺畅运转需要他们的加持。

有了人生的第一桶金，有了对社会（尤其是大城市）运转的独特观察，有了自己赚钱做老板的主意，这些来自农村的配送员回到农村，会展开怎样的人生旅程无人知晓。但盒马鲜生店内那种热闹的场景，人声鼎沸、自助结账摩肩接踵将给他/她乐观的愿景，甚至通过蚂蚁借呗或者盒马预支500元过生活的金融安排，会助力远离高利贷陷阱的经验。

在疫情肆虐的“新中世纪”当下，蚂蚁集团究竟能为真实世界的改善真正作出什么贡献？故事得从那些在工作中遭遇挫折，重拾希望的配送员身上讲起。

（三）回乡：我愿意做乔治.贝利那样的社区银行家吗？

在 Richard Carnell 等三位作者所著《金融机构法》书中，这部全球顶尖银行法教科书的扉页是一部 1946 年的电影《*It's A Wonderful Life*》的宣传海报，Frank Capra 导演。

男主人公 George Bailey 梦想是诗和远方，命运却让他蹲在小镇那家储贷机构。储贷机构（Thrift & Savings）的生意是，汇聚社区居民的存款再低息借给有自建房屋需求的邻居，使 Bedford Falls 这个虚拟社区免于影片中大房地产商 Porter 的独占获利。

但被命运裹劫的生活很难，压倒骆驼的最后那根稻草是 Bailey 叔叔一时疏忽，把一张 6 千美元的支票卷在报纸里给了 Porter，后者趁机报银监局要求查账。于是平安夜，绝望的 Bailey 来到铁桥准备投河，结果反倒救了率先投河的天使。天使向他展示了没有 Bailey 的小镇演进：成片成片的 Porter 小区；弟弟非但没有成为空战英雄，而是早夭；美丽的妻子 Irene 成为图书馆管理员，没有结婚，更谈不上养育 Zuzu 那四个可爱的孩子们。“拥有我的世界会更加温暖”，因为 Irene 的呼吁，邻居们一人几元填上了那笔窟窿。末尾，音乐“友谊地久天长”（Auld Lang Syne）

响起，一家人紧紧相拥，画面让人无比满足。

70 年后，当影片小女孩 Zuzu 的扮演者 Karolyn Grimes 来到引发 Frank Capra 导演灵感的真实小镇纽约 Seneca Falls，庆祝这部电影首映 70 周年，当看到真实的铁桥照片，我思绪纷飞想起了家乡江西安义县的那座百年石拱桥。这座安义县石拱桥横跨潦河龙津镇和鼎湖镇。龙津是县城的中心城区，鼎湖镇则走出了许多百万富翁，多从事铝合金的销售。不像河北赵州石拱桥，桥面是平的，没有弧度。中间有六柱桥墩，形成 7 米高的半圆桥洞，便于通船。

这座石拱桥的周边水域是我这十年最常去的地方。前七年的游泳在桥右边的鼎湖镇，2017 年启动的拆旧改造，逼得我转回桥左边的龙津镇游泳。石拱桥有七个半圆形的桥洞，远观整体呈现黛青色。再配合前后簇拥的宝塔和亭台，历来是小县城的风景胜地。借用法国哲学家妙莉叶的新小说《奇幻国度》中的文字，这座石桥桥将生命均等地一分为二，同时无止境地碎裂开来，然后瞬间在天空下重新聚合为一。对我来说，这一切仿佛无限延伸，却又好像仅于顷刻间完成。每当泳后，内心总会浮现一些画面：田野、晚霞，还有晴朗日子里的白云，云彩之间镌刻着挚爱亲人的面容。

改革开放四十年，安义县逐渐打出了“中国铝合金之乡”的品牌。业务包括生产建筑装饰用合金、玻璃以及安装。整体而言，是一个下游产业。就是从广东凤铝、辽宁忠旺、安徽海螺批发挤压或压延式铝合金，或者山寨式仿制，提供房屋门窗和幕墙装修服务。凡是安义人，七大姑八大姨必有营生铝合金门窗生意的。这个小县城的芸芸大众与一种英文单词缩写为Al的金属，会有这样紧密的命运关联，想来真是奇妙无比。但同样无奈的是，因为赚的是下游的利润。一旦如2020年底，铝合金的基础材料包括有色金属和玻璃涨价50%，铝合金门窗也得提价；并非巴菲特在意的那种有定价自由的生意。

记得堂叔（细公公小儿子）锋叔四年前装铝合金，从河北邯郸某老小区四楼摔下来，命大被一楼的杆子扯了一下缓冲，救护车送回家乡，断腿慢慢复原。他妻子生了两女一男，在老家卖早点照顾孩子。堂叔跟随脑筋好的姐夫赴河北邯郸。早先也是走南闯北，上海、北京、广东都呆过，但不长久，找不到感觉。再之前，1980年代，正是我父亲吃香的时候，利用主管分配工作的权力，曾给锋叔找过国营育菌厂工人类似的工作。但随着1990年代民营菌菇厂兴起，这种工厂很快倒闭，锋叔又失业了。

锋叔脑筋好的姐夫，刘铁根，在我爷爷奶奶去世的乡村葬礼上，发挥了关键作用。我喊铁根姑爷，他是刘兰姑姑的丈夫，刘兰是细公公（我爷爷亲弟弟）的二女儿。身材不高，说话时晶亮眼眸注视着你。一眨一眨迅速会意。脸上皱纹不少。2018年平安夜94岁的爷爷出门在小广场跌倒，2019年2月22日去世。追悼会后将骨灰盒迎回老家塘口滩上村私人墓地。因村民主任是姑姑同学，墓地的具体位置早就谈妥了。但去世时，一片野竹林。需要请“八仙”开荒，石头墓碑有大小限制。与历朝历代一样，政府颁布了严格的丧葬令，不允许土葬必须火化后入土。于是江西发生了地方政府与活着的老人抢棺木的头条新闻。还有石头墓碑应统一尺寸，比之前通用的缩小一倍，村里安排专人监督，此人应是八仙之一。八仙有个重要工作，就是得抬着内藏骨灰盒的共用棺木，绕村里一圈。全村人共用的这幅棺木，不是一般的重。我自小离开滩上，村里的大人物一个不识。仰赖铁根姑爷张罗一切。比如唢呐、铜锣在谁家；八仙、地仙请谁；慰问的亲友团十桌人如何张罗吃饭。

恰巧我村上的祖屋拆除准备造新屋，按习俗有新丧不得去别家的忌讳。这十桌饭最后在新落成的喜事堂办了。否则得惨死。祖屋空地搭棚置办酒水，而那几天又风雨交加。奶奶要脸，在天之灵一定有怨言。喜事堂，顾名思义红白喜事均在此地做仪式，村里的公共福祉善地。因隔壁村庄出过一位副县长，那座喜事堂早已完工，我们村被比下去了。如今我记住了，本村此事完工，居功至伟者是刘胜利。他年轻时都在北京郊区做铝合金，两年前父亲去世他就在村里住下，不去北京了；胜利叔 50 岁，五官端正，儿子考上了重点大学的研究生，盖的楼房算村里最高的。他利用担任村干部的机会，动用县里拨给村里的一笔公款修起了喜事堂。原本村民主任老雷是想挪作别用的，于是两人结下了梁子。胜利叔还不顾村里人意见不一致，力排众议，挨家挨户找现居城里的屋里人募捐。于是当奶奶去世时，喜事堂有条不紊地推进，二楼主体架构接近完工，唯窗户没装。

答谢吊唁亲友的酒水已上，唯外面风大，没有窗户的喜事堂超冷。妹妹妹夫跑去村口的五金店买来成捆的遮雨塑料，朝北的三个大窗户大包大揽一裹，风住了。吃饭的人心里笃定，晚上的守夜过得很平静。第二天的出殡，雨止东方破晓，蓝天云光粼粼。在鞭炮烟花的热闹声中，我们带着奶奶落叶归根，与爷爷合葬。就像《圣经》里的那句话，爱的最后一刻，一切终归虚空与美好。

村里一位老者的去世是大事。铁根姑爷、锋叔从邯郸赶来；作为八仙之一的刘胜利，除了允许我家未完工就用喜事堂，还给坟墓前的泥泞小道用割草机清理，盖上麦秆。小红姑爷从佛山赶来，并体贴地替代我们完成下半场的守夜，那个蚊子厚啊。

命运真有意思。我这位大学教授、上海滩律师，竟然是在一栋没有窗户的村里公共善屋里，给奶奶办的丧事。我的家乡虽是中国低成本安装铝合金窗户的发源地，我家却应急用了遮雨塑料布。因为是法律专业和大学老师，每年都会接到家乡人从宁波、佛山、北京打来的请托电话。大体是惹上了官司。比如

1. 有一年，突然接到电话，细公公的小女儿打电话哭诉，说儿子在宁波因为网吧外抢劫其它小孩被抓入监狱，正好我认识宁波检察院的校友。其实只是小孩之间的恩怨，犯不着入刑。

2. 佛山玻璃厂的姑爷（细公公三女儿的丈夫，细公公生了四个女儿、两个儿子）问起工人工伤意外保险，我儿

时在万埠的伙伴正好也在佛山开玻璃融冶工厂，相当成功。就介绍他们认识并取经。

3. 北京卖忠旺铝材的老板，是细婆婆侄子。在上海泗泾租了大店铺，装修投入一百万元。结果政府认定整个市场是违章建筑。众老乡不服，力抗被抓。于是他开了辆路虎带了两瓶五粮液来华政大草坪请我找律师保人，打官司。

这种事每年总有三、四起，于是我总算兴起了兼职律师的念想。2016 年为说服太太动用存款买一栋衢州景区的房子，就随口允诺房子买好就去弄繁琐的执业律师手续。有意思的是，迄今这个证让我赚了 400 元买水果的钱和一双溜冰鞋。

或许亲友们找我，是因为我爸爸把事情转给了我。于是我身上承继了父亲在大家族的威仪，老家盘根错节的关系就这样被我串联起来。爸爸高大英俊，小时家就在武举堤河边，水性极佳。能在洪水时从水中捞起上游飘下来的大木头。高中毕业进入新余市的电力大专。工作分配到新余电力局。新余市距离老家安义县 155 公里，当时坐火车得花一天。我三岁那年，爸爸离开他的“大城市”回到安义县。因屈尊返家，能挑当时县里最好的工作单位计划委员会。1980 年代还是计划经济主导，这个单位负责统筹计划财政、人力和土地的分配。于是村里来求助的七大姑八大姨络绎不绝，爸爸很享受这种顺水人情的请托。

1990 年发生了计划经济转为市场经济的巨变。搭乘房地产热的东风，没有接受四年本科教育的安义人自 1990 年就走南闯北，先是弄餐饮积累第一桶金，再进入门窗铝合金安装的大世界。我亲舅舅也不例外。原本外公是在县城与省会城市南昌中间的一个歇脚小镇万埠卖肉，舅舅子承父业，娶到镇上的美女，生了两个男孩，一家过着安稳舒适的生活。

但市场经济竞争白热化，卖肉只是旱涝保收。舅妈的兄弟们纷纷到大城市寻利，也耳闻不少万埠人在外面卖铝合金赚了大钱。当时中国的城市化方兴未艾，北京新小区雨后春笋般浮出地面。舅舅也想着若能包下个小区一栋楼的门窗就发财了。2000 年喜的舅舅来到北京，在中国人民大学校内租了店面。这个店铺两用，白天是铝合金切割、门窗丈量的工作间；晚上打个地铺。卖肉的活交给外婆的养女钟英阿姨，她同邻居“八叔”结婚。两人起早贪黑。赚下的钱先买了辆五菱货车，卖肉效率更高了。外公家卖肉的 DNA 就这样传承下去。

我大学的毕业旅行选在北京。专门去了人民大学。舅舅带我喝了咸豆浆，陪我玩了故宫。他也是第一次进皇宫，之前光顾着干活。后来舅舅回家了，继续杀猪卖肉。那年赊销铝合金的钱年底没有收到，完全没想到赖帐的人如此不要脸，接近五万元就打了水漂。这与卖猪肉一手交钱、一手交货是完全不同的生意。舅舅两个儿子，都是初中毕业。老大娶了美女，把家里房子抵押贷款，获得批发铝合金的流动资金后，随岳父在常州、杭州卖铝合金。老二 31 岁，先是跟亲戚学室内装修，后在无锡打工时认识了一安徽姑娘，相恋后还带回安义，后来没有结果。从此颓废打游戏，混迹于无锡、南昌的小区应聘保安。但又总觉得自已时运不济，起码能赚 2 万元一个月的工作，有时喝多了就说自己在大城市卖房子，钱好赚。那头茂盛的头发令我羡慕。简单说，我的表弟们都没有继续公公的职业。包括钟英姑姑的儿子堂堂，也是在南京卖铝合金。他们都觉得卖肉一眼望见人生的底，何况随着冷链运输鲜肉的技术日臻成熟，大城市的品牌肉已经直达小县城超市的冷柜。去菜市场买肉的年轻主妇越来越少。这道理与盒马生鲜将冲击一线城市的沿街杂货铺、甚至连锁店如出一辙。

诚如《圣经》箴言，参加亲朋的丧礼比婚礼更好。因为爷爷、奶奶的两场丧礼，我逐渐回到了家乡的农村，认识了那里的人。写出了这段意外的文字。

（四）“新冠中世纪”下蚂蚁集团的江湖路

我的这段城乡之旅文字，于己宛如冬日暖阳。尚沉浸于回忆中，真实世界又传来原财政部长楼继伟对蚂蚁集团的大而不倒的忧思发言。

《比较银行法》曾花三周，汇总企业预警通 APP 数据，讲解蚂蚁集团网络小贷的七千多亿，正是通过资产支持债券（ABS）在银行间市场出售的。通过证券公司的承销，购买蚂蚁集团债券的不是个人投资者，乃是中国数以千计的商业银行。

楼继伟担忧的前车之鉴，是 2008 年 9 月 15 日，美国企业商业票据贴现资产支持债券销售王者的雷曼兄弟破产引发了全球金融危机。简单说，雷曼兄弟承销的信用债，把美国银行业全拖了进来。银行间市场的主业是相互调剂拆解资金，简单说本应是乔治. 贝利那样的社区功能。结果被信用债的资产证券化搞得极端复杂。2008 年时任美国总统的欧巴马在 2020 年回忆录《应许之地》第 12 章回顾了当时拆弹的全程，精彩程度堪比诺兰电影《信条》。

紧随蚂蚁集团下架互联网存款产品（即支付宝推介中小银行的理财产品），理财通、京东金融、陆金所、360 你财富、腾讯理财通、度小满金融、滴滴金融、携程金融、天星金融等头部平台均下架了互联网存款产品。楼继伟的发言，像赏识他的朱镕基，从来都是落笔惊风雨，语不惊人死不休！天佑中华，大历史关头总有这样的智者挺身而出，为小百姓说话。

日本经济学家榊原英资预判：新冠大疫情之下各国开放的国门会越缩越小，明天不一定比今天更好，“新冠中世纪”很像 1370 年代黑死病大流行后欧洲中世纪那段历史。参阅普林斯顿大学历史学教授威廉. 乔丹的名著《中世纪盛期的欧洲》第 22 章。尽管盒马鲜生还在一二线城市遍地开花，高大上的店铺里还是熙熙攘攘，但不排除一切就像新冠疫情那样突发，然后戛然而止。个人预判蚂蚁集团的明天不一定比今天更好，尽管未来高度不确定性，其实谁也不晓得命运。但大体蚂蚁集团这个命运谱系的两端已逐渐清晰：一端是 ETF 这样的锁定大盘指数基金，另一端却是店铺光鲜鼎沸、配送员跑步前进的盒马鲜生。

张忠谋的量子宇宙及其ESG金融法

（一）波克夏2022年重仓台积电

Alexander Pope的诗《论人》：……真理一条明晰，存在即为合理。

如果存在即合理，那么2022年最大的事件当属2月发生的俄罗斯对乌克兰战争。如今9个月过去，明眼人都看出这场军事战已经被拖长为经济战。笨蛋，关键是经济。而俄罗斯遭遇的经济制裁，尤其是芯片制裁让该国汽车等工业直接回到1980年代。

俄乌战争爆发后的第二天，台积电暂停了在俄罗斯的一切业务，紧接着芯片代工厂三星和格芯也宣布了同样决定。俄罗斯的芯片水平，一夜倒退了15年。鲍里斯·巴贝扬（Boris Babayan）、“俄罗斯的克雷（美国超算之父）”研制的“厄尔布鲁士-1”芯片以及随后创建的MCST公司，更新迭代推出的“厄尔布鲁士-16”芯片（16核2GHZ频率，制程16纳米），被誉为俄罗斯的芯片之光。如今芯片之光成为最后的绝响，源自台积电打响了第一枪。

2022年11月15日，巴菲特旗下波克夏向美国SEC提交了13F季度报告。报告显示香港人尊称为“包发达”的最大动作是斥资41亿美元建仓台积电（TSMC）。TSMC一举进入波克夏的前十大重仓股。报告发布后，台积电美股盘后大涨6.35%，台积电台股上涨7.9%；台积电美国存托凭证（ADR）股价收涨 10.52%，市值比前一日收盘时涨 397.26 亿美元，创下 2008 年以来的最大涨幅。总市值 4051.8 亿美元。

台积电的全称是台湾积体电路制造企业，企业如其名传递出三层意思：1. 总部在台湾。所以是家在台湾上市的企业。2. 所处行业是芯片所在的半导体。擅长领域是智能手机而非电脑的芯片。3. 专注于制造而非设计。

（二）“芯片 ETF”横空出世的三道弯

波克夏的掌舵者巴菲特是美国大钱的方向标，他的判断都会被年富力强的大钱掌舵机构，以道富环球、贝莱德、先锋集团三家为代表仔细研读。后面这三家的标准普尔 500 的大盘 ETF 规模排名前三：分别是 4395 亿、3274 亿、2726 亿美元。这种排名颇像当下中国新能源车企多，但按销量就是比亚迪、特斯拉和五菱宏光。但请注意当下这波大钱都有个后缀就是 ETF，就像汽车都属于新能源。

汽车从内燃机发展到电动车有个过程，大钱从指数基金成长为 ETF 亦然：

“要么与众不同，要么有成本优势。”商学院的这句名言就像法学院的名言“法律的生命在经验”。

1. 第一弯：指数基金

专注指数基金的先锋集团与五菱宏光一样是走量的，薄利多销。巴菲特对指数基金造福股民十分赞赏，因此才会破例在《告股东书》中表扬领航先锋基金的创始人博格尔。巴菲特对投资基金的投资成绩差且滥收费用极为鄙夷，这是他数年前与某对冲基金管理人就主动型和被动型基金长期赢亏打赌，而他最终获胜的原因。九年下来，（被动的）指数基金升了百分之八十五点四，而五家主动基金的绩效则分别为百分之六十二点八、二十八点三、八点七、七点五和二点九。花了大气力选股，每天聚精会神捕捉买卖机会的，却偏偏输给了什么都不动、静静持有的……当然，主动基金人才鼎盛、买入卖出非常频密（为佣金乱炒一通），经手人从中赚得盘满钵满，苦的只是他们的投资者；至于买中那些根本无利可图的，当然更输个两脚朝天，而他们的经理人则依然袋袋平安。香江第一支笔林行止先生坦言：写到此处，顿悟投资基金经理与律师与客户、医生和病人的关系一样，彼此并没有“命运与共”的关系。

2. 第二弯：SPDR，全球吐丝钉住

话这样说没错。但这世界还是有相对平均水平以上的好老师，好律师，好医生。就像标普 500 是美国整个大盘，纽约、加州可能又会比大盘的平均分又高一点。而 ETF 基金就是如此。一般它都会有明确的定位，比如科技，比如再细分的芯片。

于是那些能在“命运与共”干得更好些的基金就会脱颖而出。就像 SPY、IVV、VOO 这三只美股市场最知名的标普 500ETF。但先锋领航的 VOO，只能做到美国第四大 ETF。因为透明度相对差一点，每月披露数据，而其他 ETF 是每日公布。（如第一的道富 SPY、但费率为万分之九，高于同类水平；第二贝莱德的 IVV，但成交额不到 SPY 的 1/10；

第三是富达投资 Fidelity，但创始人拿了大头利润。记得博格尔 2012 年接受《纽约时报》访问时，说他的财富仅”低位的千万元”，比起“富达投资”总裁约翰逊（A. Johnson）的同期身家一百四十一亿。）

大钱的逻辑，永远是涌向最赚钱的企业。能站在浪潮之巅的企业一定有其道理。战争如沧海横流，芯片公司尽显英雄本色。当下从 Intel 到台积电，从微软到苹果，都在芯片行业汇流。之所以需要以基金公司的形式出面，是因为芯片领航的企业横跨设计、制造、终端市场。设计龙头包括美国的 Intel、超威（AMD），英国的安谋（ARM）。制造龙头包括中国台湾的台积电、荷兰的阿斯麦、韩国三星这么多横跨不同国家的上市企业。于是巴菲特的钱来了。于是三大基金的 ETF 大钱来了。但后者与公募基金的区别在于，公募的碗里有哪些股票已经确定，而 ETF 的机理在于先不定证券，先划个范围。比如科技（科技 ETF 广为人知的是追踪纳指的景顺立方体 QQQ），比如科技里面的芯片。

于是道富环球推出 SPDR S&P 500 ETF Trust，贝莱德推出 iShares Core S&P 500 ETF，像蜘蛛侠手掌吐丝般，全球盯住这些复杂的芯片上下游企业。

具体说，先锋领航 ETF SMH 中，台积电和阿斯麦的权重分别达到 9.9%、5%，为第一和第六大权重股；而贝莱德旗下芯片 SOXX 中这两家公司的权重均只有 3.8%。[16]

3. 第三弯：ETF 加杠杆战场

这些科技 ETF，包括更小的芯片 ETF 需要时刻保持战场的那种警觉。就像赫尔松的俄乌军队走马灯换旗。

全世界智能手机芯片，台湾台积电一家占据 41%的份额，张忠谋居功至伟。2008 年全球金融危机爆发，张忠谋的接班人蔡力行削减员工、压缩成本。意识到对接苹果 Iphone 这种智能手机的芯片，会是发展方向。张忠谋反其道而行之，召回员工。

彼时，苹果芯片的提供者是韩国三星集团，但质量不稳定。电脑芯片的龙头企业美国英特尔则拒绝代工，全力发展光刻机。于是当危机后苹果世代来临，成为总市值超过万亿美元的龙头，台积电成功对接了苹果。而三星代工接连被抛弃就是因为“骁龙 888、骁龙 8 Gen 1”两款芯片号称比台积电制程更小纳米，但发热量更高；简单说电

---

[16] https://zhuanlan.zhihu.com/p/456324672

池不经用。

由此“芯片 ETF”的掌舵者，不仅能像交易所的股票那样实时报价，还可以做衍生品的杠杆。除了 1:1 复制大盘表现的 ETF，美股市场上还有杠杆 ETF，通过融资购买标的资产的衍生品达到 N 倍杠杆效应，同时放大收益和亏损。如两倍做多标普 500（SSO），当指数涨 1%，理论上 SSO 涨 2%，当然指数下跌的时候，杠杆 ETF 也是成倍下跌。美股市场上也有半导体的杠杆 ETF，三倍做多 SOXL，三倍做空 SOXS。SOXL 今年涨幅高达 128%，在所有股票型 ETF 中排名第五。

2021 年缺芯问题席卷全球，美股半导体行业年内累计涨幅达到 40%，半导体 ETF 中比较热门的是 SOXX、SMH。相比于 SMH，SOXX 的规模较大、管理费略高，但日均成交额较低。SOXX 和 SMH 今年的收益率都超过了 40%，差不多是 QQQ 的两倍。

又或者不看好三星芯片代工，就可以杠杆操作。就像比尔阿克曼的 10 天 100 亿。在 2020 年股市崩盘之前，阿克曼花了 2700 万美元购买信用违约掉期（credit default swap，CDS），随后在不到一个月的时间内，他退出了对冲仓位，赚了 26 亿美元的收益。

“2020 年 3 月 3 日，我们披露过当时已经买入了大量的对冲头寸……3 月 23 日，我们完成了对冲交易，比起成本的 2700 万美元，这笔投资为带来了 26 亿美元的收益。”

从俄乌战争到台积电，从巴菲特到芯片 ETF，有点像张忠谋谈自传下册，如果出版的话，就从一首丘吉尔的诗开始！

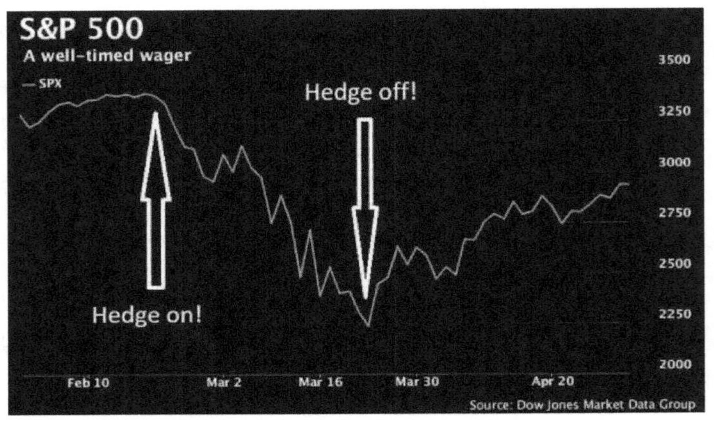

“我在德州仪器（TI）二十五年的经历——

黄金般的晨潮
黄铜似的午潮
铅般的黄昏
但是，无论它是什么金属
我都尽力擦磨
使每一个金属发出它特有的光芒”

是的，半导体的领航者，如果喜欢的诗就应该用金属来形容。

（三）从“NP 结”的不良率到 ESG

前面讲到，三星被台积电超越，是因为芯片发热过多，终于被苹果、高通、英伟达抛弃。所以完美的芯片，应该是纳米制程越小，功率越低越好。

张忠谋唯一的自传，活到 70 岁才写的截止到 33 岁的文字，披露了自己在美国如何占到一席之地的努力。[17]

“张忠谋（Morris Chang）机械学硕士毕业，进入全新的半导体公司希凡尼亚后，花几个月精研夏克雷的《半导体之电子与洞》……但是，希凡尼亚的领导层决策有问题，这家公司一直亏损，直到大量裁员。

不满手下员工被裁，主动辞职的 Morris 跳槽到了德州仪器。在 TI，他运用在希凡尼亚学到的理论知识和分析方法，变动生产流程。熟悉半导体的人都知道，半导体优良率不是很稳定，IBM 只有 5%。Morris 仍然每天吃完晚饭照常去车间。

有天，他和上级在办公室聊天，负责零件优良率检测的女负责人尖叫。好消息！Morris 用 4 个多月时间，把优

---

[17]《张忠谋自传：1931-1964》，生活.读书.新知三联书店，2001 年版。

良率提高到 25%，一年之后，优良率开始稳定保持在 30% 以上。NPN 扩散型优良率被突破了。一下子超过了 IBM，利润也高了几倍。”

照理说，极紫外线光刻机时代的芯片生产，三星代工为啥还会出各种不良率的幺蛾子。原理在张忠谋提到的扩散型 NPN 为基础的“NP 结”是个量子物理概念。这一让我震惊的结论是阅读 Brian Cox 和 Jeff Forshaw 的《量子宇宙》，尤其是第九章得出的。

量子物理，文科生如我并未专研。但费曼读过，他的“你管别人怎么看”，击节赞叹。但“被铝污染的硅”少个电子的 N，与“被磷污染的硅”多个电子的 P，若在电池通电后，实现“价带”电子（被死死束缚着）向导带自由电子的上流，再通过砷化镓的两个阀门，控制导体与绝缘体的转变。

阅读张忠谋自传，提到 IBM 的人不相信德州仪器能大幅提高 NPN 优良率。现场查看并与张忠谋交谈后，扬长而去留下的话竟是“想不到德州仪器竟有懂理论的”。这个过程就像将芯片却讲到金融，而金融业吸纳了大量物理学博士。而搞技术的又像马斯克那样官司缠身，让法律人直面理解搞技术人的逻辑，这样真实世界的难题。

也许这也是方向性的问题。这个方向就是美国三大基金贝莱德（black Rock）CEO 劳伦斯·芬克所说的“all in ESG”。从 2012 年到 2020 年底，全球 ESG 投资规模从不到 60 万亿美元扩容到 90 万亿美元，占到总资产规模的比例也从 24%跃升到接近 40%。欧美的大学捐赠金、主权基金们都要先约法 ESG：污染环境的、祸害社会的、管理层瞎搞的，统统不许投。

但芬克的理念更加“人类长期主义”，他提出气候变化已经成为企业系统性的投资风险；疫情封控亦然。

诚如张文宏医生判断，走出疫情靠科技，疫苗、抗原都是科技；缓解气候变暖靠科技，比如新能源。于是贝莱德的“美国 ESG”重仓科技股。苹果、微软、亚马逊、Alphabet A&C、特斯拉、英伟达、摩根大通、联合健康集团、强生。除了摩根大通银行，九家全是搞技术的。而摩根大通银行的董事长也完全赞同 ESG。

贝莱德乐于对外营销 ESG 投资策略在市场下行期更具韧性。在其官网，贝莱德列举了可持续投资相关指数在多个市场恐慌时期，例如新兴市场回撤/石油危机（2015.7.21-2016.2.1）、新冠危机（2020.1.1-2020.3.31）等都能跑赢全球大盘。

能跑赢标普大盘，首先是投资特斯拉血赚。新冠三年，目睹它的总市值从 500 亿到 7000 亿美元。其次，微软的比尔盖茨，气候变化、新冠疫情的书，一年一本。连他最亲密的朋友都担心：比尔，你不会每年都写一本书吧？潜台词是：咋搞技术的，还是正经弄产品吧！

但有论者说，进入 2022 年，美联储加息和欧洲能源危机，让“贝莱德 ESGU”（贝莱德 ESG 美国）失去相对收益这块"遮羞布”。随着科技股跌入熊市，ESGU 已连续两季跑输标普 500。而基于 2022 年，俄乌战争爆发芯片荒，两国战争甚至成为技术高下的试验场。台积电继续成为价值投资者巴菲特的重仓股，在在预判 ESG 的回报不会低于标普 500。要跌也是总体跌。果然，你看 ESGU 的回报无论长期还是短期的一月、三月都与 SPY 接近。

2022 年暑假，若非家乡的碧水，橙子的成长绝不会如此顺利，我不会这么坚定的信念 ESG 的环境。若非亲眼目睹女孩的成长，我不会这么坚定的信念 ESG 的 S。若非上了一年的网课，我不会这么坚定的相信，那些股东大会线上开得越多的公司，就是治理越差的企业。

“当我跑步时，其实说的是 ESG 金融法”

2022 年岁末，我在明实楼 221 办公室的万德数据库电脑端，查询万德给出最高 ESG 评分的金融企业具体得分。

比如海通证券的环境可持续，它专门提到这家券商鼓励无纸化，三大数据中心省电量，废弃电子耗材的环保处置得分；推进社会可持续，提到武威、定林县的扶贫、捐资给几万学子。公司治理提到女性、独董的挺身而进，以及更重要的善待员工。貌似实实在在，可圈可点。但这家券商在微众揽月的评分却不高，处于行业中游偏下。就像 Tesla 的 ESG 排名。

晨星的可持续分析，给特斯拉的 ESG 风险评分 28.6 分；标普环球是 38 分。特斯拉的分不高不低，原因在于 S 和 G 选项。需要注意的是，根据晨星评分的方法论，风险评分越低越好。比如 twitter 的 ESG 得分 18。马斯克于是鸣不平。特斯拉的 ESG 仅比石油公司埃克森美孚多 2 分，这还是相比今年 5 月得分大踏步前进。特斯拉对员工的福利极好。ESG 评分果然与时俱进。

今年这个自由之夏暑假的用功，个人坚定“ESG 信义责任”是金融法未来十年的方向：实证+大问题。

ESG 评分本身就是大数据，信义责任比如 ESG 基金回报不低于非 ESG 基金的实证结果，就是基金经理们没有违背对投资者赚钱的责任。

此中，防范大气变暖最为具体。表现在气候变化信息披露范围 1（与你直接相关的排放、百万营收的碳排放）、范围 2（间接相关的，上下游产业链）和范围 3（金融机构贷款项目的碳排放），已经成为纽交所、港交所和上交所（这趟外滩峰会）之共识。再具体点，就像排水要付费，排碳也要付钱。我家一个月排水费 45 元。当下，“省际碳汇公平与 ESG 金融法”课题非常热门。主线是内蒙古、黑龙江、新疆等地，贡献了巨大的能源，却要求碳排放指标与全国同步（比如要求内蒙古人均 28 吨二氧化碳当量降至全国平均水平的 10 吨）。（https://chinadialogue.net/zh/3/72263/）。而林业碳汇试点，果然新疆、黑龙江和内蒙古最多。（https://mp.weixin.qq.com/s/CNFX8BDlhuEnYaK8fgIa0A）

这是简单粗暴的锤子思维：又要内蒙、黑龙江向全中国输送廉价能源，又要环境改善。颇类似简单认为电动车就是 100%清洁能源，不顾车子电池的电力来自燃煤等火力发电之事实。所以比尔盖茨提出要一揽子解决背后的五大问题。你看人家的模型和数据，
https://breakthroughenergy.org/

按比尔·盖茨的书《如何避免气候灾难》，人类温室气体年总排放量510吨中，细分五块：插座插电（plug-in）占比27%、制造业占比31%、耕种养殖占比19%、运输16%以及建筑用空调7%。

“能成功实现零碳的企业和打造零碳产业的国家，将在未来几十年领导全球经济。”对号入座，这位ESG ETF最爱的科技企业微软公司前老板，判断那些能实现输变电地下传送技术、新能源技术（特别是核能技术、电池）、培育耐寒耐旱农产品种子、绿色建筑。而制造业，周其仁教授每年的广东调研，整出一堆明星企业清单：公牛、美的、科达、哈士奇、万和、伊之密…

2021 年，中国共排放二氧化碳111.02 亿吨，占全世界的31.56%。今年中国算气候最惨的国家，我的家乡中国第一大淡水湖鄱阳湖史无前例的干涸；第二大湖洞庭湖干涸湖底出现千年前古城。倘若你不是亲眼目睹：去年还肉身畅游的中国“贝加尔湖”一年后变成草海！你绝对不会那么关注气候变暖。就像刀子不打在你身上，疫情不系统性影响每个人的生活，你不会支持中国“动态清零”政策向当下的混乱放开转变。

但问题在于化石能源已经像金鱼缸的水一样，作家David Wallace著名的那场演讲。人类可以像金鱼那样问：“水是什么东西”，但绝对不能无水生活。化石能源在过去一百年已经渗透进我们经济的毛细血管。

这个夏天，在40度的下午，我经常带着女儿、侄女，开着化石能源的汽车，在山里跳绳，游泳，吃西瓜，做作业。那段时间，正好抓防溺水，责任压在中小学教师身上。我们必经之路会有两个检测口，一个查核酸绿码，一个紧盯游泳。下午两点是最热，也是对方最放松的时候。太阳真大，但我喜欢开启汽车天窗，热风吹着、关上空调，两个小姑娘立马睡着，醒来就是碧水。就是天窗的轨道受热膨胀变形，经常关不上。

一晃又是极寒的冬天，新疆阿勒泰传来的消息：极寒天气转场受阻，羊冻成了冰雕。寻羊的人也入险境。富蕴县吐尔洪乡的自动气象站记录到-47.8℃。果然，极热的夏天就有极寒的冬天，同时出现在同一年。

改变都是慢慢发生的。就像今年疫情以来，ESG ETF 基金回报相比去年下跌不少，但“非 ESG ETF 基金”同样下跌。两者相差无几。今年的业绩下滑有俄乌战争的原因，导致现在能源股大涨（比如去年引擎一号对冲基金发起对埃克森美孚石油的 ESG 改造，股价才 50 多美元，目前翻番）。我们能做的随着大盘沉浮。当校庆来临一起点赞深圳校友会。当世界杯来临一起看看结果。果然，芯片股再次上涨，石油公司股票下滑。这就是生活。先锋领航基金创始人博格先生的指数大盘基金那样的哲学。

所以对 ESG 基金，比如最著名的贝莱德（黑岩）基金，“贝莱德中国新视野”持仓中，圣邦股份、士兰微、闻泰科技都是芯片半导体类公司，禾迈股份、迈为股份、固德威是光伏新能源概念公司。你看又回到了张忠谋，贝莱德中国投资的这些中国芯片公司，都是台积电的下游企业。

（四）从 ESG 信义责任到卡塔尔世界杯

可持续三观，巨无霸 10 万亿美元的贝莱德也不是没有麻烦。比如持股贝莱德 0.01%的美国投资机构 Bluebell Capital，在年底批评贝莱德（1）未能履行在 ESG 问题上的承诺；（2）ESG 政治化导致共和党掌舵的红州撤资贝莱德。

前者事实背景是“当煤炭价格从 76 美元/吨升至 380 美元，原本不改善 ESG 评分就威胁撤资的贝莱德，嘉能可、

Exxaro、皮博迪、Whitehaven 等煤炭供应商的主要股东，同时还在向煤炭、石油和天然气公司注资数百亿美元。

后者是得克萨斯州、佛罗里达州、路易斯安娜州宣布，正式将贝莱德等 10 家金融公司列入“黑名单”，理由是这些公司曾抵制得州化石燃料行业。此举将导致得州退休金和当地的其他公共实体抛售原先持有的贝莱德股票。

又或者可观察贝莱德中国新视野基金仍是负回报，创建一年来跌破净值，回报率-18.61%。说贝莱德ESG是方向，代表着趋势，并非说前进的路一帆风顺。也不是说 ESG 基金就不可以买煤炭、石油公司的股票。反而有点当仁不让，改变它的意思。

比如贝莱德携手的引擎一号对冲基金，提名四位“绿色”董事，成功当选三名。且看具体语境。

过去十年间，埃克森美孚的资本回报率不断下滑。原因是 2009 年，时任 CEO 雷克斯·蒂勒森(Rex Tillerson)笃定天然气市场将会快速增长，在天然气价格仍处在高点时以 410 亿美金高价收购页岩巨头 XTO，被瑞杰金融公司称作“M&A 的负面教材”。此外，埃克森美孚投资的加拿大 Kearl 炼油厂、伊拉克 West Qurna-1 油田、与俄罗斯石油在北极圈喀拉海的合作等项目，纷纷因为低利润率或者地域政治原因，没有带来预期的回报率。2020 年底，埃克森美孚宣布计划减记高达 190 亿美元的资产。

2020 年 12 月 7 日，小股东引擎一号对冲基金向埃克森美孚股东大会推荐了四名董事候选人，并展开拉票战。

Gregory Goff，女，美国西部最大的石油精炼商 Andeavor 前任 CEO，曾在 2018 年被哈佛商业评论选为全球表现最出色的首席执行官之一；

Kaisa Hiatala，芬兰炼油商 Neste 前可再生燃料负责人；

Alexander Karsner，Google X 资深策略师；

Anders Runevad，海上风电巨头 Vestas Wind System 前任 CEO（唯独这哥们没当选）

谷歌 X 部门，酷的一逼！潮汐发电、海水提炼氢气技术样样尝试。前两位拥有石油公司的历练，并有可再生能源的特产。

而贝莱德撰文支持三名引擎推选的候选人：”为了减轻气候风险对长期股东价值的影响，埃克森美孚在能源转型方面的长期战略和短期行动需要做更多工作。相比于同行，埃克森美孚对将投资组合的多元化的资本支出十分有限。2020 年，公司总资本支出为 214 亿美元，相比之下，过去 20 年（自 2000 年以来）用于研究、开发和部署低排放能源技术的投资仅仅 104 亿美元。此外，与同行不同的是，埃克森美孚没有为范围 3 的减排分配资金。”

而谈到董事责任时，贝莱德进一步表示：”埃克森美孚及其董事会需要进一步评估公司战略和董事会的专业知识，以应对未来几十年化石燃料需求迅速下降的可能性。公司目前不愿意这样做，这带来了严重的公司治理问题，有可能破坏公司的长期财务可持续性。”

针对 ESG 基金推荐并获提名的埃克森美孚石油公司董事，有个问题：贝莱德背书的美孚三位董事，若以后投票亲 ESG 行动，却因为短期成效不彰导致埃克森股价下跌同时贝莱德股价上涨，董事对埃克森股东是否要承担信义责任？法理依据何在？

哥大教授 John Coffee 在近文《股东积极主义的转向：从单个企业到系统性风险阵营的拉票战》侃侃而谈：董事一般视股东利益最大化为职责。特拉华州法律即使不说，作为一种商业文化也是深入人心。即股东价值最大化是董事决策的试金石。

但投资组合的投资策略对个体投资者和董事有所不同：

即便董事的投票导致服务公司股价可能下跌；对个体投资者而言，只要总回报是正值，不用管股票组合中有些个股的回报为负值。而董事负责的对象却不是组合中那宽泛的一堆公司；她/他只能效忠一家公司。而该死的，所服务公司的股价因自己还下跌了。

董事可否牺牲自己公司股东的利益，信誓旦旦捍卫一个更宏大、自己在法律上并无义务的另外一些公司股东的利益吗？Coffee 教授说这方面并无一模一样的先例，但董事所作所为会给受益人带来损失绝非虚幻的假设，这个困难问题如何求解？

这种困难就像 12 月 2 日，广州解封开启了中国放松疫情管控的宪法性时刻。迄今两周，人数密度聚集的大学，再次出现手足无措的情况。

究竟是怎样的困难？Coffee 提到基于一个更大更长期的收益，董事会预判公司股价的暂时下跌，是为了追求更长远的上涨。比如拒绝敌意收购股价总会更下挫，但基本信念是公司的股价因该敌意收购而被严重低估。再如董事投票支持高昂成本研发项目，，即便该项目可能数十年不成功也会受到商业判断法则的保护。即便在引擎一号这样的系统性风险拉票阵营，董事投票赞成减少碳排放的理由还是为了更长远的利益。但若石油公司的董事投票赞成减少碳基能源、但又无现实可行的太阳或风能策略，则公司股价将重挫且似乎没有短期翻盘的前景。

信义责任层面，针对注意义务，董事不单依赖商业判断法则的保护。按 Coffee 的观点，无论公司注册地是否在特拉华州，今日多数公司章程都是按《特州公司法》第 102（b）（7）条为模板来保护董事。从而大体消灭了董事违反注意义务会产生的货币赔偿责任。但主旨在保护董事的该条，有例外："未秉持善意地作为或不作为”。

特州最高法院 Leo Strine 法官在该案写道："如果明知有该义务却不作为，这是对所负责任之明显懈怠。因没有善意履行信义责任而违反忠实义务。欠缺善意可能构成忠实责任。”

于是公司董事因支持气候管控措施的落实，好心办坏事导致股价暴跌。不难想象会有股东起诉董事"罔顾其职责。”此时，董事能有何种正当化的理由来解释自己已经足够注意了，需要更具体的场景讨论。

忠实义务层面，特州公司法第 102（b）（7）条并不保护忠实义务。因此如果该董事处于有利益冲突的位置，比如同时兼任大型机构投资者（贝莱德）的雇员或高管（会因气候管控限制措施而受益）以及遭遇股价下跌公司（埃克森美孚）的董事。石油公司的原告会主张该董事的忠诚义务，是一种分裂的忠诚，不排除该董事将其对股东的责任置于雇主利益之下。务实之举是在系统性风险拉票阵营，这种选出来的董事应回避此类利益冲突。董事不得是大型机构投资者的雇员或高管。而应是某家石油公司的退休 CEO 或董事。一号引擎在埃克森美孚董事提名人选，完全验证了这种考虑是恰当的。

这几天的新闻是，埃克森美孚因战争股价大涨，反引擎一号的 CEO 明确表示搁置再生能源项目，因化石能源的钱都来不及赚。甚至它拒绝了总统要求增产的呼吁。改变的困难堪比学习特拉华州信义责任的判例！

偶尔看到爱德文·邓比的“气候”，真应景：

/我自己挺喜欢纽约的气候
在街之间的空气中见它为多
你常用的餐叉磨损得真够
但你不用的气候保持着清爽利落。
就连咱这些人，天天在其中穿行
咱也得向损耗低头，满身泥浆，
空气常变，但鼻子拒绝去适应
圆滑不再，蹩脚收场。
周一沉沦；周二，死亡就显得大惊小怪
在天气的运势里，成人喜提新人样
天空在街道上，和卡车，和咱一块，
站立一会儿，然后升越陆地和海洋。

咱可以理所当然地认为，这儿就是家园
在创纪录的气候中看我，要么高兴，要么忧怨/

2022 年卡塔尔国际足协世界杯，是整个世界送给中国的礼物。史无前例地，世界杯不在夏季举办，而是考虑卡塔尔的炎热气候，选择在上海冬季举行。

这次比赛真是天时地利人和。先说人和，卡塔尔获得第 22 届世界杯的主办权是从美国虎口拔牙相当不易。地利，卡塔尔多哈在中国国际法人心中是圣地。2001 年 12 月 11 日，中国代表团团长石广生正是在多哈签署中国入世议定书，从此中国稳步成长为全球第一大贸易体。天时，当然是寒冷的冬季，一家人看球，看不动球次日分享比赛结果，是多少家庭的温馨时刻。

橙爸并非球迷，姆巴佩压根就没听过大名。但乐于从人文角度或者 ESG 视野看这届世界杯的新变化：

1. 女性裁判首次出现，3 名主裁斯蒂芬妮・弗拉帕特（法国）、萨利玛・穆坎桑加（卢旺达）和山下良美（日本），以及 3 名助理裁判纽萨・巴克（巴西）、卡伦・迪亚斯（墨西哥）、凯瑟琳・内斯比特（美国）。伊朗球队和观众为国内女性反抗头巾法发声。

2. 旅客无须病毒检测及戴口罩；

3. 沙特阿拉伯击败阿根廷后，国王宣布全国放假一天；而阿根廷挺进决赛，首都布宜诺斯艾利斯全民陷入疯狂。

4. 中国球迷已购买 5000 至 7000 张世界杯门票。

5. 200 美元一晚的集装箱旅馆。

……

中美新冠中小企业金融纾困实证

末章就以中小企业的韧性纾困为题，关注她/他，就是关注疫情大潮涌来同命的朋友，同舟共济。

（一）美国中小企业薪资保护贷款项目教训

2020 年 4 月至 2021 年 5 月，美国分三次发放了总计 9 千亿美元的中小企业薪资保护（PPP）纾困贷款。这是美国史上最大的单笔公共资金贷款救助。对受疫情重创的企业给予政府提供保证的无担保贷款。当贷款用于工资和房租等流水支付，这笔贷款最终可豁免。截止 2021 年 6 月，2020 年发放贷款豁免比例 64%。

实证研究表明，这类贷款对三类中小企业的存活有差异化影响；特别是雇员人数在 1 至 5 人的餐馆存活率提高了 20%。[18]但其中最受影响的黑人老板企业，因金融科技企业（Fintech）的人工智能贷款系统，在申请 PPP 贷款中比传统银行受到更少歧视；歧视量化的数据是黑人老板的中

---

18 Bartlett, Robert P. and Morse, Adair, Small Business Survival Capabilities and Policy Effectiveness: Evidence from Oakland (July 2020). NBER Working Paper No. w27629, SSRN: https://ssrn.com/abstract=3665900.

小企业更可能获得Fintech贷款的比率高出12.1%。[19]

由此美国疫情中小企业金融纾困的宝贵经验是要借力金融科技企业的人工智能系统。教训则是PPP贷款并未精准给到最需要的企业。因规则设计未按资金亟需的紧迫程度降序发放而是按先申请先得；未作资金接受终端调整，PPP发放出现诸多乱象：比如甚至出现上市公司、大型餐饮连锁（Shake Shack汉堡），甚至NBA冠军队伍湖人队申请PPP大额贷款，后来迫于舆论归还资金；个人欺诈频发；估计9000亿美元中700亿美元出现问题。[20]而最需要资金活下去的黑人老板餐馆却遭遇种族歧视，得不到资金。毕竟Fintech的PPP贷款份额只占到总盘子的23.5%。

---

19 Howell, Sabrina and Kuchler, Theresa and Snitkof, David and Stroebel, Johannes and Wong, Jun, Racial Disparities in Access to Small Business Credit: Evidence from the Paycheck Protection Program (October 2021). CEPR Discussion Paper No. DP16623,SSRN: https://ssrn.com/abstract=3960204.

20 Morse, Susan C., Emergency Money: Lessons from the Paycheck Protection Program (March 4, 2022). University of Michigan Journal of Law Reform, Vol. 55, No. 1, 2021, Available at SSRN: https://ssrn.com/abstract=4049938.

（二）中国“敢愿能会”普惠小微“码商”？

2022 年中国本轮疫情对经济造成的损害，堪比 2020 年的美国。中国政府提出稳经济政策“应出尽出”，包括不限于减租、降费和普惠贷款。银保监会史无前例力推 1.6 万亿人民币的中小微普惠贷款，强调“敢、愿、能、会”。

而按美国的经验，雇工少于 5 人的中小企业，比如小餐馆最需要减租或普惠贷款支持。作者对 2022 年 3 月至 6 月，上海疫情封控兰州拉面的经验研究显示，普遍有两个月以上房租的损失无法弥补。但宏观层面，并没有美国那样准确的大数据。实际上，美国那样的大数据也是凝聚着有良心人士的努力。因华盛顿邮报等新闻媒体怀疑最需要贷款的中小企业并非最大受益者，对主管权责机关中小企业局（SBA）发起诉讼。要求按信息自由法案（FOIA）披露大数据。主审法官 Boasberg 驳回 SBA 所谓数据属于机密性商业信息以及若披露将侵犯商家隐私的理由，得以让学者展开实证研究。[21]

和美国一样，中国疫情中小企业的大数据也是渐次拉

---

21 CENTER FOR PUBLIC INTEGRITY v. U.S. SMALL BUSINESS ADMINISTRATION, 2020, https://foiaproject.org/case_detail/?title=on&style=foia&case_id=33544.

开序幕。作者先是看到北大数字金融研究院的学者，利用阿里巴巴八千万码商的数据，发现疫情封城看似一刀切地管控着中小企业。但疫情喘息随后的交易复苏，收入统计显示城市运营的线下微型商户老板是女性，和不是在她们开展业务的地方长大的商人，受到了更大的破坏。[22]

随后，在国际清算银行、北大和蚂蚁集团学者联合展

---

[22] Feng Guo, Yiping Huang, Jingyi Wang and Xue Wang, The informal economy at times of COVID-19 pandemic, China Economic Review, 2022, vol. 71, issue C, https://econpapers.repec.org/article/eeechieco/v_3a71_3ay_3a2022_3ai_3ac_3as1043951x21001401.htm.

开的码商研究中，发现码商在疫情中获得了更好的信贷支持。如下图中蓝线数据所示。[23]

这恰恰显示中美殊途同归。疫情以来，金融科技企业

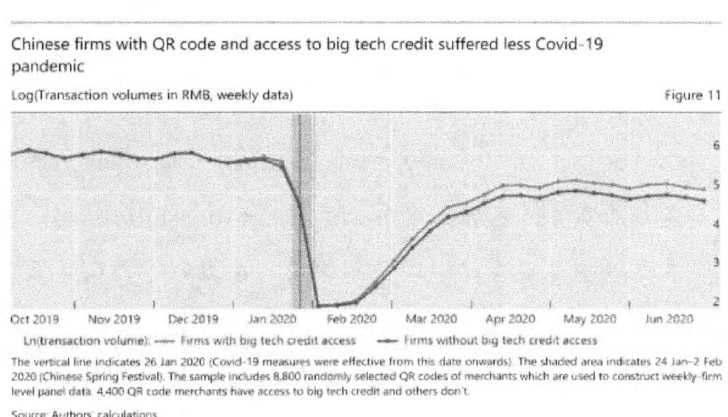

对中小企业的信贷支持，正在发挥更大的作用。美国金融科技贷款银行包括：Biz2credit 、Numerated、Kabbage、Cross River Bank、Web Bank 等开发出统合线上、人工智能系统的 app（比如风行的 Biz2X app），相比传统贷款高效得多。中国的"建行惠懂你" app、腾讯微众银行"微业贷" app、蚂蚁金服网商银行"网商贷"app，助力实现了截至 2021 年三季度末中国普惠小微贷款余额达 18. 6 万亿元。这是相

23 Thorsten Beck, Leonardo Gambacorta, Yiping Huang, Zhenhua Li and Han Qiu, Big techs, QR code payments and financial inclusion, May 2022, https://www.bis.org/publ/work1011.pdf.

当大的成就。

但为何中国码商疫情实证的结果是女性和非本地商人受创最深？在遇到 2022 年 4 月上海或 2020 年 4 月纽约那样的封城或禁足令现实，不同的中小企业会展现不同的生存韧性。

中小微企业，按雇佣员工规模，可分为三类：第一类是自己既是员工也是唯一的老板，英文 non-employer；第二类是员工在 1-5 人的小微企业，英文 micro business；有员工就意味着要帮助缴纳社保费用，在上海一个人最低 2345.80 元；发放上海最低工资，一个人 2590 元。第三类是员工在 6-50 人的中小厂商，英文 enterprise。以上统称 Small Business.

对于一人老板、第一类中小企业，比如钟点工、滴滴司机、外卖快递员、护工、理发师，无需承受高昂的约束性成本（committed cost）：房租和高管薪酬。

第二类最多的是小而美的餐饮店。上海六月复工以来，仍然禁止堂食。上海餐饮小店抱怨外卖是做一单亏一单，收入是去年同比的 20%；复工以后得支付约束性成本以及外卖平台高昂的扣点率，反倒比封城的 4、5 月亏得更多，现在就是咬牙坚持。

第三类是员工较多的厂商影响不大，因为厂商的杀手锏策略是压缩员工规模。而第一类往往是刚需，约束性成本低。但裁员首先裁女性。用 NHK 纪录片“疫情危机中的女性现状”的描述：失去工作，收入锐减，高龄求职，沦落风尘…“现在只希望哪天再一起工作”

非本地商人，以兰州拉面为例。作者在中国裁判文书网检索"兰州拉面"，7 成案例涉及租金支付。拉面店的故事与我家乡铝合金门窗相似。甘肃循化、化隆这样的地方，先有一个人在外面大城市站住脚，再一传十、十传百千遍地开花。手艺是家传的，难在大城市有个落脚的地方。注意到北京有位名叫"韩胡赛尼"的化隆撒拉族大叔。他有十起被告官司，从不出庭答辩，但接法官的电话。且因两官司被列入失信被执行人名录。[24]

浏览兰州拉面企业征信信息，印象深刻的是它们经常列入市场监管局管辖的经营异常名录。原因有四：未提交年报；被投诉；实地抽查地址不对；未缴税。所以中国"敢愿能会"普惠小微"码商"的堵点在哪?

（三）狄更斯之问与兰州拉面的深层故事

狄更斯小说《远大前程》的著名问题：数学课上老师问小姑娘大英帝国的 GDP 多少亿英镑？贫穷的女学生第一反应却是我能分多少？

正是意识到中国当前的经济盘子不稳，史无前例！国务院向 12 个省派出"稳增长、稳市场主体、保就业"督察组。果不其然，后续各省陆续交出漂亮的统计数字。最近的是海关统计。2022 年 1-8 月，新疆外贸进出口总值 1455.8

---

[24]在"郑玉花与马它海日、冶由四夫房屋租赁合同纠纷"中，同样发现本案被告人马它海日，从始至终未提出任何答辩意见，看出与韩胡赛尼一样，他们并不善于处理此类问题。

亿元人民币；同期浙江省进出口总值达 3.12 万亿元。[25]

2022 年，上海、三亚、成都、贵阳封控此起彼伏，中国中小企业哀鸿遍野。李克强总理指出，“用电量、货运量下降明显”，稳经济刻不容缓。中国政府提出“既要应出尽出稳经济政策，又不超发货币、不透支未来。”六个方面 33 项措施，分为财政政策（7 项）、货币金融政策（5 项）、稳投资促消费等政策（6 项）、保粮食能源安全政策（5 项）、保产业链供应链稳定政策（7 项）、保基本民生政策（3 项）。[26]

新冠疫情爆发之后，“兰州拉面”的经营遭受严重的冲击。门店数量从巅峰时期 2011 年的五万多家缩减至 2022 年的三万七千两百家。[27]

与美国政府通过商业银行推进 PPP 的渠道本质相同，

---

[25] 1-8 月浙江外贸突破三万亿, 2022-09-21, www.customs.gov.cn/hangzhou_customs/575609/zlbd/575612/575613/4590112/index.html.

[26] 《国务院关于印发扎实稳住经济一揽子政策措施的通知》，国发〔2022〕12 号. http://www.gov.cn/zhengce/content/2022-05/31/content_5693159.htm.

[27] 李姝霖：《疫情兰州拉面金融纾困政策中美比较》，华政国金 2022 年毕业论文。

中国依赖银行为主导的“信用中国”“信易贷”系统，落实这 33 项措施，推进对中小微企业的“敢愿能会”贷款进程。与美国存在种族歧视不同，中国的歧视主要是地域差别。信贷资源准入容易程度，广东“信易贷”的地方入口有 21 个，超过整个西北（新疆、甘肃、青海、宁夏）。[28]这与新疆与浙江海关外贸统计的巨大差距如出一辙。

因此疫情影响的经济下行对不同地区的不同企业影响参差不一，政府公共资源的救急既要以公平公正为底线，更要精准识别真正需要帮助的对象。就像大学的奖助学金申请者，不少出于面子、隐私以及文书困难，竟然拿不到公共资助。宝贵的时光不用于学习提高，去外面挣钱，导致资源错配。

就像国务院在 31 个省仅派出 12 个省督查组的政治智慧一样，金融纾困要取得实效也必定是专注地方性的。不能大水漫灌，要精准滴漏。就像 2022 年作者家乡江西鄱阳湖发生大旱，辽宁辽河出现洪灾。笔者在整理兰州拉面的案例还发现一个现象：一旦经营不顺，店主喜欢转让、关店或者张贴一张通知“有事回家”歇业，却并不通知借钱的外地朋友，引发官司。[29]深层次地，这透露出如果拉面店主经营时间越长，亲戚朋友间的信用透支，越倾向于向银

---

[28]https://xyd.creditchina.gov.cn/zhandian/guangdong/

[29]“孙长安与马达吾代疫情房屋租赁合同纠纷”（2019 年）、“郭某与赵某、漆某民间借贷纠纷”（2016 年），见马逸霖：《兰州拉面码商问题征信实证研究》，2023 年华东政法大学国际金融法律学院毕业论文。

行或者金融科技平台借钱。

2021 年，上海金融资本护航的兰州拉面品牌竟将兰州拉面有望推到与麦当劳汉堡（总市值近 2000 亿美元的上市企业）一个级别的生意。“马记永、陈香贵、张拉拉”在上海各大 CBD 开业，疫情前门庭若市；疫情中仍在咬牙坚守。上海兰州拉面店内装潢主打色是青金石的蓝、黄以及木色组合。那一碗 27 元的牛肉面大卖，年轻人打卡成为时髦。

而传统的青海兰州拉面应对疫情，将主打牛肉面从 5 元涨价到 11 元，汤照旧还是汤包调料的勾兑，遍布城市的几角旮旯。甘肃兰州牛肉面则继续牛肉原汤熬制，更贵，网店较少。

目睹兰州拉面的蓝色、绿色以及新晋的木色黄，叶慈的诗《青金石雕》应景：“这石上每一处色彩变化/每一个偶现的罅隙和凹痕/依稀就是水流或雪崩纷沓/或是仍然飘着白雪的高冈”。[30]

回到狄更斯之问，中国疫情的金融纾困应确实地为影响最创者提供帮助；就像只有掌握了穷困学生的深层故事才能提供雪中送炭式的奖助学金。“雪崩前没有一片雪花是无辜的”，伏尔泰的话。

（四）审计署统计口径“掺水”与满街“旺铺出租”

码商作为商户，其最有价值、最有参考性的信用信息是每日的出入账流水信息。申领收款码之后，可以查看每

---

[30]叶慈：《青金石雕》，《叶慈诗选》，杨牧翻译，广西师范大学出版社 2015 年版。

日流水，这些数据经过整合，就是对码商经营状况最好的评判。作为商人，经营状况也是“可信任度”的一项最直观体现。[31]

笔者的研究团队“通过码商的数据，整理出 2022 年 3-6 月，上海松江区码商营业流水相比去年同期的变化”。[32]通过流水数据为基础的信贷数据，码商流水应该大于所贷总金额。下表显示 2021 年 1-12 月，每月流水的平均数是 8554，中位数却只有 1500。2022 年 1-5 月，流水更少。

五大行普惠小微贷款最强的是中国建设银行，该行财报披露普惠小微户均一百万。[33]该数据源自三个层面：1.“建行惠懂你”app，截止 2022 年 10 月授信客户超 165 万，授信金额超 1.3 万亿元。2. 线下“小微快贷”新模式产品体系，累计服务客户 302.19 万户，提供信贷支持 7.41 万亿元；3. 建行普惠金融贷款余额 2.14 万亿元，客户 225.20

---

[31]徐涵：《兰州拉面码商征信问题实证研究》，2023 年华东政法大学国际金融法律学院学年论文。

[32]华政国金院申请了蚂蚁集团旗下数巢实验室的“码商”数据，共 12 万家松江区中小企业。团队成员：牟泽洲、张梓豪、朱逸凡、张子婧、严彩梦。像前引 Thorsten Beck 的蚂蚁码商数据英文文章一样，本研究严格遵守蚂蚁数巢实验室的数据安全隐私要求。感谢蚂蚁集团侯健、闪烁（花名）在漫长数据通晒过程的鼎力协助。特别感谢张梓豪同学在 Python 代码编写和年度流水数据输出的努力。

[33]建设银行 2022 年半年度报告，第 29 页“普惠金融战略”，www.ccb.com/cn/investor/20220929_1664447314/20221028204252129384.pdf，

万户。均值在一百万元每户。

有论者指出这与户均 30 万的经验值不符。[34]本文作者亦检索中国中小银行口碑甚佳的常熟农商银行在裁判文书网的追债金额，均值在 30 万元附近。[35]而该行是中国典型的中小企业贷款明显银行，还以“兴福村镇银行”模式业务输出云南、海南、湖北四省，颇有典型样板价值。

---

[34]田牧：“猪脚饭”们难贷款，普惠金融下小微贷难题待解，《证券时报》，2022 年 4 月 21 日。

https://qzs.stcn.com/zhuanlan/202204/t20220421_4396038.html.

[35]牟泽洲：《常熟农商银行 22 年 4 月-11 月 金融借款合同纠纷贷款规模统计》，2022 年 11 月 2 日完成检索统计。

	交易笔数	交易金额	贷款笔数	贷款金额
				2021年
样本量		**1039546**		**68611**
平均值	55	8,554	2	27,788
标准差	261	24,141	5	82,081
最小值	1	0	1	1
25%位数	2	300	1	1,673
中位数	5	1,500	1	8,000
75%位数	16	6,600	1	27,718
最大值	50,973	1,435,000	328	4,970,000
				2022年
样本量		**344184**		**25113**
平均值	38	7,015	2	30,912
标准差	231	22,266	3	75,586
最小值	1	0	1	1
25%位数	1	222	1	2,162
中位数	4	1,085	1	10,000
75%位数	13	4,999	2	30,000
最大值	91,728	1,453,183	98	3,420,000

70 万的落差，原因有三：1. 小微企业本身不愿贷款，接到电话挂掉；2. 没有准确征信和税务记录，大行不愿放贷；3. 中国政府，尤其是李克强总理政策三令五申要求大行完成普惠小微贷款增量指标，于是大行“指标注水”。每年户均 30 万元的经验值，也来自中小企业的三大成本经验估算。此处的主要以疫情重创最深的餐饮、旅游、娱乐等行业为核心，特别是兰州拉面、猪脚饭、沙县小吃等承受约束性成本能力较弱的店商或码商。[36]

[36]它们约束性成本的大头是房租、而且要预交半年，新店还有装修费；上海郊区的租金一般在一万元/月，半年就六万。如果一年

2022年6月21日，审计署发布了《关于2021年度中央预算执行和其他财政收支的审计工作报告》。在对“金融企业国有资产”审计中，共审计了23家地方中小银行、20家地方资产管理公司和信达资产管理公司，并对5家大型银行信贷资金流向进行了跟踪。

审计报告称，在普惠金融政策执行方面，存在变形走样：中小银行的主责主业是支小支农，但23家中小银行至2021年3月普惠小微企业贷款余额占比10.33%，仅为亿元以上大客户贷款占比的五分之一，其中6家涉农贷款余额已连续三年下滑；大型银行投放不精准，4家大型银行通过人为调节贷款企业类型等虚增普惠小微企业贷款87.18亿元，有24.96亿元实际流向房地产或大型集团，抽查517户小微客户有364户无实际经营……利用普惠信贷管理漏洞套取资金问题凸显。”[37]

2022年12月28日审计署向全国人大汇报整改报告，再次聚焦“对执行普惠金融政策变形走样问题”。“4家大型银行优化普惠小微企业贷款统计规则，通过调减未用额

的营收达30万，即一天营业额8百到一千。按最普通的11元牛肉面，需要70位外卖或堂食的客人。食材、水电煤、一家异地生活开支、孩子最低教育支出…估算一家兰州拉面从青海来上海白手起家，需要20万。网络检索疫情之前的平常年景，一线大城市的兰州拉面一年净赚10万，恰好30万左右。

[37] 侯凯：《国务院关于2021年度中央预算执行和其他财政收支的审计工作报告》，https://www.audit.gov.cn/n5/n26/c10252052/part/10252146.pdf.

度、调整统计口径等整改 87.18 亿元。……”[38]

随后中国银保监会公布了四大银行的罚单，处罚事由均是小微信贷数据不实，首当其冲的就是中国建设银行。[39]

有论者指出“对于遭受疫情放开冲击的餐饮业者，家庭渡劫及自救乃基本途径。国家的资金支持应当精准施策。从国家经济安全这种宏观的角度来考虑，中小企业所从事的餐饮业虽然并非什么关乎国计民生的关键产业，但它吸纳了大量就业，为没有能力或条件亲自做饭的人所需要，而且是地方的一张名片。政府和大型金融机构可能没有能力确保所有小微企业都在疫情中毫发无损，但至少要避免一场疫情过后大街小巷放眼望去皆是“旺铺出租”。[40]

第七章　人道奥德赛与宪法记忆萤火

2022 年堪称巡礼之年。大到俄乌战争，小到上海封城、大学封校，我都像奥德赛这个故土的陌生人，睁大眼睛瞧

[38]王本强：《国务院关于 2021 年度中央预算执行和其他财政收支审计查出问题整改情况的报告》，https://www.audit.gov.cn/n5/n26/c10307718/part/10308252.pdf

[39]中国银保监会依法查处 5 家金融机构违法违规行为，https://www.cbirc.gov.cn/cn/view/pages/ItemDetail.html?docId=1096417&itemId=915, 2023 年 2 月 17 日.

[40] 胡为恒：《中国疫情中小企业金融纾困政策失焦》，华政国金 2023 年度学年论文。

个仔细，寻找深层故事。

对俄乌战争，橄榄绿比黑白配的西装，更真实。就像雅典娜的橄榄树比波塞冬的三叉戟，更受雅典市民欢迎。橄榄树既能为沉思者提供阴凉，也能为人们提供食物。

俄罗斯理论家和宣传者狡猾的黑色西装与乌克兰领导人和士兵真诚的橄榄色之间的对比，让人想起民主最基本的要求之一：个人必须公开维护价值观，尽管这样做会带来风险。俄罗斯宣传者的礼物就是把东西拆开，就像是在剥洋葱，剥到最后只剩下别人的眼泪和他们自己愤世嫉俗的笑声。

对疫情封城封校，回看去年的朋友圈嘘嘘不已，堪称2022年巡礼之年的奥德赛。就像逝去的亲人，会因某张尘封的照片而偶然触发温馨的记忆，往事浮上心头。或者杰克巴尔金所言，宪法如此兹事体大的事情，也有许多记忆。有些人刻意想抹掉某些片段。甚至会出现截然相反的记忆战争。应对之策是扩充记忆的参与，让萤火的微光成为新冠世代，找到盛大营火的指引，让这种记忆成为"我们的法律"。

上海疫情往事：学生、同事和邻居的联盟

【祝福乌克兰的国运就像那转场成功的蜜蜂】俄罗斯乌克兰危机，全球公认乌克兰问题大师、哈佛大学乌克兰学院的浦洛基（Serhii Plokhy），总结媒体最常问的三个问题：

1. “普京：我一直认为俄罗斯和乌克兰是一个民族。”浦洛基撰文：错！

历史上，乌克兰领土有相当部分曾是奥匈帝国、奥斯曼帝国、以及波兰的版图；俄罗斯人种的源头更靠北，上溯斯堪的纳维亚半岛的维京人。即便上溯至重新统一的1654 年，按《佩列亚斯拉夫条约》，以基辅为大城的哥萨克国也只是接受莫斯科公国的保护，但仍有自治权。作为哈利波特的粉丝，窃以为只有“伏地魔”才关心人种的纯洁。

2. 乌克兰保持中立，不加入北约不行吗？不行。

1994 年，在美国、英国见证下，俄乌两国签署《布达佩斯备忘录》。俄罗斯保证乌克兰领土完整，以换取乌克兰返还前苏联时代的核子武器（当时世界的第三大核武器库存）。现在乌克兰人特别后悔“自废核功”。在遭遇 2014 年俄罗斯兼并克里米亚后，乌克兰只有加入北约。

3. 乌克兰国家沿聂伯河分裂成亲俄、反俄完全对立的东、西两半吗？否。

传统体认：聂伯河中线以西，操乌克兰语、亲乌克兰文化是主流；以东的主流是操俄语、亲俄罗斯文化。这种认知在 2014 全国反对时任总统的亚努科维奇抗议中被证伪。亚努科维奇的“地区党”党纲就是这种体认为基础；而那年连克里米亚的鞑靼人都上街反对亚努科维奇。目前亚氏被国际刑警组织全球通缉。

战况判断：

1. 激战第三天,骁勇好战的哥萨克人仍在阻击俄罗斯。基辅进入巷战，没有被拿下；乌克兰不是黄油。更没有想到蛇岛13勇士，竟有一位女兵。

2. 俄国大兵没有想象中战斗民族那么厉害，“神哪，我们为什么要相互残杀？”。2015年开始，俄乌在东部顿巴斯地区暗战一年；除俄制“山毛榉”（板栗树）导弹导致马航M17坠毁悲剧外，死伤三万、留在战区的数百万人更成为难民。目睹难民涌动、父女离别，让俄军精锐部队失去正义感的锐气。

3. 乌克兰最知名作家安德烈•库尔科夫的小说《灰蜜蜂》即将出版，一位阴差阳错成为养蜂人的谢尔盖伊维奇，为了让蜜蜂能转场吃花粉，靠童真的幽默和简单的道德感，竟从分裂分子控制的交战区的东部成功转到西部，再到克里米亚风景如画的雅尔塔。】

这是我在俄罗斯入侵乌克兰两天后，发的朋友圈。没想到再过12天上海我的母校进入战时状态。

【上海华政进入战时状态】

2022.3.10日下午四点半，华政启动封校。前3天，上海交大官宣封校；一时华政人心惶惶，如今靴子落地。

封校意味着只进不出。教育超市人流太大，身穿橄榄绿的退伍兵大学生维持秩序；这是我们国金的F4。学校效率超高，按需分发了蓝色睡袋。

一万多人核酸检测，先食堂后勤，再老师，学生按楼号（1-22）轮流。从晚九点到12点。目前第一轮结果未出。

一直在学校的徐海东老师，带领F4巡楼，调剂同学们的物资需求。3:30还未睡。

凌晨4:40分办公室徐莹通知我：3.11日，封校前离开松江校园的师生也将被召回松江闭环管理。

早上叫醒橙妈、通知我妈准备来沪、开始收拾春节用过的幸运EF旅行箱。女儿边吃早餐边看徐莹通知，橙妈联系班主任通报我的情况。她的小学今天第二轮核酸检测；昨天第一轮今早通报“全阴”。她们班的三位老师昨晚就睡在教室的课桌床。

目前，九成同事返校，准备核酸检测。奥密克戎的传染性超强，所以香港沦陷。但相比乌克兰的马立波、马尔科夫，上海绝对是天堂。您看看同学们的“华政微信互助文档”，都是温暖的提示和物资调剂。上海现在有句笑话，如果你朋友圈未见被隔离消息，那说明你朋友实在太少。按张文宏的说法，上海的防疫部队正“事不过夜”地在跑步前进。师生互助、全力配合核酸检测，至少还有办法，人心就稳。

还是那句老话，你永远可以相信上海！】

【听说召回闭环，侄女立马赶来投喂水果。诸多亲友留言，恕无回应昨日因健康云挤爆，没有推进第二轮核酸。晚上就和海东下了三盘棋，三战皆负。

今早醒来，给乌克兰儿童捐了点美元。快节奏地，先收到学生林升达、支金建4月结婚邀请，他俩都是华政本科，美国哥大硕士；慨然应允。

国金本科生、莫斯科的华为法务熊振东，又视频交流俄罗斯代际对俄乌战争的支持差异。

15:30，第二轮核酸推进，终于见到了一万五千名学生。到底是年轻人，这种场面女孩们仍穿得漂亮、性感，不辜负这春光。在一线看到了许多辅导员老师，老朋友。还看到了老校长何老师。他是李克强同学，对我照顾有加。有回校园桥边偶遇，他随手帮我推自行车上桥。人以群分，李克强总理的发言从来接地气："中国开放的大门永不会关闭，就像黄河长江不会倒流"

做核酸跨过沈泾桥，我立马感觉气场变了。见到学生了。对他/她们好点，以后募捐才有人气。嗯，后面的国际经济法网课，好好准备！】

【2022.3.14日上午网课共147人，相比两年前停课，大学未停摆，关键是冲在战场一线的各位师生。特别是徐海东这样的楼长、餐饮总指挥朱红霞等老师。我们都看在眼里。

张文宏医生今早微博，中国近期调整奥密克戎防疫政策不可行。看得出他写得匆忙，标点有重复用。但那颗专业守护我们城市的心意却完全领会。

昨晚在明实楼阳台听学校召开的楼长会议，目前为止最重要的会议。校方听身穿防护服、进入五期学生公寓的楼长发言。感谢所有实在、抓住要点的发言。这是华政最重要的元气与希望。诚如王菲、常石磊的抗疫新歌："如果人间值得，也是因为你们"。】

【与我朝夕相处的退伍兵大学生说：老师我给个女孩子送点水果去。

想起我家橙妈独立带娃已七天，一则省去奶奶从江西跑来；二则我自由看了不少书。比如耶鲁法学教授杰克·巴尔金的《易经及其生活哲学》。

第 31 “咸” 卦，说夫妻关系像高山上的湖泊。太太诚实，我颇有爱心，彼此独立、包容，就像那博尔塔拉的赛里木湖。

刚结婚我不知天高地厚，高谈自己赚钱多，家里得听我的。如今情势变迁，只好说自己更多自由。未料现在受困斗室，全赖橙妈。

我骨子里有傲气，橙妈爱黑我。说男人有啥好过生日的；女儿就请同学们祝我生日快乐，折的玫瑰纸花真美；这次抗疫压 EF 箱子里呢。

昨天海东兄很不爽。但睡一觉就忘了，只是说想儿子想女儿。和真正的朋友一起，七天也就过去了。】

【2022. 3. 17. 今日蓄谋已久地当上了大白。

我院小萍书记看我年富力强，邀我做教师志愿者；但我一直没有行动。昨日在退伍兵大学生浩文、逸凡、文浩和华明的帮助下，学会了穿大白服。再仔细观察了核酸现场的流程。今日接龙成为 30 位志愿者之一。

天下着雨，下午三点和郑彧、小野骑赴田径场报道。孰料保卫处林龙老师马上分配我和夏海斌扫楼。有两栋楼单独核酸。我和中心医院的盛医生、朱医生负责 12 号楼的 531 人。该楼 2 层因确诊和密接已全部清空。我们仨从 7

层开始，一间一间扫过去，都是大一女生。有传媒学院、商学院、外语学院。憋了这些天，脸上痘痘不少。我负责敲门，“同学，核酸。调亮手机、排队”。两位女医生扫描健康云二维码和采样。我提前敲第二间。

速度越来越快，我看着五花八门的寝室门面，有“女明星宿舍”、“女富婆”、“致命女人”寝室，有贴着“防疫人员，您辛苦了”字条；有笑声的寝室，我会来句心情不错嘛。偶尔还会有结束关门前道声感谢的。

7 点半结束时，我问年轻的楼长许老师，怎么挑了个这么糟糕的楼。她苦笑原本就坐在这里。碰上了，刚开始吓死了。她华理的本硕，刚处理一位同学情绪崩溃。核对最终数字的等待过程中，一位学生志愿者心脏不舒服，送 120 了。这两天，海东的四位退伍兵就倒了两位。突然倒下那种：华明、浩文。

大白衣服上的字是郑彧教授帮写的。字确实不行；我看他朋友圈有时吐槽儿子语文不强，哈哈我觉得是他的基因。

前天核酸结束遇到何校长，我恭维说他造的明实楼真实用。这回每间都打开了，住一个人正正好。在明实楼看夕阳，还偶遇何校长的硕士徐震宇。复旦历史学博士后，何校长把他忽悠回来了；98 级国际法本科。

财务处浦锐老师正好在 12 号楼作送餐志愿者，帮我和医生拍下了这张珍贵的照片。说来惭愧，因为这次疫情才认识这些同事。并见证我们共同守护母校。

就像我办公室所在的明实楼，一间一间如此普通的房

子，叠加成松江校区最美的建筑。】

【别人问我专业，总答国际法。原因无他，见贤思齐。比如韩德培；比如德特•瓦茨及其学生高洪柱，这里有伟大的灵魂。

倒过来追忆。Harold Hongju Koh、高洪柱是跨国法学派的代表学者，任教美国耶鲁大学法学院。我《国际经济法》课上唯一推荐的英文书《Transnatinal Business Problems》作者。在国际法院刚裁判的俄乌灭种罪审判中，他代表乌方做陈述总结。宣判后，电台主播 Diane Orson 问他判决有啥用。他说 2020 年 3 月 3 日，一位叫 Tata 的乌克兰女学生给他做基辅城的导游。再后来他偶然在 CNN 看到身穿军装的 Tata。彼时这女孩在战地医院，旁边躺着死难的儿童。她哭问世界："我学的国际法有何用？真法在哪里？"高洪柱直言，审判可以告慰 Tata。高洪柱腿略有残疾，那身西装经年不换、够旧。

DetlevVagts、德特•瓦茨是高洪柱的老师。德裔、曾服役三年，专业横跨国际法、公司法。这种专业背景促他胜任哈佛法律博士/工商管理硕士双学位负责人 30 多年。这个班学生必须得到商学院和法学院的分别录取才能申请。被同时录取本身就是一项壮举，因为这两个学院有很大不同。"法学院深深卷入当时的政治当中，可是商学院却基本不问政治。"平均每年 12 名学生能完成该项目；后来非富即贵，给母校捐款者众。该项目现任主任 Guhan Subramanian 是公司财务法大家。瓦茨虽在 2013 年去世，他的《跨国商事问题》薪火相传，已更新至 2019 年的第 6 版。

韩德培是武大国际法创始人，享武大哈佛三剑客之一的美誉。2003 年中国国际私法年会在华政召开。九十四高龄的长者莅临上海，挥笔赠言学生志愿者如我：“赠人玫瑰手留余香”。

他一生推崇奥本海，在武大接续前辈周鲠生、燕树棠的努力，享寿 99 岁，学生无数。而今回望，韩老播下的国际法种子，像此刻珞珈山的樱花盛大绽放。】

【华政松江抗疫与上海疫情一样进入胶着状态。这两天风大雨大等待最后一轮核酸倒也无事。

静下心来想着这些天校友的捐赠：

汇业律所的周开畅等 36 位律师捐了 10 吨粑粑柑。真是亲切的名字。您看就“妈哥”周开畅那个挫样，当年同窗怎料如今会混的这么好，带头慷慨解囊。水果真甜！

还有女校友捐了 100 套移动淋浴房，优先装了五期 4、12 号楼。容我解释一下，松江学生宿舍的标配是一栋楼 7 层，仅在 1 楼有大浴室。疫情不允许跨层流动，要洗澡就得装移动淋浴设施。

曹老师学生冯师姐定向捐赠国金现金 1 万。同事郑彧联系同学捐了 3 万个苹果。校友会的“3.10 抗疫基金”获捐 287 万。复星、京东、新东方等纷纷捐赠各种医用、生活物资，不一而足。

统筹这些捐赠的是校友会主任，当年四尽斋的对门邻居赖锦盛。赖主任保守估计捐赠在上千万元。他一度焦虑物资太多，没人搬真是大学遭难，感恩感谢校友出钱出力。

这正是哈佛哲学家迈克•桑德尔新书《成功的反思：混乱世局中我们必须重新学习的一堂课》，所提的贡献正义。你受尊重不是看你赚了多少钱，什么官，什么学历。而是看你为社会共善做了多少贡献。

身处封闭校园，不亲历不晓得打通物资的最后一公里多不容易，靠手传手接力搬运。和袁发强、倪铁、夏中锋、范鹏、钱嘉熙、朱浩文搬运那车蒙牛牛奶的时候，真有绿皮车里兄弟姐妹的感觉。先从大集装箱搬到小车，800 亩的校园七八趟站点，上上下下，又是手手接力。完事后，大腿、胳膊酸涨两天。不亲历你不会明白那些学生志愿者为老师扛了多少事。

更请记住：还有许多从未发朋友圈的师生正在默默坚守，比如正在五期做楼长的商学院耿言春，连续四天做核酸引导员大白的政院夏海斌，我的研究生退伍兵大学生朱逸凡……

改日兄弟们春风里相逢，可以毫无愧色地说：这个学校有我出的一份力。】

【回家了。

华政准封闭管理大部分老师撤退，学生可以在校园内散步。钱荣、羽婵和我在明实楼走廊畅聊道别；院长贺师兄还在坚守，四个退伍兵大学生护法，谢谢这些天领导和文武双全学生对我的照顾。

我的孩子们表现出色。我在大学过夜、橙妈在单位过夜。侄女王亲、橙子独立过了两天，了不起！这是理查德·劳伦斯在瘟疫小说《十月之殇》假设的场景，真实再现；两个孩子靠自己活过了大疫。

危乱世局，锻炼孩子实事求是的能力，是我今后努力的方向。来句实锤的祝福：祝五期 4、12 号楼早日解封；祝同学们早日快递自由。】

【我读的第一本证据法是美国基石出版社的《证据故事》；Richard Lempert 编的。他在“相关性、特权、意见和专家证言、传闻”的理论框架下介绍了 13 个案例。娓娓道来耳熟能详的“排除合理怀疑”原则；刑事大案的陪审团制度，是诉诸公民常识。最后两个宪法案例也充满证据问题。无怪证据法是英美法学院的核心课程。我也读过香港大律师杨良宜父子三人合著的国际商法领域的证据，煌煌巨著，让我领悟证据是程序，更锻造思维。

由此沉淀出我对证据法新书籍好差的基本判断理由：专业不宜太细，“砖家”缺乏常识被人嘲笑正是视野太窄；证据法故事性得强，要接地气。还有，真正接中国地气的证据法少。

刚结束大学的封闭管理，到家就拿到清华大学张卫平的“证据法检索一本通”，编辑黄琳佳。这书打破专业樊篱；有最新、接地气的中国案例。谢谢奥密克戎疫情肆虐期间的投喂。

读着读着，我想起令人悲伤的 MU5735 航班。那两个橙色的黑匣子就是证据。我也想起 8 年前的马航 MH17。您看，当残骸碎片复原后，目睹驾驶舱的弹孔，当荷兰和澳大利亚政府锁定 Igor Girkin, Sergey Dubinskiy, Oleg Pulatov 和 Leonid Kharchenko 四位罪犯，这种被山毛榉导弹击中的合理怀疑就无法排除，由此启动国际法证据调查程序。

在 MH17 那一串逝者名单上，最受关注的一个名字是“乔普·兰格”。他是国际艾滋病协会会长。因开会缘故，这趟航班损失了十位艾滋病专家。众所周知，奥密克戎是新冠病毒寄宿在艾滋病患者变异的新变种。说不定兰格在，奥密克戎不会这么猖狂。我从来相信这世界是普遍联系的。

6 年前与黄编辑因《灾难共和国》结缘。祝贺这本实在的证据法出版。新冠进入第三年，多做实在的事。这样才更不容易被虚空包围。编着写着您就是中国证据法专家了。】

【从大学回家已五天，女儿上午语数英网课；我准备清明节调休的网课，橙妈烧饭、盒马买菜；橙子下午和小伙伴溜冰、拔笋。忙碌的背后，都心照不宣地在迎接山雨欲来风满楼的上海。

像《十月之殇》海伦和特迪一道度过最难的两天后，陪伴橙子的大学生侄女总觉得回家是上策，我们尊重她的选择。橙妈因排班周四恰逢浦东封闭继续在家，主动加入小区的志愿者。拎着话筒日行万步请老年居民领新冠自测盒。

即便广播“地铁往黄浦江以东、以南方向的站台暂停”内心震撼莫名，即便这次上海真成为疫情风暴的中心。这是我们共同守护的家园。

您听橙子自弹自唱王菲的《人间》。“天上人间，如果真值得歌颂，也是因为有你，才变得闹哄哄。天大地大，世界比你想象中朦胧……”

还是易中天先生那句：我相信上海会赢。历史学家看得远看得准。】

【录音电话那头的女医师朱渭萍。2003 年决战非典流调的“老法师”；被誉为浦东疾控“福尔摩斯”，专业人士。

这则 20 分 46 秒的录音，我和女儿边听边堆新款老虎乐高。一位男子急切但克制地反映父亲“健康云阴性，但流调电话阳性”的困惑，朱医师接听坦诚回答。

听着听着，一阵笑声，我和女儿双目对视，完全被对话所吸引。特别听到电话被录音，朱医师先是警惕地说：“你征得我同意了吗？”，再是“没关系的”。最后那阵笑声让我破防。

“16:55 分，她的平静和笑声中有着某种力量。毫无疑问，这种力量就是真正的市民精神的体现：信任彼此，相信市民可以解决问题，而不是成为问题。”

谢谢上海女医生用专业守护老百姓。】

【天清地明，追念逝者：嬇婆婆、万埠外公、徐埠外公、细婆婆；薇子爷爷奶奶、姆姆舅妈、王亲奶奶；想念爷爷奶奶其中婧婆婆活到一百岁，经历文革丧子却不改乐观。那爽朗的笑声，总是劝我菜吃粗些。说我未来口阔吃遍四方。

去年清明，托村里长辈在福地种了四株丁香花树。春节带女儿拜祭，竟忘了看长势。野草太盛光顾探路，来得太少原谅孙子瞎忙。

爷奶都活过九十，颐养天年。爷爷一生信奉求人不如求己。初中因战争丧父，凭一笔好字做科委文书、退休后借用土地局、县志办；不与人争，留下善人名声。奶奶、地主女儿，看破政治乱象，一辈子言传身教一件事：好好养育子孙；难忘那句“人是活宝”。

就这样四世同堂，历经葬礼婚礼，花开花谢，潮起潮落，到了如今席卷中国的三年大疫。当年武汉封城那天我恰在回赣的高铁上；而今熟谙寰宇信息，理解是国家社会出了问题。秉持爷爷奶奶的言传身教，足以应世，无妨。再者，乌克兰、香港比上海惨多了，将心比心。

难的是大疫之下如何教育女儿真实生活。今年生肖虎年，复旦王德峰老师无意间说命理学，生肖虎与生肖猴一般相冲。说者无心，听者有意。盖橙子属虎，我属猴。

育儿12年，日子不容易但极享受那个日益真实的“修复人”自我。游泳前往往头脑混沌，不知道要干啥。游泳后荡涤负能量，集中精力做最要紧事，虚头巴脑一概出清。Everyday uninterrupted，今日竟读懂《东坡易传》颐卦词“上九由颐；厉吉，利涉大川。”我和橙子的关系，大概就是“厉吉”吧，既然山中有老虎，猴子永不称王。

近日上海和大学既然解封无望，索性也由它。拼一个老虎乐高，烧顿红烧肉。封城买不到鲜花，就点燃一盏心灯，祭逝者亲人，跪叩安宁祥和。愿她/他的灵魂安息！R. I. P.】

【“上海加油”

您看我们小区夜空中高楼灯火闪耀，四月的春风穿绕封禁楼宇，护送抚慰人心的声音。

那声音原本微弱、一度以为神经；借着参，辨认上海加油此起彼伏逐渐响彻云霄，听到的是十五万确诊、早刷“上海发布”的惯性焦虑；

是完成本职工作、附加八小时核酸志愿者的疲惫；

是自救混战中女团长的精明与健忘；

是“杠精”男副市长“放下稿子，自己团一单”的犀利；

是共鸣女副市长感谢志愿者和居委的哽咽；

是遗憾那位被网暴逝去女儿母亲、残酷狠敲小柯基的反击；

是专家接听电话录音被删的心火接力；

是共同护卫阳性婴儿的大爱海洋；

是方舱医院小提琴的《海滨音诗》…

是一位母亲、父亲，向儿女展示自家应对灾难的勇气、善良和本事。】

【4 月 1 日封城前，在大学封闭 14 天的我有了囤货的经验，毅然去了三趟盒马鲜生；孰料迄今十五天，物资消

耗极快。现在完全依赖橙妈的团购。今日特别感谢华政投喂丰盛的物资。按盒马鲜生老板侯毅都亲自外卖的节奏，大学特别是工会邵军老师要做到跨区投喂，花费了巨大心血。

3.25 日离开大学回归社区。因橙妈当了小区志愿者组长，我这个家属耳濡目染也有相当体悟：

1. 手术难、配药难。按上海医学院本科、牛津大学博士陈铮鸣教授的数字，上海每天 7 千台手术。封城造成医疗资源的挤兑，因急性胰腺炎、哮喘吸氧、心脏病搭桥急诊手术阙失造成的人命悲剧，每天都在重演。我妈妈今年 1 月急性胰腺炎发作，那种带哭腔的痛苦诉说永生难忘。

相比美国辉瑞全覆盖，以青壮年为临床试验样本的中国新冠疫苗，存在对中国 60 岁以上长者、有基础疾病者的设计欠缺。当时的考虑是疫苗临床试验期间的安全性。如今亡羊补牢就是外地对重点高危人群赶紧开打第三针。

当然这对风暴中心的上海来说是马后炮。按陈铮鸣的经验，重症在上海封城 2-3 周显现，死亡 4-6 周。按 2500 万人口的城市体量，务必再放开一批志愿者快递小哥，送高血压等慢性病药。今早自己注册达达快递，首页订单送药占一半。我主要顾忌是要上传 48 小时核酸；出去了回不了家。睡桥洞？

本小区配药组成员，亲历帮人配药排队四小时不封城，上海医院一定像 2020 年 4 月的纽约医院。但可以帮忙自由活动的人更多。

2. 小区团购混战自救。因团购快递日子得以延续。人工运力有限，1 千户的本小区得出动两辆汽车+7 名物资搬运组是常态。张团长联系 1 万多个鸡蛋货源，风大雨大的晚上开着她的保时捷，装卸货那 50 箱鸡蛋。大灾面前这些团长逐渐成为小区的中流砥柱。她们既要掌控供应链的开头、中间和最后三公里，又要联络好能干的楼里志愿者。好的团长、组长、楼长在，小区宛如金刚加持，病毒亦远去

3. 大学团购提振精气神。人在社区心系大学。上海是大学城，50 多万大学生。因安全考虑封禁快递一个月。华政为例，松江 1 万大学生已两周没有水果供应。牙疼、便秘，乃至严重的心理抑郁，受苦良久。但仍不时有阳性学生检出并拉走隔离。学生们说，西葫芦都吃吐了。精气神不振，持久战中的大学必然节节败退。公益捐赠宛如政府发放的爱心大礼包，远水不解近渴。建议适度放开大学团购，效仿社区团购、以学院为单位进行试点。

Do you hear the People sing?

Singing a song of angry men.】

【今年上海大疫仗打得难看，但我更热爱上海。个人 54 天封禁：14 天大学、40 天社区，大灾压境亲历师生、邻居间金子般闪光的自救与互助。我所在的学院和社区之所以表现卓越，是因为同事、学生、邻居展现了最好的自己。我们作为普通上海人在家庭给孩子树立了良好的榜样，也给上海社区恢复强化互信传统提供百年一遇的契机。

个人更强力推荐国金学院。就像人要能文能武，“法与金融”专业要求文理兼修。在我的课上，学生们既参加

Vis Moot，也参加美国大学生数学建模竞赛 MCM/ICM。在新一轮的双一流排名中，华政继续弱后中南财经政法。客观原因是这所大学的财经实力强劲；现任建行、工行的董事长都毕业于中南财经政法。而兼具法律与财经实力的华政国金，是下一个十年华政在全国能否占据一席之地的先锋。

浦东临沂一村，密接全部隔离防疫的人权保障，校友、君合刘大力律师的发声。

恍忆 20 年前我读研究生那会儿，这位已是上海滩的知名大律师突然晚上跑到程胜寝室喝酒聊天。白天他陪同英国大律师伍德（Philip Wood）来华政讲国际金融法务，专业与人文兼具。伍德六卷本《国际金融法实务》洛阳纸贵，每本都在人民币 1 万元以上。

记得伍德律师以“美杜萨竹筏”结尾，20 年过去即便程胜英年早逝，我仍难忘那悲伤的灵魂：波涛巨浪大海中，这只自制的木筏显然无法承受大浪。一位老人跪着拉住他孩子的尸体，暗暗垂泪。海浪在木筏上扫上扫下，木筏上的人随时都会被冲下去。有个黑人在挥动手巾，想吸引路过船只注意，一齐求救者众。唯有这位老人意志麻木、神绪怅然…

晚上刘大力来到研究生会主席程胜的寝室喝酒。我是程胜的下属，见识了这位师兄的平易近人和酒量。偶然听同学周辉说：刘大力钱赚够转身艺术收藏，不弄国际金融法务了，我猜里面有 Philip Wood 的影响吧。

这次他挺身而出，文字周到理性；标题那么长，却完全入脑。无愧大律师！

《法国大革命史》Jules Michelet 借这幅画发挥，对当时社会发出严重警告："我们整个社会每个人都正在这只美杜莎之筏中"，无愧史家！】

【2022 年我的研究生答辩，三男一女

其中两位封控在长宁校区；一位因实习租困在浦东；女孩寒假以来就在老家江苏。国金学院三位汪涵、蒋志成、张宛青写的是"Fintech 平台信息信义责任、证券虚假陈述中介机构和并购权益披露的民事责任"。国际法的卢柏宜写"FOB 交货托运人责任"。

有人说，2022，按英文读法，就是 2020 再来一次。熊振东、方志鑫、孙畅、柳亚铮 2020 届毕业生和今年的情况真像：卢柏宜、熊振东两位国金老生阴差阳错都是我编外指导的硕士。但还是有不同：这届毕业生答辩完，随即启动大批量的离沪返乡潮，艰难的返乡。大学提供了送到车站的"高贵包车"服务，祝一路平安。

多元回归之后，我意识到同学们都是写法律责任；不同的学生写着不同主题的责任。就像大灾面前人要承担的是多元责任，就像罗纳德•科斯在《变革中国》中写的，"每个人有多种身份（男性、教授、丈夫、经济学家、亚当斯密的信徒），同样政治组织也有多种可变化的身份。"就像橙爸此刻在淘宝搜索"里兜猫罐头"。

这种变化就像上海疫情政府表现糟糕，但市民却发明了团购自救，以及陌生人间的温暖互助。以我家为例，因公务员轮班，橙妈去浦东已经五天；橙子昨晚和邻居法国回来的小桃子一家人，去普陀新落成的“上海少年儿童图书馆”花园野餐；原本陌路的邻居因志愿者服务结识。

把出门证让给女儿的橙爸，则和邻居的猫在家看《变革中国》结尾。科斯写道：“中国的奋斗就是世界的奋斗……中国已经在社会主义多元市场经济取得了巨大的成功，未来取决于能否出现繁荣的思想市场，重现唐朝长安吸引亚洲多国学者的那种辉煌。”

一个繁荣的思想市场，每个人都要独立思考中国怎么啦？比如本城领导怎么这么会造新词；

一个繁荣的思想市场，每个中国人都要独立思考中国要往何处去？何况科斯已逝，伟大的法官 Richard Posner 患了与我外公相同的阿兹海默疾病

乱像找方向，当然得求助诗人。比如希腊诗人 Odysseas Elytis，他最有名的那句“当你的世界有了金星，我认识的夜就不再是黑夜了”。

今天学生毕业，分享他一首喜庆的《闪耀的日子》：

【闪耀的日子，赤裸地诞生我的声音之螺壳
我走在星期日的日子里
在海岸的欢呼中
伸躺出亲昵的绿原
……

我谈及爱情、玫瑰的健康
和直射入心房的阳光
以及稳然散步海边的希腊

永远带我远行
去赤裸雪山的希腊

我把手交给正义
闪亮的喷泉，峰巅之春
我的天空深邃而不变
我爱的一切不断地诞生
我爱的一切永远都是在开始中】

【女儿给我的节日礼物：画了爸爸的新办公楼，一栋有圆顶的欧式大建筑。晓得爸爸爱去松江游泳，晓得爸爸疫情期间在那和学生们度过了难忘岁月。

画画手艺和折纸贺卡都是老师们教的。瘟疫横行，感谢盛大和长宁美校老师们的线上授课，让孩子们有本事在节日给亲人送上自做礼物。收到礼物的感觉真好！

而只有美好的东西，才能传诸久远；就像美酒、美丽的建筑。

“这一生久远又长，我才刚刚觉察到”。疫情期间当我崩了点牙，正沮丧卧床。邻居寄养在我家的猫，咕噜咕噜爬到我胸口，一下就治愈了。

“这一生久远又长，我已完全觉察到”，共享台湾诗人杨牧的诗《答舞》，疫情期间诗歌治愈人心。】

从纽伦堡让个人承担战争罪的法律责任，到大数据形塑的征信报告外泄，引发惩罚性赔偿，都是反制虚无的真实举措。从纽伦堡审判的画，到滴滴数据出境被罚，一晃岁月过去70年，国际法的问题从来都是拥抱真实。

这幅画里有种不光明的东西

就像小说是否经典，橙爸的体会是不必凑新出版的热闹，时间自有公论。

国际法的经典案例，也是这个理。案子裁判多年以后，还被人信赖、援引和期待，大名鼎鼎以至于国际法研究生若未演习过这些案例，就算不专业的试金石。

这份清单有十三个：

1. 纽伦堡审判，反人类罪进入国际法；

2. Filartiga 案，巴拉圭政府的酷刑在美国法院获得救济；

3. Velasquer Rodriguez 案，洪都拉斯政治异议者被失踪在美国法院获得救济；

4. Soering 案，引渡死刑犯的人道待遇保证；

5. Foster &Percheman 两案，美国承认西班牙关于领土的条约；

6. Paquete Habana 案，古巴渔船在美西战争免于捕获；

7. Missouri 诉 Holland 案中，州尊重禁猎保护候鸟的国家条约，就是尊重先人流血流汗塑造统一国家的努力；

8. Hamdan 诉国防部长案，本拉登司机，不一定是恐怖分子，有权在美国法院审判；

9. Caroline 船案　英国击沉美国船只，不符合诉诸武力的前提：自卫兼节制；

10. 联合国工作人员求偿案 瑞典王室，受联合国委托调停巴以冲突，被以色列极端组织暗杀，ICJ 出具咨询意见：UN 具有国际法律人格；

11. Nicaragua 案 美国中情局支持尼加拉瓜反对党推翻共产党执政政府。小国诉大国，迫使里根政府改变外交政策走向；

12. LaGrand 案，德国公民在美国抢劫杀人判死刑，德国以领事权（维也纳领事公约第 36 条）未被美国履行，诉诸 ICJ 请求刀下留人；

13. Abu Ghraib 案，美军在这个伊拉克监狱虐待伊斯兰信徒，揭露军队本身黑暗的体制文化与国际法现代文明的冲撞。

这十三个案例，是这本 International Law Stories 的全部。这本 2007 年由基石出版社（Foundation Press）邀请国际法贤达撰写，写这些案例的故人故事。笔法行云流水，阅读韩裔耶鲁法学院高洪柱的第二个案例 Filartiga，讲 1980 年代的第二巡回法院往事，让橙爸想起了董桥写的《读胡适》。写作时，Koh 先生心里一定有电影《逆权大状》那般的电影在上演。

刚翻译出版完《牛津国际法史手册》的橙爸，晓得这 13 个案例所嵌入的三大框架，乃是 1945 年国际法最重要的三块。分别是：1. 落实个人人权保障；2. 国际法在国内宪法的地位；3. 国家间价值观的冲突化解。

1945 年前的国际法，大抵分领土、海洋专章介绍国际法从自然法到成文法的演变，条约是基础。而当代国际法秩序建基于第二次世界大战。简单说就是：罗斯福打败了希特勒。橙爸女儿有天颇费思量向表妹解释希特勒坏在哪里。缘起她在读《罗斯福传》，

表妹问姐姐在看什么书。答罗斯福总统；他是打败希特勒的人。

希特勒是谁？

答他若在中国，会把九十岁的太奶奶送进毒气室，因为是没用的人。

嗯嗯，果然坏。表妹似懂非懂的说。

学习法律必从案例入门，而非法条的原因在于：案例有正反两造说理。就像英国哲学家以赛亚伯林说的“与自己相同的观点都听腻了。倒是敌人的论点，轻而易举撕破己方防线”。法律人根据自己的生命经验，一看正反就知自己属于哪个阵营。站队是王道。

经典案例就像观赏好莱坞大片，不身临其境说不出拍的有多好。那些细节是魔鬼。比如纽伦堡这个案子，读好至少要回答四问：1. 法律人的汉斯法兰克Hans fritzsche，长啥样？年轻时得不到的初恋，掌权后成为其情妇的女人是谁？2. 这位波兰总督、奥斯维辛集中营的负责人，为啥不焚毁全是猛料的那套 36 本私人日记，里面那句“of course I could neither eliminate all lice nor all Jews in only 1 year’s time. But in the course of time …this end will be obtained”. 3. 这该是怎样一个矛盾的人啊。怪不得伦敦大学国际法教授 Philip sands 在

2017 年书《人权的定义》，会在 72 年后自费去看法兰克夺来的那幅最爱画，《抱银貂的女人》。橙子说这幅画里有种不光明的东西. 4. 原来灭种罪与反人类罪有这么大的专业鸿沟，就像莱姆金与劳特派特，各自背负国仇家恨，却有不同的法律复仇。

美国大法官霍姆斯对年轻人吴经熊的信里写道：“如果你要学习法律，请不要花费太多时间在形而上的一般性思考上，因为这些兴趣会占据你的脑子，使得细节无足轻重，而一个人是在细节中方显力量。”

当代国际法大家马蒂的世界观

解决双边争端的目标是两国关系正常化。要彻底评判国家之间的人权争议，比如中国是否在新疆有种族灭种，根本上是一个政治问题。美国、欧洲关注的是中国政府以反恐名义强制维吾尔族为主的少数民族人身自由。中国政府提出新疆 150 万平方公里广袤国土，这三年再没有发生过严重的恐怖袭击。不像阿富汗那般动荡；稳定秩序和安全的新疆，才是中国人权的优先事项。

这是马蒂·科斯肯涅米"国际法不确定性"理论的绝佳诠释。2021 年 7.3-7.11 日，我家在新疆包车自由行，行程集中在中部的伊犁和北疆。接触下来，汉人司机陈先生最大的关切还是新疆经济要活起来，就像那源源不绝的天山水。

陈司机身材高大，声音洪亮。太太是新疆大学副教授。他夏季是导游兼司机，单我这一趟 7 天就赚 1 万元。冬天则是乌鲁木齐扫雪工。养育一子一女。新疆七五事件当晚，他手持铁棒在守卫自己的小区。送我们去克孜尔千佛洞的途中，痛骂英国斯坦因爵士和瑞典斯文赫定爵士对中国文物的"抢劫"。

他忆及疫情之前的新疆旅游，主力是台湾香港人。当下两岸关系冰封，自由行通道已关闭两年。香港选举国安法与疫情叠加，人员往来频次陡降。但袁梦却在香港。

2018 年 11 月 24 日，我资助一批国金本科生去衢州玩。就有这娃。缘起她的本科学年论文，与程子帆的毕业论文同名。因两次复读未够梦校，程同学专注力极难集中。我请袁梦帮助程同学，慨然应允。那趟衢州行应该开心的。再毕业申请美国大学拿到部分奖学金。可能因家境不够宽裕，悄然去了香港。

她帮我购买了期待两年之久的《读胡适》。董桥在中国五四运动一百年之际，推出章回体谈胡适。纪念这位老派的中国知识人，一生有所执着的生命花絮。手捧是书七天后，我也读出了董桥对香港年轻人的期许。

马蒂是芬兰人。2015年读村上春树《没有颜色的多崎作及其巡礼之年》，我就留心留意赫尔辛基的魔法气场，此地能消解人长期淤积的心结，多年未见的老友仍会给彼此大大的拥抱。马蒂的书《国家的温良教化者》，叙述国际法的命运。记载各国国际法律人的平生，有法国的塞勒、德国的施密特、英国的劳特派特、美国的摩根韬，他们施展本事汇流成海，让国际法发挥作用。就像 David Kennedy《斗争的世界：权力、法律与专长》书中自陈虽对现世真相万般洞悉，仍保持对国际法的真爱。

这四人的共同点，用马蒂的话说：瑞典的诗歌、俄罗斯的风景、德国的音乐和美国的技术，塑造了马蒂的民族主义。瑞典的诗歌，如“把鱼竿甩向北极光”。俄罗斯的风景，顾湘的那句“我想去贝加尔湖裸泳，不知道水凉不凉”；建议你去新疆的赛里木湖。德国的钢琴，比如莫扎特的小奏鸣曲，给我单纯的自由和幸福听感。美国的苹果手机，我用了七年，质量真好。

通读严复翻译亚丹·斯密《原富》，亦有同感。这位英国人在1790年对世界的了解，与2020年的我相差无几。从书名看去这是本分析国家如何富强的书。很合理的，上册的逻辑框架一开始是分工、货币、地租与人力成本（农商体制）以及殖民地；下册是收入如何分配到国防、教育、司法、公共设施。严复，这位北大校长。好会造词。比如“分功”、“泉币”。所谓“一名之立，旬月踟蹰”、“冥思苦索，刻意创立”。比如用“泉币”来指中国古代的货币制度。一则形象，印钞票如不断流的泉水。二则见于《汉书·食货志》等古书。虽然黄克武提出“清末严复译语多数被日译新名词打败”，但我还是喜欢“涌泉”般的纸币体制：泉币。

因为微信朋友圈，看到经历112天封控的乌鲁木齐陈司机及其太太照片，他说“老百姓真的熬不起了”。

滴滴和学而思应向新东方学习

2010年转到国金学院，新译Hal S. Scott《国际金融：法律与监管》巨作，特别提到美国时任总统Obama斡旋通过的JOBS法案，催生新创企业有大力。

2021年7.4日我在伊犁，晚九点天仍很亮，在等待上菜前夕看到朋友圈分享滴滴出行App被网信办下架。品着伊力特酒，嚼着整只烤牛头，一行载歌载舞。我则随后用滴滴打车去六新街吃卡瓦斯、吃面，还是原先那样方便。

像她的美国同行Uber，滴滴都是2008年金融海啸后横空出世的新创企业。2019年5月Uber IPO，世人才晓得Uber与滴滴交叉持股，分割市场的协议。

滴滴总裁柳青，联想集团柳传志的女儿，哈佛毕业，励志型人生的偶像。滴滴上市借鉴Uber堪称驾轻就熟。董事长程维，外号“屠夫”。2018 年 4 月滴滴与美团打车抢夺上海市场的价格战，几十亿补贴，就像刷锅水一样泼掉了。两人一文一武。

最早知悉滴滴赴美上市的新闻，彼时我正陪着女儿在徐汇龙漕路校区上“学而思”数学。女儿同学的爸爸是金融界人士，很低调、朋友圈发的少。打开他推荐的“在看”。大意是 2020 年 11 月惩戒马云，推迟蚂蚁金服 IPO 7 个月，负面影响所及滴滴果然弃上海科创板，赴美上市。IPO 大获成功，总市值突破 700 亿美元。大股东腾讯和软银闷声发大财。

坦率说，2014 年翻译完《国际金融》，我脑子里新创企业的标杆都是美国 Facebook、Uber、Airbnb。研究其中国同行微信、滴滴和小猪短租，是中美比较的顺便之举。逐渐地，才深入扎根中国现实。理解微信的零钱支付结合支付宝，打败五大国有银行的小额支付。知道滴滴帮助网约车司机应付交管局的苛刻执法，补偿罚款。

我觉得网信办没有抓住重点：这次以“100 万用户以上平台的个人数据保护”为理由，对滴滴给予惩罚并联合七部门现场检查。还不如调查那个与 Uber 分割市场的反垄断，可能对消费者利益的侵犯影响来得严重。

滴滴，这类共享出行平台在中国大陆出现是大好事。尤忆 2018 年在四川泸沽湖旅行，当地出租车司机说羡慕大城市有滴滴平台。本地的出租车被地方政府捆绑得毫无活力。乘客的叫车信息无法在同一平台形成网络，只能接受被宰客的结果。而出租车利润的大头，却被层层盘剥的地方政府拿去。

2014年的滴滴，当时还叫新创企业。现在称共享经济平台，赴美国上市才有“中概股”的帽子。

中概股中，最出我预料外的是“好未来”所属的中小学教育培训行业。她是学而思的母公司。自女儿三年级第一学期末，寒假数学考86.5，成绩中下游。我家就报班了学而思。一个星期一次，每次两个半小时。加上参加数学吴老师的寒暑假十日班，数学成绩稳定在高分区间，但看得出对数学的爱好仍裹足不前。

但作为家长旁听学而思，不难发现确有一套。进度与小学数学大体一致。讲解代数、三角、数列的奥数题有成熟的套路。比如四升五的暑假就在学习公立小学6年级数学教科书的拓展题，分数与循环小数的换算，无疑拔苗助长、超纲学习。但罪不在学而思，罪在学校。因为是小学率先启动超纲考试。体制内的期末考试总有几道超纲题。不会就只能考80几分；再公布全班同学排名。

迄今学而思的费用3120×7（每期3120元，一期312元，两期一学期，每次两个半小时），我理解它的缺陷在于集中灌输套路，没有启发。但静心在龙漕路“学而思”的课堂上，听其中“牛吃草”问题，一步一步，确实容易理解：

【牧场上有一片匀速生长的草地，可供27头牛吃6周，或供23头牛吃9周。那么可供21头牛吃几周？】

解题逻辑：假设每头牛每天吃1份草

1. 先算出每周新增草的份数。这片草地的原草量是固定的，23 头牛吃 9 周的原草加新草，肯定比 27 头牛吃 6 周的原草加新草要多。相减除以天数差，就知道一周新增草量是 15 份草。

2. 再算出原草量。72 份草。

21 头牛一周要吃掉 21 份草，比新增草量 15 份还多 6 份，或者说不够吃的有 6 份。新增不够吃，就消化存量草。72 份能应付不够吃的 6 份，12 周。

答案是可供 21 头牛吃 12 周。家长自己辅导，估计要崩溃。

这正是我女儿所在盛大花园小学四年级上学期期末考试的压轴题。会做的同学有一堆，100 分的十几个。不会做的就是中下游成绩。

下学期的期末压轴题是道等差数列求和题：

“若干人排队结账。我站在未知的位置，只看见前面分别贴着数字标签的一至十五号的顾客。除我以外，后面顾客的数字标签之和，比我的标签数字大 494。问我是第几号、最末第几号？

这道题，我们已经知道答案分别是 26 和 36。寒暑假补课的吴老师，要求孩子能在白板上讲给小白菜听。于是我们用野炊剩下的木炭求和验算，（首项+末项）×项数/2=37×18=666-120（从 1 加到 15 的和等于 120）-52（我的号码是 26，被减两次）=546-52=494

但当时的脑子到验算为止。如何算出 26/36 还是不会。我告诉女儿能推进一步算一步。

直到学而思龙漕路校区，任树春老师（交大本科毕业）的课堂，我才清晰地知道，如何对小学生讲解“排队数字”问题。

1. 先引导孩子们计算从 1+2+3+……+15=120；1+……+40=820；逐步逼近那个 494+120+“2 个我”之总和。估算最末位读者号码约在 36、37

2. 理解除我不计算，再减去我，意思是减去两个我

3. 最不重要，也最基础的就是等差数列求和公式：（首项+末项）×项数/2

4. 我是第 26 号、最末第 36 号。

真金不怕火炼。一旦我明白这些平台的生命力像野草般旺盛，后面自然不意外地看到新东方的“东风甄选”转型之路。同样与学而思一样，原本专注于教育培训的新东方，推出直播销售平台，定位于助农项目直播平台。新东方创始人俞敏洪与新东方在线 CEO 孙东旭，分别在俞敏洪个人抖音直播间与东方甄选直播间销售农产品。更涌现了董宇辉等网红直播。

2021 年双减政策影响，中国大陆教培机构面临“大洗牌”。新东方的市值当年跌去 90%，营业收入减少 80%。转型东方甄选农产品直播平台，俞敏洪解释除了认为农业是国家的大政方针之外，企业层面的原因有二：一是新东方的资源配置的足够的，账上还有钱可以尝试。”他当时向董事会提出要求，给他五年时间，每年亏损一个亿，如果五年没做出来就停止。第二个原因是，新东方有原先的家

长和学生作为客户基础，“我去直播后，家长们一看，这不是俞敏洪吗？俞敏洪在卖西红柿，太可怜了，那我就买一袋西红柿吧，至少可以产生这样的效果。”2023 年 3 月 19 日，东方甄选的总市值又涨到 340 亿港币。你看，这是公司财务法的学问。

反制虚无：征信外泄和垃圾电话的惩罚性赔偿

巡礼之年的题目，是因为我超级喜欢村上春树的《没有颜色的多崎作及其巡礼之年》。似乎本群的每位同学名字，都没有颜色吧？我爱通过微信群，指导学生论文，今年就有三十人：硕士毕业论文三篇、本科生毕业论文 11 篇、学年论文十篇，以及要开题的研一、研二同学各三人。我会以散文体文字，在群里分享自己最新的思考。不写出来，脑子就磨不快。内容如下：

个人信息法律保护，是世界金融法的前沿。前两天中国刚通过《个人信息保护法》。

立法到位后的实际效果，关键看法院。我注意到在隐私的信义责任诉讼中，加州所在的第九巡回法院，总能引领，做对判决。比如征信错误的、骚扰短信的，都是第九巡回法院。

在严复看来，西方之所以强大，“不仅仅在于武器和技术，也不仅仅在于经济、政治组织或任何制度设施，而在于对现实的完全不同的体察。因此，应该在思想和价值观的领域里去寻找” 。

这个初衷要像种子一样生根发芽，主要看诸位本科生能否理解前沿案例中主审法官的价值观。所谓 pathos（三观）。

北大前校长严复的翻译九本，首推斯宾塞的《群学预言》其中提出国家富强与个人幸福相比，个人幸福更要紧。而个人幸福的实现是拥有个人自由（第一原理）。

依我个人这五年在松江百花港河游泳的经验，这种纵身一跃、无论寒暑的快意自由，保佑我追求自我，发挥潜能，实现激情燃烧的人生。虽然赚的钱不多不少，但因这份职业有大把的自由时间，游泳实现身心健康以致人身自由，实在妙不可言。

追忆亚丹·斯密《原富》书中提到国家财富的产生与分配之道，提出每个人努力为自己积累财富，就是为社会做大贡献；迥异于中国儒家传统讳言“利”，宛如谈钱就无法崇高。《群学预言》提出人与人相处之道，是国家保障不妨害别人的个人自由。Louis Hartz 教授在《美国传统中的自由主义》写道：不强调社会阶级问题的重要性，转而保障个人财产权、言论自由等消极自由，已经成为美国国家社会的“洛克式”共识。

就我个人来说，激情燃烧就是思考当下。比如治理学而思、滴滴这类平台，大体有三种模式：1. 公共行政执法；2. 隐私损害诉讼；3. 信义责任。

滴滴、学而思在 2021 年 7/8 两月的遭遇和应对，说明公共执法多么无效。滴滴 8 月中旬的总市值是 470 亿美元。而其美国同行 Uber 却是 772.6 亿美元。一以贯之的观点，执法不要挫伤对方的市值。新冠疫情以来，多少丢掉的工作转为滴滴司机。一辆车、一位司机的工作自由，是滴滴给的。

学而思被中办发文禁止周末上课，于是转为工作学习的周一至周五。像我女儿在学而思的任老师线下课就全部取消，转为线上。我女儿所在的盛大花园的周一至周五，本身就课业负担重，现在又增加两个小时的线上，眼睛就废了。孩子们的课业负担反倒像弹簧般拉紧，且一直紧着。

既然公共执法提不出解决问题的有效办法，转至自力救济。比如以隐私损害为由的民事诉讼。与美国一样，中国正在完善个人数据安全的立法保护。刚通过的《个人信息保护法》，明确银行账户、生物识别信息、行踪轨迹等隐私信息的披露，需经当事人明确同意。但真实世界的隐私权益保护诉讼，却以龟速前进。甚至进一步，退两步。比如美国最高院 2021 年裁决的 TransUnion LLC v. Ramirez 案。虽然联邦地方法院裁决“环联”征信机构将被告等 8185 人归类为“恐怖分子嫌疑”，违背了《信用披露公平法》。但最高院五比四投票，却驳回了 6000 多人的诉权，理由是不存在“具体”、“可见”的损害。仅仅是这类征信报告实际披露的 1853 人才有起诉的权利（standing to sue）。

这类似一通骚扰电话的法律逻辑。因为不存在真正的财产诈骗，仅仅是在你一家人准备开饭其乐融融或专注工作时，来个电话“哥，你家江南名庐的房子卖吗？”徒之奈何？真是扫兴。虽然手机技术已经发展出拦截“骚扰电话”的技术功能，但房产中介不断变换手机号码，骚扰总是如期而至。于是美国芝加哥一位收到AT&T五通西班牙语短信的老兄 Ali Gadelhak，就依据《电话消费者保护法》（TCPA）主张隐私损害赔偿。官司打到第七巡回法院的 Amy Barrett 法官手里。

这五通骚扰短信是 AT&T 的“顾客准则反馈系统”发出的。TCPA1991 年立法之初，为保护固定电话用户隐私，规定若用“电话自动拨号系统”骚扰罚款五百。主审法官 Barrett 提出所涉法条及其正确理解：

The term "automatic telephone dialing system" means equipment which has the capacity ----

(A) to store or produce telephone numbers to be called, using a random or sequential number generator; and

(B) to dial such numbers.（47 U.S.C. §227(a)(1)）

被告“客户准则反馈器”拨打的号码不是“用随机或顺序号码发生器”存储的、也不是“用随机或顺序号码发生器”产生的，而是被事先存储在数据库中的，因此，“客户准则反馈器”不属于“自动电话拨号系统”，原告败诉。

原告的观点，也被第九巡回法院在其他案件中支持。原定义要求，要么用任何手段存储号码，要么用“随机或顺序号码发生器”产生号码，然后拨打上述号码。被告事先将号码存储在数据库中，就属于存储号码，因此，“客户准则反馈器”属于“自动电话拨号系统”，被告败诉。

Amy Barrett是美国前大法官Scalia的嫡传弟子，出名的死扣法条字面，这次窄缩解释 TCPA，被论者批为“pathos vs logos” 之战。当年理查德·波斯纳嘲笑Barrett 导师死扣字典解释何谓“墨西哥卷”，一晃也五年了。

征信报告案，第九巡回法院的主审法官是 Mary H. Murguia。骚扰短信案类似的银行利用机器打电话，第九巡回法院是Daniel A. Bress（N.L. V. CREDIT ONE BANK)。尽管这两位法官分别由奥巴马、川普总统任命。

如腾讯数据研究院报告所言“2018 年 6 月，美国加州通过的《居民隐私权和消费者保护的州法规——CCPA》，以及在其基础上，2020 年 11 月加州再次通过的《加州隐私权法（CPRA)》，二者共同构建了美国加州隐私保护法的主要制度框架。

从全面性来说，这是美国目前最具有典型意义的州隐私立法。同时，作为科技行业聚集地，加州经济体量排名世界第五，加州隐私保护法（CCPA&CPRA）的影响力可与欧盟 GDPR 比肩，业界也往往对二者进行比较。”一个地理面积只有中国新疆 1/4 的加州，却有着如此大的经济体量。

我们高等教育的研习，就是要懂天时、地利、人和。简单说，就是理解“个人信息保护”领域金融法的前沿案例中，那些做出正确判决法官的三观。

现代人的幸福生活，有时还被“征信错误”干扰。在2019 年王建平夫妇与江永农商银行的名誉权诉讼中。原告因与一位“逾期还款”的陌生人王建平同名，江永农商银行将不良征信记录在原告名下。原告看中一套房屋，付了两万定金去银行贷款被拒，才得知自己有不良征信。此后，银行删除征信拖沓，引发诉讼。查中国裁判文书网，这种案例达10篇，遍布陕西、四川、湖南、湖北、宁夏。

恰如美国TransUnion v. Ramirez案审理的一波三折，个人征信错误、骚扰电话与短信等影响现代人安宁生活的杂音，证明了公共行政执法的低效；隐私民事诉讼的高度不确定。这才有Jack Balkin的信义责任。

新冠三年，我坚定了人道主义者的信念。行人道，不相信宏大叙事。用行动去对抗虚无。尝试学生、同事和邻居的联盟，2022年上海疫情期间我真正认识了本楼的居委会主任，还养了她家的猫。又因为一位长者的心脏骤停需要帮助，和本楼法籍华裔的小桃子爸爸，一人抬头、一人抬脚，放在地上人工急救。结果人到底没有救回来，我俩的孩子却成了朋友。她告诉橙子原来我们最爱吃的法式羊角天平路面包店店名Avec Toi的中文意思是“我们在一起”。

那真是一场堪比Towles小说《林肯公路》般的奥德赛之旅。回头看，原来就是选择做人，行人道，拥抱真实。就像穆旦的诗：我这才发现，用尽全力，只不过完成普通人的生活。城市的邻居若无大疫需要彼此扶助，无法完全熟悉，亲戚朋友也是如此。这是人类学者亚莉·霍希尔德《故土的异乡人》理论，需要一个深层故事才能真正连接。

故土的异乡人

读《故土的异乡人》，路易斯安娜州，2016 年美国总统川普的票仓。该州有一条“癌带”地区：首府巴吞鲁日到新奥尔良城之间；巧合地是该地区密布石油钻井平台，沿线居民癌症高发超出平均数700倍，却支持川普的施政。支持裁撤环保部等官僚机构，反对奥巴马的气候变化行动纲领。为何受环境恶化最严重的州却普遍支持川普？

加州伯克利大学社会学学者亚莉・霍希尔德田野调查四年，写出《故土的异乡人》。描述路州迥异背景、笃信基督教的白人认为自己从 2008 年金融危机后，不断被别种宗教信仰的有色人种插队，在自己家乡却成了希望破灭者。心中有怒火、沮丧，于是纷纷转而支持川普。

我不禁将路州首府类比浙江衢州巨化。一个山清水秀之地却崛起一座巨型化工厂。

巨化的蓝水

小的节假日，我们通常会去浙江衢州丈母娘家。通常妻姐会来火车站接我们，先去她家巨化。此地有条乌溪江，源头水从大山里流出，是蓝的；白居易的诗“春来江水绿如蓝”。

后来我老婆在此地与她姐同个小区，也买了套房子；从上海来得更勤了，游泳更多了。游泳完我爱与洗衣人、钓鱼客聊天，她/他们多是巨化厂的工人。穿绿色制服，容易辨认。后来我房子卖掉，接盘者也是巨化的工人。

巨化 1958 年成立，厂房依江而建。因化工需要大量的水，最初主要生产化肥，后来是 PVC 塑料管，现在的拳头产品是含氟制冷剂。高峰时期工人就达 1.8 万人。企业上市，董事长当官者众。比如 1998 年的董事长刘奇，2016 年出任江西省长。此前担任宁波市长想上马 PX 项目，遭本地人游行抵制放弃。

江边偶遇的本地工人会告诉我：巨化集团经常出安全事故。比如 2021 年 1 月 4 日，巨化集团氟聚厂中毒致 1 死 8 伤。2020 年 11 月 9 日，中天东方氟硅火灾，后溪镇、廿里镇空气中氯化氢超标，智造新城沙溪沟水质呈酸性。

还不单是偶发的安全事故，更长期的影响有毒的环境是本地人似乎癌症高发。当然只能说怀疑。但这种因果关联的怀疑起自阅读《家乡里的异乡人：美国右派的愤怒与哀愁》获得。路易斯安娜州西部的莱克查尔斯（Lake Charles），坐落着许多化工装置。

路易斯安那州癌巷里的美国右派

这些化工厂都建在密西西比河下游，路州巴吞鲁日及新奥尔良两个城市之间。1980 年代开始，当地居民留意到有大量癌症个案。原先只是一条巷，但随着更多人认识这个名称，其包含的范围慢慢扩大，不过，癌症成因不明，所以化工是否导致癌症，备受争议。

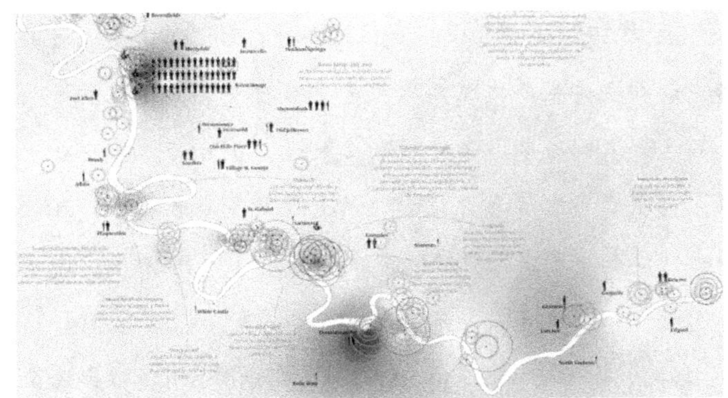

一位美国教授好奇的是，这条在路州被民间名为癌巷的化工走廊，却是 2016 年当选美国总统川普的票仓；她/他们多是蓝领白人，公开标榜自己是茶党（Tea Party）。理念至少包括反对环保监管，尤其觉得气候变化是胡扯；少交税，不支持政府开支；多数是虔诚的基督信徒，但对难民、黑人、LGBTQ 不抱同情。

亚莉·霍希尔德，加州伯克利女教授，自由派，擅长沉浸式研究社会。她因学生的妻子关系，造访路易斯安那州，该地是茶党运动的重镇，孕育出无数死忠的右派群众，堪称川普现象的推手。作者发现，她这些右派朋友的主观感受，和他们的客观处境往往相互矛盾：他们明明是环境污染的直接受害者，却否认气候变迁；他们明明是最需要福利救助的社会底层，却反对「大政府」又支持大企业。这种吊诡从何而来？

这些底层右派白人的生命故事，透露出他们感受的根源。右派原本自认能顺利追逐美国梦，但在联邦政府干涉下，让他们觉得遭受移民、女人、黑人等弱势群体的「插队」。对税收的偏恶、对信仰的忠诚，与对国族荣誉的骄傲，是右派政治理念的三大支柱。但如今，政治正确的风气却让他们饱受围剿与嘲讽，不敢说出内心感受，使他们的处境宛如家乡里的异乡人，直到敢言的民粹领袖川普为他们出一口气。贫穷的白人变成多余的劳力，他们被边缘化，背着一些粗鲁无礼的绰号，像是白色垃圾（white trash）、死白人（po buckra）。

霍希尔德从印德河开始造访 Harold Areno 家，他记忆中河两岸曾是大片湿地，有大片的高大落羽杉。1970 年代前，钓青蛙、钓鱼、游泳是她们童年与家人共同的记忆。沼泽地盛产的小龙虾，是当地美食招牌。而今四英里外就是一家 PPG 工厂。1994 年该工厂发生过美国史上最大的、150 万吨二氯化乙烯（EDC）泄露。

Harold Areno 全家都是癌症患者。第 44 页讲亲人陆续患癌的结局惨不忍睹。

茶党的拥护者似乎是从三条路线走向讨厌联邦政府之路，一是宗教信仰（他们觉得政府排挤教会），二是痛恨课税（他们认为税率太高且累进太多），最后是让他们失去光荣感的那些冲击。霍希尔德书中记录了这些茶党右派之间的对话。比如团队至上者贾尼丝的“如果你想当同性恋，那就去吧！但请做个一般人，去上班、除草、钓鱼，你不必在山顶上大吼大叫。不要逼我改变，也不要因为我不改变就骂我顽固。”

我的姐夫亦是如此。巨化医院神经外科主任，50 岁。他的妈妈肝癌去世，爸爸脑死亡，靠体外输液维持呼吸接近一年，直至新冠大流行感染白肺去世。姐夫是位心思细腻的人，每次我馈赠礼物、礼金给他爸妈，总有略多的回礼。但我俩算三观激烈差异者。2016 年，中国在菲律宾提起的南中国海仲裁案中，不出席、不答辩、不接受裁决的非文明态度，举世震惊。我在朋友圈长篇文字，批评政府不信任国际法，并不被姐夫认同。

他父亲是校长，他本人是当地名校衢州二中毕业。他妈妈与我妈妈一样，敬仰毛泽东主席。2015 年一道杭州旅游时，他妈和岳父偶然说到毕福剑在饭局乱批毛泽东真是无礼。我岳父亦是毛主席粉丝。某年因小女儿丽仙在北京工作，他们北京之旅专门去毛主席纪念堂朝拜。

姐夫朋友圈专门发了南中国海属于中国的加拿大地图证据。他不太发朋友圈的。当时不利于中国的国际裁决出炉之际，中国人的微信朋友圈充斥“犯我大汉者，虽远必诛”的口号，让我领略自己的孤独。

转折点在 2022 年上海疫情。最明显的改变是王倾城又想出国了。疫情爆发前的 2 月，我苦口婆心劝她去加州圣地亚哥大学作交换生。她拒绝考虑的理由包括会中断她的保研安排；去美国会感染新冠病毒。犹忆我用台大校长管中闵也是加州圣地亚哥大学博士毕业，facebook 分享自己美国读博科研的回忆。

之所以看《故土的异乡人》类比到老婆的家乡衢州，除了两地都山清水秀，又都坐落许多化工厂外，霍希尔德专门提到路州州长金达尔是个与川普一样蛊惑人心的政客；衢州也是如此。这是我在衢州呆了 15 年所了解的深层故事。

未见萤火：女孩崛起的世代？

整个2022年，即便自由之夏，我都未见萤火。

2022年暑假7月4日，橙子民办南洋模范摇号未中，我和橙子从松江刚回家，等待结果从来就是这样漫长。后来决定不理它，继续既定的节奏。于是7月8日，周五，我和橙子踏上返赣的旅程。

爷爷奶奶的房间，摆着我的意式咖啡机。14年从不曾改变的味道。此行原定7天，被我延长至21天。目标是女儿变黑、长高、变瘦。我计划是到新民天天晒日光浴。

回到家，我5:50分即起。一杯咖啡。早餐完毕再一杯咖啡，再游泳。

7月9日，上午去了潦河，大水。下午参加丹姐儿子研究生餐宴；笑聪原定的仁首游泳因下午一场大雨取消。

7月10日，一大早付里云就要去南昌。我决定向小舅舅借车。现代名图，满箱油。2021年6月，我的驾照就能上高速了。也不知哪来的勇气，就带着橙子和付钰去新民了。彼时，家乡的防溺水运动还未开始。路况熟悉了。晚上都是9点就上床；中午午睡。

照惯例，我骑自行车去了两边的外婆家，九十岁了。妈妈脸上的肉渐渐回来了。徐埠外婆的儿子借车给我；外埠外婆亲自烧了两顿美食，猪舌头、猪尾巴、猪脚、蹄髈肉、梅干菜肉。

7月11日，驾车带橙子出发。虽然我家的大人们担心安全，但也明白这是必须跨出的一步。当安全到家，全家的心都松了口气。尤其我妹妹。我心里想着七月是我的幸运月，游泳完开车还是安全的，而且就一条路线。谢谢孩子们对我的信任。院子里真是好停车。

回到安义，满大街少有带口罩的。我明白上海这几个月真是“鼻涕拉撒”般可怜。诚如人类学者项飙说的，中国人这三年共同的焦虑，是疫情下的巨大情绪波动；有人怕病毒，有人怕隔离。深层次还有巨大的三观撕裂。克服焦虑首先得不畏惧，靠个体选择建设并直达自己的大后方。我的大后方就是安义，这些亲人，这些山水。

抵达安义，我迅速吸取了宇宙能量。女儿日常的功课，橙妈给了英语首字母阅读、数学新思路（分数）；正常的社交；我开始帮助解决家里的问题，比如把兔子送到青珍姑姑家养，朝北阳台已经屎尿横流；回趟老家整理坟墓周边；比如去姑姑家，她骨折刚痊愈。都是我驱车。

一周迅速过去，7 月 16 日，付里云说要带大家去乌溪采葡萄。我历来喜欢这种水果。完事后还买了瓶 52 度的白兰地，先试喝了老板厨房冰箱里的一小杯，回家后睡了整整两小时。精神十足，横渡潦河。那么宽阔的江面，来回总有个千八百米。

7 月 17 日，橙子突然发烧 38.5 度；此时不能开空调，好在外面大风大雨，物理降温的同时我给橙子按摩，她直到半夜还在说大腿酸胀。最关键时刻，楼下的邻居又说我倒车擦到她的车，电闪雷鸣之际我又去楼下查看车的刮擦情况，确实是自己的错误，我回忆起那个倒车瞬间。当邻居知道是我，当即表态算了。隔天用了藿香正气水，橙子精神好一大半。午睡后，丽芬发来中学录取的短信，靴子落地了。

我俩精神一振，当即决定去新民给雪球找个女朋友。营营是我表弟，青珍姑姑第三子；跟在妈妈身边。他带我们，包括妮子一道去卖兔人家。看中了一只大小相近的母兔，一百元买下雪儿。此时橙子体温已经下来。看到雪儿以后，女儿立马活蹦乱跳起来。

7 月 19 日，天气仍热，但我们逐渐找回节奏。天天去新民吊钟。天天去青珍姑姑家歇个脚。她是我爸爸的表妹。烧得一手的好菜，比如猪油炒粉；她有三个儿子，二儿子平平，在上海做铝合金，疫情封锁每月发 3300 元。虽然村里干部要求她履行防溺水职责，她总客气地帮我挡住。然后邀请大家吃地里的西瓜，吃她的晚饭。但我知道她不容易，一次也没吃。于是她给了许多地里的蔬菜和甜瓜。

泳后回到家，橙子开始做起了南模的暑假作业，并不容易。我开始寻思游泳完就做，汽车后备箱放椅子和凳子。做完作业，大人午睡，任由三个小姑娘玩。一起做冰凉粉，一起做披萨，一起玩游戏机。

2021 年夏天，我记得写文章说橙子长到 144，孰料孩子 2022 年夏天，长到 1.55 米，但体重水涨船高。

我感到女儿正当生长发育紧要关头，得多游泳运动。橙子在安义虽然游最好的水，但几乎天天早餐都有蛋炒饭，有一顿晚餐还是炸鸡。额头上痘痘不少。底子是生长激素弄的，但洗头洗澡，还是有明显的改善或者抑制。

有回我不同意她们又出去吃饭，我妈发火了：管这管那，可怜巴巴；吃根冰棍偷偷摸摸。付钰姐妹想吃就吃。潜台词是管这么多，还不是该胖就胖。

从安义回到上海，我曾给女儿读《上海女孩广西暑假》，三联生活杂志的文章。讲逃不过网课的上海小孩。讲OK镜、迷手机。我妹妹的女儿付钰，安义长大，小一岁但个子也接近 1.50 米。两人始终是一块豆腐的身高差。这妹妹爱和橙子玩。我完全知道，这么热的夏天，如果不是付钰陪同，橙子会赖在空调房的。更不是在那次火锅晚餐暴饮暴食后，第二天下午履行对刘妮的诺言：俩孩子各跳 800 个绳。满身大汗，再开一段路到吊钟，挖空半个西瓜，然后在桥下的桃花潭，深不见底的碧水中游个来回，顺便头上的泡沫也干净了。回家再各自写写毛笔字。

去吊钟多了，青珍姑姑实在忍不住说了心里话。说每天就是玩，不求上进。我回答：自己已经够幸运了，要知足。对话时桌上摆着她的西瓜，我刚从水里上来，身上就一条内裤。一来一往，内蒙古不去了；我老婆回安义太少了；你女儿一个面试的中学，后续怎么样？我感觉她脑子记得真清楚，有些事我就提了一下。安义那些天，长辈见的最多的就是这位姑姑。

一个周五晚上，妹夫付里云从南昌回来，急匆匆地说开车去看萤火虫。我第一次夜晚出车，无比紧张。爸爸坐在副驾驶。但因为没有算好时间，人工饲养的萤火虫集中放飞时间已过，我没有遗憾因为这趟夜车安全返家。

七夕那天，我已回到上海。妈妈视频对话，要告诉我个事情。听说我兴致好在买花，改口说明日再谈。下午我就知道原来是青珍姑姑出了交通事故。严重的事故……

但我的暑假返沪，只是中途歇脚，接下来是去衢州。在巨化乌溪江畔、仙霞湖，我总觉得是祖坟的风水有变。“妈妈，我琢磨了一下。感觉今年两位姑姑接连出事（另一位亲姑姑，玉梅骨折）。赶紧把“太婆”老人家之墓碑树好，如果方便的话”。在仙霞湖一天五泳、完全松弛下来的我，一边研读哥伦比亚大学 Coffee 教授的 ESG 论文，并给妈妈发去如上短信。

大疫三年，其实我太太有两年春节是买了回南昌的票，后来或由于自己害怕或橙子学校劝退而未成行。这就是大环境对每个家庭的影响。时代的一粒灰尘落在一个人身上，就是一座山啊。

橙妈好不容易请了两天假，加上周末两天，四天衢州之旅。我在松江一次游泳后觉得在上海肯定比不上衢州。于是问“衢州行可以带上我吗？”果然这四天都是游泳，水质冰冷、超级干净。第三天还跑到衢州水源地仙霞湖，说此地的水温暖，适合女性。一去原来是住民宿，一人一百元，相当合算。橙妈在冰冷的乌溪江游了一趟，在温暖的仙霞湖游了两趟之后，我感觉疫情的紧箍咒渐渐松了，证据是她竟然同意买仓鼠了。

转眼间，衢州四天就过去了。好看的风景到尾声，就像新疆第十日（丽芬姐的话）。最有意思的还是人。这趟看到爸妈造的新房子实用；听到王亲重新出发去远方，真好。

在仙霞湖印象最深的是那个晚上，早早吃过晚饭，等天黑下来养精蓄锐去找萤火虫，却没有找到。就像橙子的数学，最后一道题总是……

橙子常被妈妈吐槽数学卷子做得不快。进入新的学校，有许多新的变化。比如学费从小学阶段的盛大每年的 3 万降为 7 千。比如数学卷子恐怖到一天一张。非常枯燥。做得快，橙妈自然会额外加餐。于是橙子的速度慢下来，但专注力逐渐慢下来。

出生在大城市的橙子如果成了小镇做题家，当然橘生淮南为枳。邻居的大姐姐，今年只考上上海剑桥学院这样的三本，原本是普陀区最好的进华中学。那时她爸爸谈起来就无限自豪。不过橙爸仍然祝福 701 的大姐姐。以后再考华师大的研究生，和他爸爸一样。人生是马拉松。

橙爸买了安野光雅的《数学绘本》，里面展示的数学思维确实让人叹服。暑假发掘的跳绳，成了父女俩最好的运动。做数学题间隙我们就去长城大厦来 400 个。再洗头洗澡。青春期的孩子，容易长痘，全身清洁是正道。这是橙爸多年来冬泳的经验，必须传给孩子。

昨晚橙爸和女儿讲了自己在暑假遭遇的问题。对话先从暑假那天游了六次泳；说不仅和朱校长通电话商量橙子摇号未中的问题，还有爸爸自己的问题。这个问题是，爸爸如何真正完成大学规定的科研任务？

深层原因是大学的导向不鼓励原创，如果大家都去写没有用的东西，光阴白白耗费，没有真正的奋斗。就像王鼎钧写的，自己一度丧失写作能力。自问“如果自己写的大部头著作送人，转头就被人丢进垃圾桶。写作的意义何在？”

【古典真美】“当我对相识 20 载的橙妈说，我现在是华政国金美赛 MCM 的指导老师。她一脸不屑，“就你那数学，我还不晓得…”太太不理解的是，我有多么厉害的同事在潜移默化。

程金华老师，有幸国金同行七年专长实证研究，这么耀眼的人在搞的名堂，我就多看了几眼。从此决定了生命的迥殊。

原来江西人也可以英语这么好，目睹金华酒桌上和美国人讲笑话。我也继续吭哧吭哧莎士比亚，当然古英语单词就把我直接搁红楼图书馆了。放弃/闻桂花去也。

《学问往事》，按项飙的“把自己当方法”，回顾了影响中国大陆法学的前辈。里面的定性判断，丁学良、贺卫方、吴志攀、白建军、朱苏力的风骨我都赞同，“人心惟危，道心惟微”，都是璀璨的群星。

定量研究，近年来随着我游泳精进，看吴晓刚老师主编的那些书，虽枯燥也有觉其甘的偶尔。金华在本文反复提到的自己数学基础差，切不可被他表象迷惑回国后的金华西装革履，可是你看耶鲁那张照片，牛仔裤膝盖的大裂缝。

文章前两部分，讲自己申请耶鲁，做研究利用在地优势，相当感性。第三部分，是理论原创的中国心得，读来不过瘾。

最后致谢的学生名单，看到邹逸；那个给学院捐咖啡机的浙江姑娘，真是善缘！”

这是我读到同事程金华老师新书《法律实证研究——

古典的探索》序言的感受，向同辈学习。总有些人理想和现实平衡得更好，向他/她们学习。向更年轻的群体学习：

【国金美赛三人组：赵瑜、胡为恒、韩在宇（注册编号：2316816）

我们选了问题 F：如何说服政府采用绿色 GDP 核算

感谢商学院第一名保研国金曾祥娟的长文，过来人堪称小领队。这个比赛，考大数据+交叉学科。金融法已经是文理交融的复合学科，我们的学生倒逼老师重新出发，和 00 后年轻世代一道用 Deepl、ChatGPT，拓宽知识边界，挑战极度内卷的保研潜规则。

五天朝夕相处，晓得学生底子好。比如在宇山东高考理科模考排名 7 百。又有热情和恒心，就像陶渊明的诗：

“芳菊开林耀，青松冠岩列；怀此贞秀姿，卓为霜下杰。”】

杰克巴尔金的宪法记忆

天则洪范的盛洪，在上海市场监管局处罚巴黎贝甜的异议中写道：宪法保护更高位阶的价值，比如在封城期间，居民有免于饥饿的自由。而制作面包的巴黎贝甜，虽然不在符合卫生规范的工作场所制造面包，但满足了周边居民的需要。

有幸本人亲历上海 3 月 11 日至 6 月 1 日的封城。记忆中有买不到东西的日子；那是非必需品红牛功能饮料，从京东下单到二个月后才收到货。但确实没有买过巴黎贝甜的面包，记忆中这家面包店的东西性价比不高。韩国企业，在上海落地水土不服。东西性价比与盒马生鲜不在一个档次。以致当身边的邻居汐爸都发朋友圈支持面包店，我都问橙妈你有啥感想。我没有感想是因为当时，压根就没动过买面包的主意。尽忙着买老盛昌的各色传统食品啦，橙子帮我给本楼的邻居分发各色花样的老盛昌，曾经写过一篇《小小志愿者》的好文。

闵行区老虹井路100号，一个靠近虹桥机场的小地方，短短 4 天平价卖出 5.85 万元。4 月 27 日，上海尚属艰难时刻。往前 6 天，我只能窝在二楼的小阳台发表《封控楼的美短猫》。市监局吃饱了饭没事做，去查实被举报的巴黎贝甜。

盛洪是多产学者。他的文章我看得不多。这篇引起我注意，是因为我老乡强力推荐。文章提到食品安全法大不过宪法；还提到我的家乡安义县。前者的核心观点是“滥权是重罪”，是古代中国传统就对司法失误的“失入与失出”的那种重罪。这确实有点小题大做。毕竟食品安全不是“罪不应死而拟死”，处罚 58.5 万不致让企业倒闭。我的家乡，对连续七天不做核酸的两名外来工人给予处罚。

上海人花大价格吃饭的记忆，还留在我记忆中。当 2022 年暑假我回到安义老家，看到妹妹单位发的无人问津的粽子，我说起曾花 29 元买一个粽子的事情。爸爸脱口而出，为啥不让家里寄去。我答不是疫情停了快递嘛！橙妈 4 月份的食物开支就达 1 万多元。

回忆起上海疫情的饥饿时光，缘起耶鲁大学法学教授杰克巴尔金写下《宪法记忆》文章。

他感于今日美国最高法院推翻影响他最大的女性堕胎自由判例；以及所谓反对控枪源于历史传统的现实。更提醒世人最高院法官的保守派竟是黑人法官托马斯。毕竟美国这七十年最大的进步就是民权运动，女性崛起。而黑人是受益最大者群体。正是前总统到处煽风点火，黑人才上街游行抗议警察暴力执法；黑人历来是枪下冤鬼最多者。而托马斯却反对控枪，引经据典说历来如此。

废止女性拥有堕胎权的判决，理由也是传统上女性并不拥有这种权利和自由。这让巴尔金反思这些法律人到底想遗忘什么、记住什么。最后信誓旦旦说这是我们的传统，这是我们集体的三观。

我深刻连接的一位国金本科学生，退伍兵胡兆洋，他最近被金杜律师 PUA 了。兆洋，又名二牛，亲哥叫大牛。他高中河南省文科成绩三千名，进入华政国金。应该是第一位本系的本科生报名入伍，在部队抗洪被表彰。毕业论文《美国网络中立法律规则的兴废与启示》受我指导。退伍大学生有保研名额，他选择国际法的军事法方向。基于他的专业英语略薄弱，我专门影印了《国际法故事》十三个案例给他研读。他果然认真读了其中两个：国际军事法庭的“纽伦堡审判”和美国霍姆斯大法官裁的“保护候鸟国际条约与联邦地方关系”的案例。他失恋的时候，我请他来我家，对他穿插讲我的家庭与村上春树的小说《刺杀骑士团长》……

四百多天实习的时光，用他的话“冰与雪，相缠绕”，结束了。我理解他的怨恨，就像我想起华政封校我的研究生胡蝶向我抱怨吃吐了的西葫芦；也想起了自己担当大白扫楼七小时，核酸唯独不等我。我翻墙出校，晚上冬泳才清除负面情绪的夜晚。

“不要温和地走进良夜”，我告诉二牛，你得好好活着让亏待过你的律师牙痒痒般后悔；你得努力写俄罗斯入侵乌克兰国际法的硕士论文。你得让自己保研国际法“军事法”方向的选择，变得有价值和意义。你得继续跑步…

【青黄杂糅 文章烂兮】

2020 年首跑，10 公里、68 分钟。11 月经历诸多大事，边跑边想：这十年如何成就个人的“非凡”人生

1. 爱喝咖啡。在我成长的江西小城，咖啡是异端。2010 年学院初创，温州籍女生邹逸为人豪爽，有亲戚在意大利作生意，捐了台 Saeco 咖啡机。我就喝着这涓涓细流，出版了六本书；

2. 爱游泳。我博士才学会狗刨游泳，但此后每日不缀。有位本科医学的研究生李节，研究生论文憋不出来，我直接把他踢下河流。论文虽没写好，但答辩通过。应了林海音那句，游泳让我和学生“硬着头皮闯关”；

从小爱跑步上学的我，从未想到现在这样，一年才跑一回。征得太太批准，昨晚跑到胡兆洋寝室，在军人的被窝里早早入眠，这才有今早充裕的热身，今年比去年多跑了两公里哦；

但跑完后的肌肉酸胀如期而至，来个游泳，“新浴身轻”，躺在已收割的稻田里晒太阳。想起三年前女儿骨折

后的第二天，我梦游般跑去办公室，张慧寄来的赣南脐橙躺在东风楼。爱心满满，帮我度过至暗时刻；

跑步-游泳-跑步，我度过了一个又一个十年，就像我的学院刚刚十周年庆。澎湃新闻，标题用的是年轻人的潮语：“十年，华政这个学院从 0 到正无穷”。用老古话就是“青黄杂糅，文章烂兮”。师生共同奔跑谱写灿烂光华的文章】

2022 年 11 月 17 日，我迎来了母校的生日。

【华东政法七十周年校庆，我呆了 25 年
感恩母校给了我双重幸运
太太是校友，女儿出生在河东校区四尽斋
我曾许愿要让华政能冲进顶尖大学 Top 5

所谓顶尖，关键是良好的师生关系
我做到了：
把房子借给学生住，
因为母校在我最穷的时候给了四尽斋

所谓顶尖，核心是那种寰宇求知的热情
我们做到了：
阳光灿烂的日子，一道去特斯拉压马路，
一道申请蚂蚁集团的大数据
今天是个闪耀的日子
晚上长宁校区边上的环球港将为母校闪屏庆生

我会指给女儿看/祝福母校
我爱的一切不断地诞生
我爱的一切永远都是在开始中】

选择遗忘什么(erasure)，恰如王鼎钧自传序言写的：

“从前乾隆皇帝站在黄鹤楼上，望江心帆船往来，问左右”船上装的是什么东西”，一臣子回奏：”只有两样东西，一样是名，一样是利。”

这个有名的答案并不周全，船上载运的东西乃是四种，除了名利以外，还有一样是情、一样是义。

乾隆皇帝雄才大略，希望天下英雄入我彀中而以名利为饵，对世人之争名攘利当然乐见乐闻，所以那个臣子的答案是做官的标准答案，不是做人的标准答案。

……

竞逐名利是向前看，恋念情义是向后看。

人，从情义中过来，向名利中走去。有些人再回情义，有些人掉头不顾。

这是一本向后看的书。所谓情义，内容广泛，支持帮助是情义，安慰勉励也是情义。潜移默化是情义，棒喝告诫也是情义。嘉言懿行是情义，趣事轶话也是情义。

这“最后一本书”为生平所见的情义立传，是对情义的回报。无情义处也涂抹几笔，烘云托月。　”

谢谢巴尔金的《宪法记忆》文章，谢谢王鼎钧的“情义，往回看”。

你拒绝被驯化的生活，如何有信仰和勇敢的生活？我给出的答案就是随着大盘走。有世界杯你就看看逆袭的日本。有校庆就一道喜乐。游戏就打打奥德赛。请注意这并非随波逐流，垃圾人生。这是你选择的生活。是你选择这件事就是今天自己想做的。而做这件事并不容易。比如你晓得，一个奥德赛游戏机，橙子等了足足六个月…

有天晚上橙子不想做作业，父女俩出去跳绳散步。我说，我的妈妈发现自己的儿子越来越瘦、头发越来越少，虽然不知道发生了什么，但赶来上海驰援。橙子笑了，又看了我一眼。问：“你确定她是因为这个来的上海？”跳完绳，橙子一个人在卧室完成了另外两面数学卷子，还拿起书看。两分钟后，橙妈进了房间，欣喜发现孩子竟然做完了试卷。晚上橙子愉快地和我再进入久违的河东校区，玩起了新学的排球。

《国际法故人故事》

二牛，翻阅《国际法故事》，注意到“Missouri 诉 Holland 案”，这个我援引霍姆斯法官原话为“州尊重禁猎保护候鸟的国家条约，就是尊重先人流血流汗塑造统一国家的努力”案例评论文中，你在这段话“画线打问号？”

Justice White's opinion holding that, under the U.S. Constitution, Connecticut had sovereign police power over migratory birds (only temporarily in the state) would come to threaten the constitutionality of any exclusive federal regulation of the same birds.

这段话，我反复读了几遍。原来是这样断句的。White's opinion would come to threaten the constitutionality of any exclusive federal regulation. 这是中心句。多数决判决书的执笔法官 White 的逻辑是：康涅狄格州，为了保护候鸟，对打猎者处予罚款，是它的固有（堪比主权）的警察权。但成也萧何、败也萧何。现在看来，候鸟保护与贸易、控枪一样，不是一个州能有效管辖的。

美国南方有的州，特别是山区，强烈支持枪支自由；北部人口密集区，则不少支持控枪。所以候鸟保护，因国际条约之力，成为联邦可以管的事情后。有些州就不愿意放手，转而援引 White 法官的先例，说这是州固有的权力。联邦拿掉州的权力就是违宪。

你看这段话，不仅要求普通英语好，也要对美国法律的来龙去脉能有贯通。回到昨晚我俩的谈话，我今天中午对徐海东说了那两位女律师的话："以后派你去没有亲戚的地方出差"。海东的反应非常强烈，立马强烈。

我觉得你的论文，一定要好好写俄罗斯攻乌克兰。你一定要抓住最后的机会，提高英语，写一篇实在的论文。因为你非常幸运！

我的眼睛不如你，姑且发你国际法故事集电子版以及 epub 格式阅读器，复印本先给我看。我要来复印本，发现二牛几乎在逐字逐句地研读《纽伦堡审判》，点赞。

是奥德赛也是《林肯公路》

橙爸就是因为侄女班主任“大吾”老师这顿饭，12 月 12 日最早感染上奥密克戎病毒的。侄女中国的大学读到第二年休学，要去悉尼大学重续缘分。我提出得与班主任吃顿饭，上海疫情期间这位来自新疆的老师大度地让学生住她家。孰料第二天，“大吾”老师提醒我做下抗原检测……

“我家已阳已康。发烧越睡越冷，长夜无眠。谢谢老家外婆灌的香肠、衢州卤好的一大袋猪大肠、厦门的牛轧糖、赣州的马家柚，已毕业学生的橙子，岁末收到礼物真是美好，一股暖意。

进入 12 月，中国家庭展现了惊人的韧性。给我灌香肠的外婆平安夜摔了一跤。前一天她在杭州做铝合金的大孙子，像有预感地对弟弟说：你还是回老家，照顾下九十多岁的婆婆。果然回家第二天就托住了婆婆并展开照顾。然后共渡家庭感染。这位陪伴在家的孙子，就是家庭的英雄。

但每个家庭的韧性参差不一，还需要大家共建韧性社会。生活还在继续，我家的哲学是随大潮沉浮：跟着世界杯、阿凡达 2、冬至包饺子、圣诞节手作门环、喝腊八粥的节奏走，不错过每样精彩，不错过冬日暖阳。这个过程自然会找到知音，同声相应、同气相求。就像贺炜的世界杯解说词：“电视机前的观众朋友们，问问我们自己，四年前陪你看球的人现在还在联系吗?”

女儿生日买的游戏机，多了足球卡带，侄女王亲送的。一起隔壁办公室吹牛、领律照的朋友、学生家长，会送来大闸蟹、土猪肉、鄱阳湖的鳜鱼，还有老友总会在聚餐前出瓶古井贡。

我都来者不拒，总觉得接纳朋友们的善意是好事、美事，也是本事。

记得亲友们的好，进入新的一年，和大家共建韧性社会。

2022年五四，封校的华政为营造热闹的氛围，准备了丰富的线上活动。其中包括橙爸的小说之旅和诗歌灵感。

我介绍了阿莫·托尔斯的新小说《林肯公路》，讲同一个少管所里三个男孩不同的人生旅程。一位出身上流社会，但因父母离异而嗑药伍力、一位憎恨父亲遗弃自己在孤儿院的杜切丝，走完从纽约到旧金山的林肯公路的结局是自杀或溺毙。而同样不幸父亲病死，关心弟弟毕利的艾密特，阴差阳错走上林肯公路寻母的兄弟俩却找到了过完人生的勇气。

离开小说，我以寻路人也是拓荒者，回顾了自己18年来在松江大学城偶遇的七位大学生。他们的道德准则各有不同，人生的打算千差万别、毕业去向迥异。但都有趣。就像叶甫图申科的诗《没有意思的人世上没有……》，也像《林肯公路》扉页的诗《草原春日》：

任劳任怨的马/
壮丽的晚霞/
沉默的黑土/
疯长的麦苗和杂草/
孕育着青春和绿色

这种复杂的心态，就像这位被刀片铁丝网决定天际线、正目睹炮弹浓烟的乌克兰女士的期待。

加莉娅的罗宋汤

在安德烈·库尔科夫的小说《灰蜜蜂》中，有一个片段让我久久难忘：

【谢尔盖和他的蜜蜂暂时在乌克兰某腹地一处树林中落脚。加莉娅，一个杂货铺帮忙看店的，连续三晚带着食物来到落脚的营地。第三天晚上，她表示明天无法再来。谢尔盖憾以为是她忙。孰料她打定主意在她家让他品尝乌克兰牛肉罗宋汤（borscht）。他欣然前往。

加莉娅的罗宋汤让谢尔盖慢慢咀嚼：里面有西部森林的干牛肝菌，有芸豆，还有小牛肉块。他"闭上眼睛"、不紧不慢地吃着，偶尔抬头看看她；毕竟这是两人第一次在一起吃饭。不像在林中火堆旁的那三个晚上：她看他吃。

桌上有一瓶店里拿来的伏特加，佐餐酒。没有敬酒，谢尔盖和加莉娅直接就喝了起来，一口气喝了半瓶。加莉娅还剥了几瓣大蒜放在有猪油的碟子里，旁边还有一盘盐。两人轮流吃起大蒜、蘸盐，然后嚼起来。

两人没有说话，不需要。吃完第三碗肉汤配饭后，谢尔盖觉到已经吃饱了。尽管第四碗还干得动。】

这是家的感觉！祝福住在灰区的乌克兰养蜂人谢尔盖和他的蜜蜂，能从雅尔塔顺利回家！祝福未来所有的乌克兰人梦里不是战争，能幸福地说出：“回家的感觉真好！”

后记

本书献给尊敬的理查德·波斯纳法官。他的美国 2008 年金融危机三部曲，曾给我智慧教导无数。我能完成从国际法到国内法的学问扩充，感谢他们父子（埃里克·波斯纳）的帮助。法官在新冠三年没有任何文字，因为患了阿兹海默症。但在 2017 年辞去法官的最后几年，他念兹在兹的还是"波斯纳自辩者法律援助中心”，为那些智商远逊于自己的人传递智者的温暖。“原告戴维斯需要帮助，急需帮助。”2022 年逝世的“人民律师”张思之也是如此，一生“行者思之”都是悲天悯人的情怀。

“中国很大，四个字：城乡中国。”中国人的人生路，多是从乡镇到城市再回到乡村。橙爸，一个中国大学老师，记录新冠三年与孩子、学生共同成长的记忆。他从江西小镇来到上海圣约翰大学校园，接触不同的人，亲眼目睹金融科技平台在城市横空出世。平台覆盖日常生活的衣食住行，连接陌生人，堪称连接城乡中国的彩虹桥。富裕的城市人因平台获得高效的生活服务，勤劳的农村人因快递、外卖“跑步前进”获得农村盖房的第一桶金。大疫三年，2021 年鄱阳湖大水，老家“彩虹桥”的桥引毁了；2022 年中国最大淡水湖却现世纪性干旱。就像托尔金《魔戒》中甘道夫与炎魔缠斗的凯萨督姆大桥（Khazad-dûm Bridge），经历深水和烈热的考验，灰袍浴火重生。不确定的时代，橙爸回老家给爷爷奶奶奔丧，再用爷爷奶奶的钱在农村造起新房。

从乡村到城市，因为液体：咖啡、茶、酒，和户外游泳，接触了很多有趣的灵魂，在法律的信义江湖中吸收宇宙能量。明白了"一点浩然气，千里快哉风"。因为奔丧，因为孩子回老家过春节、暑假，常回家看看又从城市回到乡村，甚至父母在爷爷的老家造房。青山绿水、淳朴亲情，明白了"雀乌含淳音，竹萌抱静节。犹如鸣鹤和，未作获麟绝。愿因骑鲸李，追此御风列。"

2017 年翻译完《牛津国际法史手册》，我在史学大家雷海宗、国际法教授岑德彰、诗人孙大雨的文字生命中流连忘返，再三回味。这些中华民国已经群星璀璨般的大学者，即便死后一度成为"隐藏的大家"，如今再打开"微信读书"，会发现他们的文字已经成为经典，出全集，重印，不断被引证。文如其人，打败时间的经典大家总给后世智慧、勇气与启迪。就像我第一次阅读托尔金的《魔戒》大书，突然理解我书写的彩虹桥，其实就是凯萨督姆大桥（Khazad-dûm Bridge）。大疫三年，法律学人没有文字记录是失职，谢谢波斯纳老师的引领。当年那部书《资本主义民主的危机》封面图片：黑夜中一个破掉的灯泡，但光仍挡不住的散逸出来，永难忘怀。

因为孩子，这些新冠世纪成长的孩子。我来来往往城乡中国，旅途中遇到无数的普通人，人流同道所行之处，犹如雨后天空出现的彩虹桥。谢谢华东政法大学陈宪民教授、复旦大学张梓太教授，对我和老婆读硕期间的帮助。你们对学生的慷慨，请喝的茅台酒和大餐，让我延续那种亲密的师生关系记忆。感谢张巍、程金华、沈明、郭华春、许妍、孙强、徐海东、耿言春、徐莹、韩明志、陈丽霞、王炜、陈立仙、马丁、付里云、妮子、胡笑聪、刘欣等亲朋的帮助和鼓励。感谢康标、熊振东、胡兆洋、卢柏宜、李节、夏明煜、李函璞、燕佳慧、朱逸凡、牟泽洲、朱浩文、祁华明、费文浩、张梓豪、陈威竣等男同学，以及橙爸指导的张慧、白丹丹、袁梦、李萌、徐亦童、胡蝶、董钺荣、徐佳燕、孙晴、严彩梦、张子婧等女学生，你们让新冠世代彩虹桥色彩饱满！感谢加拿大国际出版社执行经理蚕从对我文字的判断和出版助力。与这些人的相逢，就像里尔克诗里“再给两天南方的好天气，让枝头的果实成熟，把最后的甘甜酿入醇酒。”

最后、更是最重要地，谢谢我生命中两位女性。我的妈妈，总给我无尽的支持。我的太太，新冠大流行后一起回家真好！回家的感觉真好！

索引

www.ingramcontent.com/pod-product-compliance
Lightning Source LLC
Chambersburg PA
CBHW061055210726
48294CB00001B/162

9781990872303